Pearson Edexcel GCSE

French

Higher

Clive Bell, Eleanor Mayes, Michael Wardle, Tom Hockaday

Published by Pearson Education Limited, 80 Strand, London, WC2R ORL.

www.pearsonschoolsandfecolleges.co.uk

Copies of official specifications for all Pearson qualifications may be found on the website: qualifications.pearson.com

Text © Pearson Education Limited 2024
Edited by Pearson and Newgen
Designed and typeset by Kamae Design
Original illustrations © Pearson Education Limited 2024
Illustrated by Beehive Illustrations (Adam Linley, Joseph Wilkins and Andrew Pagram) and Andrew Hennessey
Cover design by Kamae Design
Cover photo © Getty Images/FilippoBacci

Audio recorded at Chatterbox Studios, London, with thanks to Rowan Laxton, Lilian Lorain Broca, Elea Lorain Broca, Ryan Ghoussainy, Jean-Baptiste Fillon, Katherine Pageon, Tamara Moreau, William Ghoussainy and Giselle Begley

Written by Clive Bell, Karine Harrington, Tom Hockaday, Eleanor Mayes and Michael Wardle

First published 2024

28 27 26 25
10 9 8 7 6 5 4 3

British Library Cataloguing in Publication Data
A catalogue record for this book is available from the British Library

ISBN 978 1 292 734675

Printed in the UK by Bell & Bain Ltd, Glasgow

Acknowledgements
We would like to thank Sarah Bleyer, Florence Bonneau, Pascale Collier, Barbara Cooper, Leah Cooper, Céline Durassier, Gillian Eades, Gemma Etienne, Sylvie Fauvel, Bill Finegan, Missy Finegan, Seth Finegan, Anne French, Jérôme Garnier, Anne Guerniou, Shirley Hockaday, Louise Leportoux, Chris Lillington, Aaron McKenzie, Sheena Newland, Fabienne Tartarin, Jo Heaton and the central team at Northern Lights Learning Trust, and everyone else who has helped in the development of this course.

The authors and publisher would like to thank the following individuals and organisations for permission to reproduce photographs:

123RF: andreypopov 8, valiza 21, Silverkblack 24, Iakov Filimonov 27, doodkoalex 36, Cathy Yeulet 39, cladanifer 42, Cathy Yeulet 59, RUTCHAPOOM MUANGKAEW 82, Sergii Koval 82, andyborodaty 86, ijeab 86, zebratomato 94, stylephotographs 101, Olena Kachmar 108, zurijeta 109, Valerii Honcharuk 110, Jean-Paul CHASSENET 110, Pkazmierczak 110, Tbralnina 123, Ihorsw 139, arnoaltix 141, askarimullin 144, Jose maria hernandez 144, unkas 144, Frugo 159, Bloodua 160, Piyawat Nandeenopparit 164, Stockee 164, Iakov Filimonov 182, Viktoriia Hnatiuk 182, Gelpi 186, Stockyimages 189, Vadym Drobot 190, Cathy Yeulet 216**,** Stockbroker 221, Rido 224; **10jourssansecrans:** Association 10 JOURS SANS ECRANS 6, 10; **Alamy Images**: Directphoto Collection 13, Sergi Reboredo 14, Associated Press 32, UrbanImages 32, Pacific Press Media Production Corp. 38, STANCA SANDA 42, Ulrich Doering 58, Viktoriya Kraynyuk 61, Boaz Rottem 66, Cavan Images 99, Antonio Guillem Fernández 106, FORGET Patrick/SAGAPHOTO.COM 107, JOHN KELLERMAN 108, Christophe Boisvieux 110, Eskimo 110, Pawel Kazmierczak 111, Avalon/World Pictures 112, Elena Bobrova 112, Guichaoua 112, Image Professionals GmbH 112, Wavebreak Media Premium 121, Abaca Press 141, Aleksei Isachenko 159, Jonathan Larsen/Diadem Images 189; **Beau Soleil:** Mr Stephen O'Hara 58; **Brussels - Jean-Paul Rémy:** CREDIT (c) visit.brussels - Jean-Paul Rémy - 2017 14; **Camping Le Haut Village:** Camping Le Haut Village 107; **Céleste De Kervenoaël:** Céleste De Kervenoaël 41; **CIJF:** ©CIJF 6; **GAËLLE VANESSA PRUDENCIO E.I:** Gaëlle Prudencio/Capucine De Chocqueuse 32; **Getty Images:** Simon002/iStock Editorial/Getty Images Plus 6, staticnak1983/E+ 8, Thurtell/E+ 8, sturti/E+ 8, SeventyFour/iStock/Getty Images Plus 8, SDI Productions/iStock/Getty Images Plus 12, skynesher/E+ 13, Mark Leech/Offside 15, Alistair Berg/Photodisc 16, Rawpixel/iStock/Getty Images Plus 16, stanley45/iStock/Getty Images Plus 16, Richard Bailey/Photodisc 16, Andreas Rentz/Staff/Getty Images Entertainment 32, Stephane Cardinale - Corbis/Corbis Entertainment 33, Pascal Le Segretain/Staff/Getty Images Entertainment 33, cesarrosphoto/iStock/Getty Images Plus 34, Mark Hunt/DisabilityImages 34, RobertDodge/iStock/Getty Images Plus 34, Pascal Le Segretain/Staff/Getty Images Entertainment 38, John Berry/Getty Images Sport 38, FRANCOIS GUILLOT/AFP 38, Edward Berthelot/Getty Images Entertainment 40, Dominique Charriau/WireImage 40, Vivien Killilea/Stringer/Getty Images Entertainment 40, KAMPUS/iStock/Getty Images Plus 42, miodrag ignjatovic/E+ 42, kali9/E+ 43, Tony Anderson/Stone 61, SDI Productions/E+ 61, Stuart Fox/Gallo Images ROOTS RF collection 63, Vladimir Godnik/fStop 64, Robin Skjoldborg/The Image Bank 65, Golser/E+ 66, Juanmonino/E+ 68, lenazap/iStock 82, ChiccoDodiFC/iStock 82, bhofack2/iStock 82, Cook Shoots Food/iStock 82, golero/E+ 84, blackCAT/E+ 85, Westend61 86, AaronAmat/iStock 86, Westend61 90, FG Trade/E+ 90, Evrymmnt/iStock 90, Pablo Rasero/iStock/Getty Images Plus 90, adamkaz/E+ 90, DGLimages/iStock 90, Rockaa/E+ 92, BERTRAND GUAY/AFP 93, Julien Hekimian/French Select 93, ALLEKO/iStock 94, sbossert/iStock 94, DianeBentleyRaymond/E+ 96, Andreas Kindler/Johner Images Royalty-Free 108, LeoPatrizi/E+ 108, Pavliha/iStock 108, Maremagnum/Corbis Documentary 108, SDI Productions/E+ 109, Johner Images/Johner Images Royalty-Free 110, Reed Kaestner/Corbis 111, Nick David/Photodisc 117, Westend61 117, ImageBROKER/Robert Haasmann 136, Stas_V/iStock/Getty Images Plus 138, yongyuan/E+ 142, dmbaker/iStock/Getty Images Plus 142, varniccha kajai/E+ 144, Mgreen2007/iStock/Getty Images Plus 158, Eric O'Connell/The Image Bank 159, SrdjanPav/E+ 159, Walter Bibikow/Stone 161, Laurent/iStock Unreleased 161, SDI Productions/E+ 163, Westend61 163, SolStock/E+ 163, Catherine Ledner/Stone 163, Crispin la valiente/Moment 164, Phynart Studio/E+ 168, Murat Taner/The Image Bank 169, Giraudou Laurent/Moment 169, AlexKozlov/iStock Editorial/Getty Images Plus 169, RossHelen/iStock/Getty Images Plus 170, FG Trade Latin/E+ 178, kali9/E+ 182, SDI Productions/E+ 182, Imgorthand/E+ 182, pixelfit/E+ 184, ozgurdonmaz/iStock/Getty Images Plus 185, FG Trade/E+ 185, Jasmin Merdan/Moment 186, FG Trade/E+ 189, Fly View Productions/E+ 190, Strauss/Curtis/The Image Bank 190, Maskot/DigitalVision 190, boonchai wedmakawand/Moment 191, Hill Street Studios/DigitalVision 191, sturti/E+ 200, SolStock/E+ 214, miniseries/E+ 217; **Gîte La Troglo à Plumes:** Troglo à Plumes, ©Gîtes de France Anjou 107; **MANGERBOUGER.FR:** Mangerbouger.fr 83; **PARC AVENTURE PETRETO:** Jacky Benard/Mateu au Parc Aventure Petreto en Corse 111; **Pearson Education Ltd:** Jon Barlow 59, Studio 9 77, Gareth Boden 117; **Samaya Production:** Luxe Photographie/Samaya production 17; **Shutterstock**: Calek 6, Katatonia82 6, Abumuslim1 7, Andrey_Popov 8, Adriaticfoto 11, Olga_Kuzmina 11, Nipa74 14, Christopher Chambers 15, Brocreative 15, Ruslan Huzau 16, Vladimka production 16, Juice Dash 18, Donna Ellen Coleman 24, Jacek Chabraszewski 28, 10topvector 29, Spotmatik 39, Shutterstock 39, Tinka Mach 42, Iryna Zhezher 42, Rawpixel.com 48, Shutterstock 51, Goran Djukanovic 53, 10topvector 53, dan.nikonov 56, Pyzata 58, Shutterstock 59, Daisy Daisy 64, HQuality 65, TimeImage Production 65, Angelika Jakob/imageBROKER 66, Prostock-studio 68, Ella Ling 69, Anna Kraynova 72, Fotosparrow 74, DGLimages 78, 10topvector 79, Casper1774 Studio 85, M_Videous 86, Wazzkii 92, Ph.FAB 93, Joe Gough 94, Shutterstock 102, 10topvector 103, Mila Supinskaya Glashchenko 108, Wavebreakmedia 108, David Hughes 108, Gonzalo Buzonni 108, Fasttailwind 108, Holbox 108, Olrat 108, CrispyPork 108, Gkuna 108, Viacheslav Lopatin 108, Gautier Willaume 109, Samuel Borges Photography 110, T photography 113, APIWAN BORRIKONRATCHATA 125, Iakov Filimonov 126, 10topvector 127, Saiko3p 136, Slavik_ua 136, T.Schofield 136, 2009fotofriends 137, PhotocechCZ 137, Rich Carey 138, Spwidoff 138, LanaElcova 138, ATIKAN PORNCHAIPRASIT 138, chanasorn jele 138, Rich Carey 138, Maxim Tarasyugin 138, efka 138, FocusDzign 142, AYO Production 142, Julia Tsokur 142, Bist 143, Sofiaworld 144, Fokke baarssen 144, Scharfsinn 144, R_Tee 150, Dusan Petkovic 153, Narikan 154, 10topvector 155, Enrika Samulionyte 158, LuckyPhoto 158, Alexgo.photography 159, ASashka 159, Leonid Andronov 160, AJR_photo 160, Jacob Lund 160, Krakenimages.com 163, Chatursunil 163, SHARIFUL RIFAT 164, Marko Plevnjak 164, Tracy Whiteside 167, Ekaterina Pokrovsky 169, Maria Symchych 171, Kevin Eaves 174, Daniel M Ernst 177, 10topvector 179, Bensliman hassan 182, Prostock-studio 186, AJR_photo 186, TK Insta_photos 189, Blend Images 189, FREEPIK2 190, SRStudio 196, Prostock-studio 197, Michaeljung 199, 10topvector 201, Pressmaster 210, Jacob Lund 213, GaudiLab 218, Prostock-studio 219, Photographee.eu 222, ALPA PROD 225, fizkes 230, Ground Picture 233, Prostock-stock 233; **NICOLAS LEBLANC:** Nicolas Leblanc 141; **Village Flottant Pressac:** #levillageflottantpressac 107; **Yannis Richardt:** Yannis Richardt 40.

Text extracts reproduced with permission from:
Collège Alpin Beau Soleil: 58; **eurail.com/interrail.eu:** 182

Notes from the publisher
Pearson has robust editorial processes, including answer and fact checks, to ensure the accuracy of the content in this publication, and every effort is made to ensure this publication is free of errors. We are, however, only human, and occasionally errors do occur. Pearson is not liable for any misunderstandings that arise as a result of errors in this publication, but it is our priority to ensure that the content is accurate. If you spot an error, please do contact us at resourcescorrections@pearson.com so we can make sure it is corrected.

Table des matières

Table des matières

Module 7 *Mon petit monde à moi*

Thematic contexts: My personal world, My neighbourhood

Module 8 *Mes projets d'avenir*

Thematic context: Studying and my future

Révisions

Speaking support

Fêtes et jeux

- Exploring events in the francophone world
- Using *aimer* + noun and *aimer* + infinitive

A 10 jours sans écrans

Qu'est-ce que c'est, les dix jours sans écrans?

C'est un défi pour les jeunes de passer dix jours ...

... sans télévision, sans portable, sans jeux vidéo et sans ordinateur!

Les parents, les professeurs et les associations locales organisent d'autres activités:

du sport, du théâtre, de la musique, de la danse, de la cuisine ...

Bonne idée? Ou mauvaise idée?

sans	*without*
le défi	*challenge*

B La Fête de la Musique a lieu tous les ans, le 21 juin

120 pays participent à la fête.
Il y a des concerts dans plus de 1000 villes.

On peut ...

- écouter toutes sortes de musique
- découvrir toutes sortes d'instruments, traditionnels et modernes
- voir toutes sortes de chanteurs ou chanteuses et de groupes!

avoir lieu	*to take place*
le pays	*country*

C Les Jeux de la FRANCOPHONIE

Tous les quatre ans, plus de 3000 jeunes de 88 pays francophones participent aux Jeux de la Francophonie. C'est le seul événement sportif et culturel international, en langue française, dédié à la jeunesse.

seul	*only, alone*
dédié à	*dedicated to*
la jeunesse	*youth*

Les valeurs des Jeux

équité · solidarité · excellence · responsabilité · diversité

D Programme des Jeux de la Francophonie

Concours culturels
- la chanson
- la danse
- le hip-hop (danse)
- la littérature
- la peinture
- la photographie
- la sculpture

Compétitions sportives
- l'athlétisme
- le basket
- le cyclisme
- le football
- le judo
- la lutte
- le tennis de table

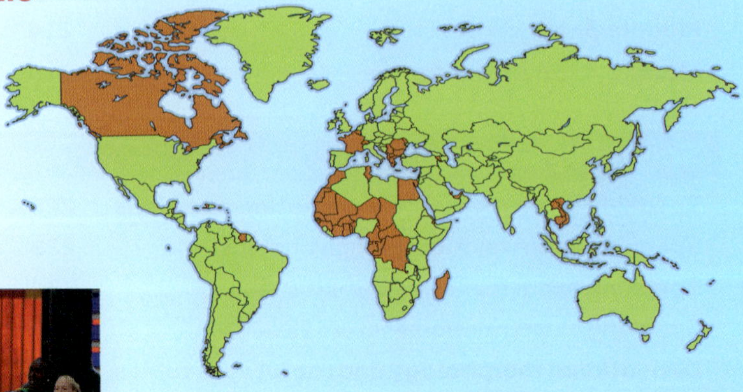

pays participants

la peinture	*painting*
la lutte	*wrestling*

Écouter **1** **Listen and repeat these words. Pay special attention to the pronunciation of *é*.**

activit**é**s | **é**cran | id**é**e | int**é**ressant | jeux vid**é**o | S**é**n**é**gal | th**é**âtre | solidarit**é**, responsabilit**é**, diversit**é**

The letter **é** is a shorter sound than 'ay' in English. To pronounce it correctly, try grinning widely as you say it!

Écouter **2** **Read text A. Then listen. Is each person positive (P) or negative (N) about the *dix jours sans écrans* initiative? (1–3)**

À mon avis, c'est …	
🙂	☹
une bonne idée. amusant. intéressant.	une mauvaise idée. ennuyeux. nul.

Parler **3** **In pairs, give your opinion in French about *les dix jours sans écrans*. Pay attention to the sound *é* and the liaison.**

- *Dix jours sans écrans! À ton avis, c'est une bonne idée?*
- *À mon avis, c'est … Tu es d'accord?*
- *Oui, je suis d'accord. / Non, je ne suis pas d'accord. À mon avis, c'est …*

In French words, the final consonants **-d**, **-n**, **-s**, **-t** and **-x** are usually silent. However, if the next word begins with a vowel, the final consonant is pronounced. This is called a **liaison**.

Listen and repeat the phrase.
les dix jours sans écrans

Lire **4** **Read text B. Copy and complete these sentences in English about *la Fête de la Musique*.**

1 It takes place every …
2 120 …
3 There are concerts in …
4 You can listen to …
5 You can discover …
6 You can see …

Écouter **5** **Listen to and read text C. Note down in English five key facts about *les Jeux de la Francophonie*.**

Lire **6** **Read text D. Look up any unknown words. Copy and complete the grid in French with your own likes and dislikes from text D. Make sure you use the correct definite article (*le*/*la*/*l'*).**

Example:

J'adore … ❤❤	J'aime … ❤	Je n'aime pas … ✗	Je déteste … ✗✗
la danse	le tennis de table		

Écrire **7** **Translate these sentences into French.**

1 I like basketball.
2 I don't like athletics.
3 I like playing football.
4 I hate sport, but I love dancing.
5 Do you like playing table tennis?

Est-ce que tu aimes … ?

G

To express likes or dislikes, use *aimer*, *adorer*, *détester* or *préférer*, followed by:

- a definite article + noun

*J'adore **le** basket.*	I love basketball.
*J'aime **la** danse.*	I like dancing.
*Je déteste **l'**athlétisme.*	I hate athletics.

- a verb in the infinitive

Je n'aime pas jouer au basket.	I don't like playing basketball.
J'aime faire de la danse.	I like dancing.

1 Ma vie en ligne

- Talking about what you do online
- Using the present tense of regular *-er* verbs
- Discussing pros and cons

Écouter 1 **Listen and read. Then write the letter of the correct photo for each sentence. (1–6)**

Qu'est-ce que tu fais en ligne?

1 Je télécharge et j'écoute des chansons sur mon portable.
2 Je parle avec ma famille en Tunisie, en Afrique, et je partage des photos.
3 Je cherche des idées, et puis parfois, j'achète des vêtements et d'autres choses.
4 Je joue à des jeux contre ma meilleure amie.
5 Je regarde des clips, et des vidéos amusantes.
6 J'envoie des messages à mes copains et copines.

a

b

c

d

e

f

G

There are many regular *-er* verbs in French. They work like this in the present tense:

jou**er** (*to play*)	
je jou**e**	*I play*
tu jou**es**	*you* (singular) *play*
il/elle/on jou**e**	*he/she plays / we play*
nous jou**ons**	*we play*
vous jou**ez**	*you* (plural or polite) *play*
ils/elles jou**ent**	*they play*

*envo***y***er* (to send) changes **y** to ***ie*** in these forms:
*j'envo***ie** *tu envo***ies** *il/elle/on envo***ie** *ils/elles envo***ient**

Page 20

Lire 2 **Find and write down the nine regular *-er* verbs used in exercise 1. List them like this:**

télécharger (to download) ⟶ *je télécharge* (I download)

Écouter 3 **Listen. For each speaker (1–6), note down in English:**

- what he/she does online
- how often he/she does it.

tout le temps	*all the time*
tous les jours	*every day*
tous les soirs	*every evening*
tous les week-ends	*every weekend*
souvent	*often*
parfois	*sometimes*
de temps en temps	*from time to time*

Parler 4 **Read the dialogue with your partner, then create two new dialogues by changing the underlined details.**

- *Qu'est-ce que tu fais en ligne?*
- *Je regarde des clips sur TikTok.*
- *Est-ce que tu fais ça souvent?*
- *Je fais ça tous les soirs.*
  Et toi? Qu'est-ce que tu fais en ligne?
- *Je télécharge des chansons sur Spotify. Je fais ça tout le temps. C'est génial!*

Listen and repeat the words. Say these as though they were one word.
Est-ce que (tu) ... ? (sounds like *eska*) = **Do** (you) ... ?
Qu'est-ce que (tu) ...? (sounds like *keska*) = **What** (do you) ...?

Use **c'est** + a masculine adjective to give simple opinions:
C'est ... 👍 *amusant / génial / cool!*
👎 *ennuyeux / nul!*

Écouter 5 **Listen and read. Then answer the questions in English. (1–6)**

Pour ou contre Internet? La parole aux jeunes Québécois

Malik
Internet, c'est vraiment formidable! Il y a des applis pour tout – pour la musique, pour les jeux, pour les achats ... Cependant, il y a des risques, surtout pour la jeunesse.

Alexia
À mon avis, au Québec, les jeunes passent trop de temps devant un écran d'ordinateur ou sur un portable. C'est mauvais pour la santé et c'est inquiétant.

Omar
Pour moi, Internet est dangereux mais indispensable! Il y a de la cybercriminalité, des virus, de fausses informations, de mauvaises images ... Toutefois, Internet est essentiel à ma vie!

Noémie
J'adore passer du temps sur les réseaux sociaux comme Snapchat et Instagram. Pourtant, il y a parfois des problèmes de sécurité et des vols d'identité.

Hugo
Même s'il y a des risques, j'utilise tout le temps Internet pour communiquer. Je tchatte en ligne, j'envoie des e-mails, je fais un FaceTime avec mes amis – pour moi, c'est indispensable!

Karima
En général, je pense qu'Internet est une très bonne chose. Malgré cela, il y a des dangers. Beaucoup de gens sont victimes de harcèlement en ligne et c'est **affreux**.

Who ...

1. thinks it's great that there are apps for everything?
2. loves spending time on social media?
3. thinks young people spend too much time online?
4. is concerned about the victims of online bullying?
5. thinks the internet is great for communication?
6. mentions online crime, fake news and bad images?

The following terms are often used to express contrasting points of view:

cependant	however
mais	but
malgré cela	in spite of that
même si	even if
pourtant	nevertheless
toutefois	(and) yet

formidable	*great*
les achats *(m)*	*shopping*

Can you work out the meaning of this word from the context?

Lire 6 **Re-read the text in exercise 5. Find the French for the phrases below.**

1. there are risks
2. apps for everything
3. computer screen
4. bad for your health
5. it's worrying
6. social media
7. identity theft
8. a very good thing
9. online bullying
10. it's horrible

Parler 7 **In pairs, take turns to read out the text. Give feedback on each other's pronunciation. Then listen and check.**

À mon avis, Internet, c'est une bonne chose. Je passe beaucoup de temps sur les réseaux sociaux et j'adore jouer à des jeux en ligne. Cependant, les jeunes passent souvent trop de temps devant un écran. Il y a des risques de sécurité et des problèmes de harcèlement. C'est très dangereux.

Watch out for silent final 'e' (e.g. *chos**e***) and silent final consonants like ***-s***, ***-t*** and ***-x*** (e.g. *jeu**x***). The verb endings ***-e***, ***-es*** and ***-ent*** are also silent.

One exception is *Internet*, where the final *-t* is pronounced.

Words that are similar in English are usually pronounced differently in French, e.g. *Internet*, *risque*, *problème*, *dangereux*.

Écrire 8 **Write a post about your online life for the web forum in exercise 5. Include:**

- what you do online (*Je passe / joue / partage / télécharge ...*)
- how often you do it (*Je fais ça souvent / tous les ...*)
- opinions (*C'est très / vraiment / trop ...*)
- good and bad points of the internet (*À mon avis, ... Cependant / Malgré cela ...*).

2 Tu as une vie active?

- Saying what you do to stay active
- Using the present tense of irregular verbs
- Listening and transcribing in French

Écouter 1 **Listen and read. Which <u>two</u> activities shown in the pictures are <u>not</u> mentioned?**

bientôt	*soon*
au lieu de	*instead of*
s'il pleut	*if it rains*

C'est bientôt les 10 jours sans écrans

Qu'est-ce que tu fais comme activités, au lieu de passer du temps en ligne?

1 Manon
Normalement, **je fais du vélo** avec mon frère. On fait plusieurs kilomètres ensemble. S'il pleut, **nous faisons de la cuisine**. On fait des gâteaux et après, on mange tout!

2 Enzo
Je suis très actif! **Je suis membre de l'équipe de handball** du collège et tous les week-ends, nous avons un match. Mes copains et moi jouons aussi au tennis. **Nous sommes assez sportifs!**

3 Ahmed
D'habitude, **j'ai un cours de musique**. Je joue du violon dans un groupe et **nous avons bientôt un concert.** Mon meilleur ami joue de la guitare et il joue bien – il a beaucoup de talent!

4 Clara
Le week-end, **je vais au centre sportif** avec ma sœur et on fait de la natation. Parfois, **nous allons au théâtre** ensemble avec le club du collège, pour voir une pièce de théâtre ou une comédie musicale.

a

b

c

d

e

f

g

h

i

j

Lire 2 **Re-read the exercise 1 texts and translate the phrases in blue into English.**

G

The following key verbs are irregular in the present tense.

aller (*to go*)	**avoir** (*to have*)	**être** (*to be*)	**faire** (*to do/make*)
je vais	j'ai	je suis	je fais
tu vas	tu as	tu es	tu fais
il/elle/on va	il/elle/on a	il/elle/on est	il/elle/on fait
nous allons	nous avons	nous sommes	nous faisons
vous allez	vous avez	vous êtes	vous faites
ils/elles vont	ils/elles ont	ils/elles sont	ils/elles font

On means 'one', but can also mean 'we'. It takes the same part of the verb as *il/elle*.

Page 21

Lire 3 **Read the texts again and for each person, note down in English any extra details about the activities.**

Example: Manon: with her brother, ...

Some French expressions use *faire* ('to do' or 'to make'), where 'to go' is used in English:

faire une promenade	to go for a walk
*faire **du** vélo*	to go cycling
*faire **de la** natation*	to go swimming

Parler 4 **In pairs, imagine you have a no-screen day once a month. Make up your own conversation.**

- *Qu'est-ce que tu fais comme activités, le jour sans écrans?*
- *Normalement, je <u>vais au centre sportif</u> avec <u>mes amis</u> et nous <u>jouons au basket</u>. Et toi, qu'est-ce que tu fais?*
- *D'habitude, je ..., mais parfois ...*

Je suis Je ne suis pas		très assez	actif/active. sportif/sportive.
Je joue	**au** basket/football/rugby **du** piano/violon **de la** guitare/flûte	dans	l'équipe du collège. un groupe de musique.
Je fais	**du** sport/vélo **de la** cuisine/danse	avec	mon meilleur ami. ma meilleure amie. mes copains/copines.
Je vais	**au** centre sportif/théâtre **à la** piscine/plage		

Lire 5 **In pairs, look at the gapped sentences. Predict what sort of word could go in each gap.**

Look at the verb in each case. Does it tell you what they play or do, or where they go?

1 Je vais à la ___ avec mon ___.
2 Je fais du ___ avec mes ___.
3 Je joue au ___ dans l' ___ du ___.

What do these tell you? Is the missing word a person or a place?

What clue do these give you? Is the missing word something masculine, feminine, singular or plural?

Écouter 6 **Listen and fill in the gaps in the sentences in exercise 5. Cover page 10 and try to spell the words from memory. Then, for an extra challenge, try transcribing a fourth sentence without seeing any of the words. (1–4)**

Remember, the final ***-e***, ***-s*** or ***-t*** on French words is silent (unless the next word starts with a vowel), but it must be there when you write it!

Lire 7 **Read the texts. Is each statement below true or false?**

Est-ce que tu as une vie active?

Je ne suis pas très actif, car je ne pratique pas de sport. Normalement, le soir, ma sœur et moi jouons à des jeux de guerre en ligne. Elle est forte et d'habitude, c'est elle qui gagne! Cependant, puisque ce sont les dix jours sans écrans, je fais un effort et nous allons à la piscine. Après, je bois un coca avec ma sœur et on mange quelque chose ensemble. **Manu**

D'habitude, le dimanche, je ne fais rien. Pourtant, pendant les dix jours sans écrans, je mets mes écouteurs et je fais de longues promenades avec mon chien. J'écoute toutes sortes de musique. Ça fait du bien! Ou parfois, je lis un bon livre, car je participe au club de lecture du collège. Mes amis font du sport, mais moi, je préfère lire. **Coralie**

la guerre	*war*
je mets (mettre)	*I put on*
la lecture	*reading*

1 Manu fait beaucoup de sport.
2 Il joue souvent à des jeux vidéo.
3 Il ne fait jamais de natation.
4 Coralie n'est pas très sportive.
5 Elle écoute de la musique quand elle fait une promenade.
6 Elle n'aime pas la lecture.

G
These two verbs are irregular in the present tense:
boire (to drink) *je* ***bois*** (I drink)
lire (to read) *je* ***lis*** (I read)

G
Negatives go around the verb:
Je ***ne*** *suis* ***pas*** *sportif/ve.* I am **not** sporty.
Je ***ne*** *joue* ***jamais*** *au rugby.* I **never** play rugby.
Je ***ne*** *fais* ***rien***. I do **nothing** / I **don't** do **anything**.

Page 21

Écrire 8 **Translate this message into French.**

I don't do a lot of sport, but sometimes I go cycling with my best friend.
At school, I am a member of the music club and often, we go to a concert together.
Usually, in the evening, I read a book. However, on Saturdays, I don't do anything!

3 Qu'est-ce que tu regardes?

- Talking about what you watch
- Forming and answering questions
- Preparing a role play

Écouter 1 **Read the questionnaire. Listen and note down the answers for Marie. (1–6)**
Example: 1 c, ...

1 Qu'est-ce que tu aimes regarder?
J'aime regarder ...
a des séries ou des comédies.
b des émissions de sport.
c un peu de tout.

2 Quel type de vidéos est-ce que tu regardes?
Je regarde ...
a des clips de musique ou de danse.
b des vidéos de cuisine.
c des vidéos amusantes d'animaux.

3 Quand est-ce que tu regardes des vidéos?
D'habitude, je regarde des vidéos ...
a le matin, avant le collège.
b le soir, après les cours.
c quand j'ai du temps libre.

4 Où et comment est-ce que tu préfères regarder des films?
Je préfère regarder des films ...
a chez moi, à la télé ou en streaming.
b au cinéma, sur un grand écran.
c un peu partout, sur mon portable.

5 Avec qui est-ce que tu aimes regarder des films?
J'aime regarder des films ...
a avec les membres de ma famille.
b avec mon meilleur ami / ma meilleure amie.
c tout(e) seul(e), dans ma chambre.

6 Combien de fois par mois est-ce que tu vas au cinéma?
a Je vais au cinéma une ou deux fois par mois.
b Je ne vais pas souvent au cinéma.
c Je ne vais jamais au cinéma.

Écouter 2 **Listen again and write down any extra information that Marie gives. Watch out for negatives like *ne ... jamais* (never).**

G

To form questions, you can use a question word + *est-ce que ...*
Quand est-ce que tu regardes la télévision?

quel/quelle/quels/quelles ...? means 'which ...?' or 'what ...?'. It is an adjective and has to agree with the noun it refers to.

masculine singular	*feminine singular*	*masculine plural*	*feminine plural*
quel cinéma?	**quelle** vidéo?	**quels** films?	**quelles** émissions?

Quelles émissions est-ce que tu préfères?

Page 21

Parler 3 **In pairs, do the survey.**
- *Qu'est-ce que tu aimes regarder?*
- *J'aime regarder des émissions de sport. Et toi?*
- *Moi, j'aime regarder un peu de tout.*

qu is always pronounced 'k'.
c is also pronounced 'k' in front of the letters *a*, *o* and *u*.

Listen and repeat the words.
***qu**and, **qu**e, **qu**i, **qu**el, **c**ombien, **c**omme*

Écrire 4 **Translate these questions into French.**
1 Where do you watch TV?
2 Which programmes do you watch?
3 When and how do you watch videos?
4 What type of films do you prefer to watch?
5 Who do you go to the cinema with?
6 How many times a week do you watch comedies?

par semaine *per week*

Lire **5** **Read the text. Copy and complete the sentences below in English.**

J'aime regarder un peu de tout, mais je regarde souvent des émissions de télé-réalité. Je finis les cours à cinq heures, donc je regarde la télé le soir ou le week-end. Parfois, je regarde aussi des clips sur une chaîne de musique. Je ne regarde jamais de vidéos de cuisine parce que c'est complètement nul! Je préfère regarder des films toute seule, sur mon ordinateur, car c'est plus tranquille. Cependant, je vais au cinéma une fois par mois, avec ma meilleure amie. D'habitude, on choisit un film d'action ou un film de science-fiction parce que c'est vraiment passionnant!

Amina

G

Regular *-ir* verbs like *fin**ir*** (to finish) and *chois**ir*** (to choose) work like this in the present tense:

*je fin**is***
*tu fin**is***
*il/elle/on fin**it***
*nous fin**issons***
*vous fin**issez***
*ils/elles fin**issent***

Page 20

la chaîne	*channel*
tranquille	*peaceful, quiet*
passionnant	*exciting*

1 Amina often watches …
2 She finishes …, so she watches TV …
3 Sometimes, she also watches …, but she never …
4 She prefers watching films …, because …
5 However, she goes to the cinema … with …
6 Usually, they choose …, because …

Écrire **6** **Write a text about your viewing habits. Use the text in exercise 5 as a model.**

After a negative, **des** changes to **de/d'**:
*Je ne regarde jamais **de** séries.*
*Je ne regarde pas **d'**émissions de sport.*

Lire **7** **At the cinema! Read the dialogue and guess the missing words. Then listen and check. How are the underlined words pronounced?**

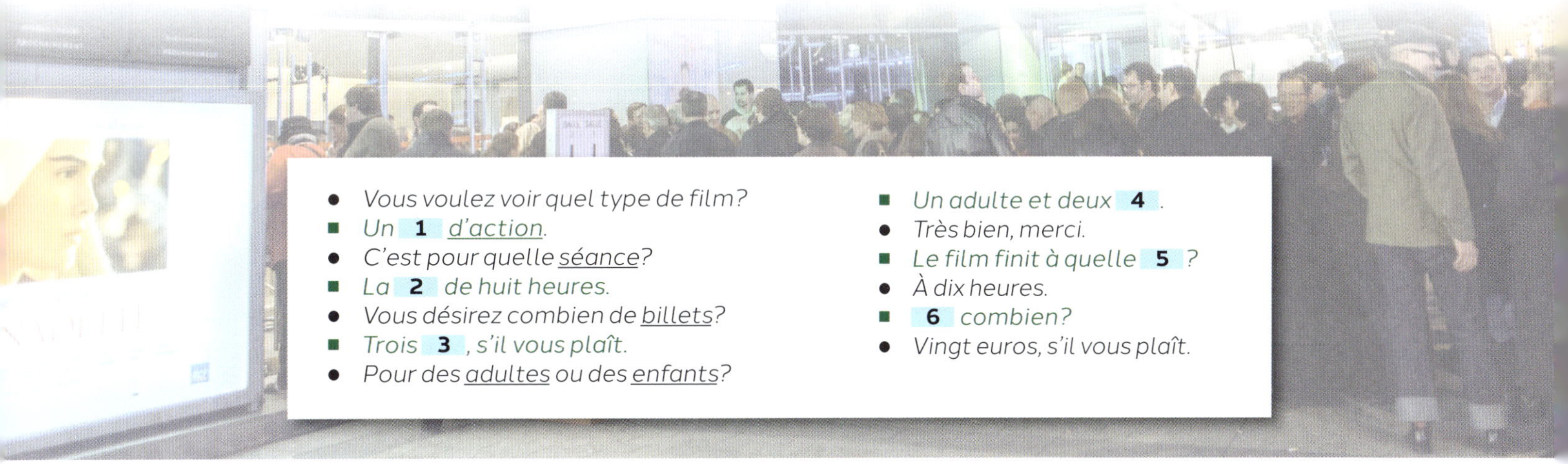

- *Vous voulez voir quel type de film?*
- *Un* **1** *<u>d'action</u>.*
- *C'est pour quelle <u>séance</u>?*
- *La* **2** *de huit heures.*
- *Vous désirez combien de <u>billets</u>?*
- *Trois* **3** *, s'il vous plaît.*
- *Pour des <u>adultes</u> ou des <u>enfants</u>?*
- *Un adulte et deux* **4** *.*
- *Très bien, merci.*
- *Le film finit à quelle* **5** *?*
- *À dix heures.*
- **6** *combien?*
- *Vingt euros, s'il vous plaît.*

Parler **8** **With a partner, prepare your answers to this role-play card. Then listen and respond to the teacher.**

You are buying tickets at the cinema in France.

The cinema employee will speak first.

1 Say what type of film you want to see.
2 Say at what time you want to see it.
3 Say how many tickets you want (for adults/ children).
4 Ask a question about the finishing time.
5 Ask a question about payment.

Use *je voudrais …* to say 'I would like …'. (→ 1)

Be polite! Use *s'il vous plaît* and *merci*. (→ 3)

Use a simple time, e.g. *à huit heures*, but avoid one-word answers. (→ 2)

Make your questions sound like questions! Lift your voice slightly at the end of each one. (→ 4, 5)

4 Qu'est-ce qu'on va faire?

- Making plans to go out
- Using the near future tense
- Responding to invitations

Écouter 1 **Listen to the voicemails. (1–6) For each one, write:**
- the letter of the correct advert
- when they are going to do it (e.g. tomorrow morning, nine o'clock).

Que faire en Belgique, pendant les vacances de la Toussaint?

A

B

C

D

E

F

les vacances de la Toussaint	*autumn half-term holiday*
tu viens?	*are you coming?*

aujourd'hui	demain
ce matin	demain matin
cet après-midi	demain après-midi
ce soir	demain soir

à … (*at* …)

neuf heures	dix heures moins vingt
neuf heures dix	dix heures moins le quart
neuf heures et quart	dix heures moins dix
neuf heures vingt-cinq	midi / minuit
neuf heures et demie	

Lire 2 **Read the two text messages. Translate them into English.**

1

Aujourd'hui, je vais aller au centre commercial avec mon frère. On va faire les magasins. On va prendre le bus à deux heures et quart. Tu viens?

2

Demain après-midi, ma famille et moi, nous allons voir un spectacle de musique au parc. Tu viens avec nous? Nous allons partir à midi.

Parler 3 **In pairs, turn the exercise 2 text messages into two voicemails. Read them aloud. Then create a new voicemail by changing the details.**

G

You can use the present tense of *aller* (to go) + an infinitive to refer to the future. This is called the near future tense.

je vais	*aller au parc / à la piscine*
tu vas	*faire les magasins*
il/elle/on va	*jouer au football*
nous allons	*visiter le musée*
vous allez	*voir un spectacle*
ils/elles vont	*partir à midi*

Page 22

Lire 4 **Read the chat. Fill in the gaps with the correct word from the box. There are two words you don't need. Then listen and check.**

Alex

Coucou! Demain, je **1** aller en ville avec les copains. Ça t'intéresse?

Ça dépend. Qu'est-ce que vous allez **2** en ville?

On va faire les magasins, puis on **3** manger quelque chose au café.

Qui vient aussi?

Théo et Lucie. Théo va **4** un cadeau d'anniversaire pour sa mère.

Vous allez partir à quelle heure?

Ils vont passer chez moi à **5** heures. On va prendre le bus à dix heures et **6** .

D'accord. Je veux bien, merci.

Génial! Ça va être **7** ! À demain, alors!

À **8** , à dix heures!

acheter
allons
demain
dix
faire
matin
quart
sympa
vais
va

passer chez moi *to call at my house*

Écouter 5 **Listen. Copy and complete the grid in English. (1–2)**

	Place / Activity	When	Time	Accepts? ✓ ✗	Other details
1					

gentil *kind*
c'est dommage *that's a shame*

Ça t'intéresse?　Tu es libre?　Tu viens?

👍	👎
D'accord, je veux bien. Oui, je suis libre. Ça m'intéresse. Oui, merci, c'est gentil.	Non, désolé(e). Je ne peux pas. Je ne suis pas libre.

Le stade Roi Baudouin à Bruxelles

Le parc d'attractions Walibi près de Bruxelles

Parler 6 **In pairs, create two new dialogues like the one in exercise 4. Use the details below or your own ideas.**

castle – this afternoon – with family – leave at 2:30 👍

swimming pool – tomorrow morning – with friends – bus at 11:15 👎

Écrire 7 **Imagine it's the start of the half-term holiday! Write a message to a friend about your plans for today and tomorrow. Include the following bullet points:**

- what you are going to do and when
- who you are going to do it with
- what it's going to be like (*Ça va être …*)
- an invitation to your friend to join you!

5 Qu'est-ce que tu as fait?

- Saying what you did last weekend
- Using the perfect tense
- Pronouncing ***é, er, ez*** correctly

Lire 1 **Look at the photos and match each one to the correct caption.**

#Un Week-end Ordinaire

Qu'est-ce que tu as fait, le week-end dernier?

1 Gabriel, en France

2 Safia, en Tunisie

3 Lola, en Belgique

4 Abel, à Madagascar

5 Hugo, au Canada

6 Valentine, en Suisse

a J'ai joué au foot sur la plage, puis j'ai bu un coca avec mes amis.
b Je suis allée au centre commercial, où j'ai acheté un bracelet.
c Je suis allé chez ma grand-mère. Elle a chanté et dansé avec moi.
d J'ai fait une promenade à la campagne et j'ai pris des photos.
e Je suis allée au café avec ma famille. Nous avons mangé du couscous.
f Je suis resté à la maison. J'ai lu un peu et j'ai regardé la télé.

Écouter 2 **Listen and check. Note down in English <u>when they did it</u>. (1–6)**

samedi dimanche	matin après-midi soir

G

The perfect tense is formed of two parts:
1 the auxiliary verb (part of ***avoir*** or ***être***) **2** the past participle.

You form the past participle of regular -***er*** verbs like this:
*chant**er*** (to sing) → *chant**é***
*j'**ai** chant**é*** (I sang) *nous **avons** chant**é*** (we sang)

Some past participles are irregular, e.g.
boire (to drink) → *j'ai **bu*** (I drank)
faire (to do/make) → *j'ai **fait*** (I did/made)

For verbs that take *être*, e.g. *aller* (to go) and *rester* (to stay), the past participle must agree with the subject.
*nous sommes allé**s*** (we went) *elle est resté**e*** (she stayed)

Page 22

Lire 3 **In exercise 1, find <u>12 different</u> verbs in the perfect tense. Then copy and translate them into English.**

Parler 4 **Read the tongue-twisters aloud. Pay special attention to the pronunciation of the key sound in the tip box. Then listen and check.**

1. Mon footballeur pr**é**f**é**r**é** est Kylian Mbapp**é**.
2. Nous sommes all**é**s au caf**é** pour mang**er**.
3. Samedi derni**er**, je suis rest**é**e ch**ez** Chlo**é** et nous avons pass**é** une bonne journ**é**e.

é is pronounced the same as ***er*** and ***ez***.

Listen and repeat the words.
*mang**é*** *mang**er*** *mang**ez***

Lire 5 **Read the text. Complete each sentence starter by writing the letter of the correct activity. Make sure that you put the activities in the order in which Mariama did them.**

Un week-end extraordinaire au Burkina Faso

Élue 111

Samedi dernier, c'était la Fête de la Musique dans notre capitale.

Il y avait un programme fantastique et tous les concerts étaient gratuits. C'était génial!

D'abord, je suis allée à un concert de Marko, un jeune chanteur de rap. J'ai adoré le rythme et les paroles de sa musique. Il y avait beaucoup de monde et nous avons tous chanté et dansé.

Ensuite, j'ai vu un concert d'Élue 111 qui est ma chanteuse préférée. Pendant le concert, elle a chanté toutes sortes de chansons et elle a joué de la guitare. C'était vraiment formidable!

Puis j'ai bu quelque chose avec mes amis, mais je n'ai rien mangé. Après, nous avons fait une petite promenade.

Plus tard, il y avait un concert de Teriya, un groupe africain qui joue des instruments traditionnels, mais je n'ai pas vu ça parce que c'était complet. Quel dommage!

Finalement, j'ai acheté un poster. Cependant, je n'ai pas acheté de tee-shirt car c'était trop cher pour moi.

J'ai passé un week-end parfait.

Mariama

gratuit(s)	*free (no cost)*
les paroles *(f)*	*words, lyrics*
beaucoup de monde	*lots of people*

G

c'est	it is
c'était	it was
il y a	there is/are
il y avait	there was/were

1 First, ...
2 Next, ...
3 Then ...
4 Afterwards, ...
5 Later, ...
6 Finally, ...

a she bought a souvenir of the occasion.
b she saw her favourite singer.
c she had something to drink, but no food.
d she went to a concert where everyone sang and danced.
e she went for a walk with her friends.
f she missed seeing a band because the concert was full.

Écouter 6 **Listen and note down (a) what they did or didn't do last weekend and (b) what it was like. (1–4)**

C'était	un peu / assez très vraiment complètement trop	amusant / cher. ennuyeux / formidable. génial / nul. parfait / passionnant. sympa.

G

In the perfect tense, negatives go around the part of *avoir* or *être*:
*Je **n'**ai **pas** acheté de souvenirs.* (not)
*Je **ne** suis **pas** allé(e) au concert.* (not)
*Je **n'**ai **rien** mangé.* (nothing)

Parler 7 **With a partner, make up a conversation about last weekend.**

Example:
- *Qu'est-ce que tu as fait, le week-end dernier?*
- *Samedi matin, ... ensuite / puis / après ...*
- *Et dimanche?*
- *Dimanche, ...*
- *C'était comment?*
- ...

To create extended sentences, use:
- time expressions *samedi soir, dimanche matin ...*
- sequencers *d'abord, ensuite, puis, après, plus tard, finalement*

Écrire 8 **Write a blog entry about an amazing weekend. Use the ideas to the right or your own ideas. Include extended sentences, opinions and at least one negative.**

went to beach with family – played tennis, swam, listened to music, sang songs

watched concert with best friend – saw favourite group, danced, bought tee-shirt

6 J'ai participé aux Jeux de la Francophonie!

- Taking part in an interview
- Asking questions in the perfect tense
- Using two tenses together (present and perfect)

Lire 1 **Read the interview questions. Copy and complete the English translation of each one.**

1 **À quel âge** as-tu commencé à pratiquer l'athlétisme?
... did you start practising athletics?

2 **Quand** as-tu participé aux Jeux de la Francophonie?
... did you take part in the Francophone Games?

3 **Qu'est-ce que** tu as fait pour être prêt(e) pour la compétition?
... did you do to be ready for the competition?

4 **Où** as-tu fait ton entraînement?
... did you do your training?

5 **Est-ce que** tu as gagné aux Jeux de la Francophonie?
... you win at the Francophone Games?

6 **Comment** et **avec qui** as-tu célébré ton succès?
... and ... did you celebrate your success?

Lire 2 **Match each question from exercise 1 to the correct answer below. Then translate all the answers.**

UN GRAND SUCCÈS AUX JEUX DE LA FRANCOPHONIE!

a Oui! J'ai fini en première position – j'ai gagné la compétition!

b Je suis allée au centre sportif, où j'ai fait mon entraînement sur la piste d'athlétisme.

c J'ai célébré mon succès avec ma famille. Nous sommes allés au restaurant et nous avons très bien mangé!

d J'ai commencé à pratiquer l'athlétisme à l'âge de quinze ans.

e Pour être prête, j'ai couru cinq kilomètres chaque jour.

f J'ai participé aux Jeux de la Francophonie pour la première fois l'année dernière.

courir	*to run (**j'ai couru** I ran)*
chaque	*every*

Écouter 3 **Listen and check.**

G

Questions in the perfect tense often use inversion.
The subject swaps places with the first verb, with a hyphen in between.
Tu as célébré ton succès. → *Comment as-tu célébré ton succès?*

Inversion is not used with questions that start with *Est-ce que ...* or *Qu'est-ce que ...*

Page 23

Parler 4 **Read aloud the interview from exercises 1 and 2 with your partner. Make your questions sound like questions!**

Use **rising intonation** when you ask a question.

Listen and repeat the question. Make your voice go up at the end.
Est-ce que tu as gagné la compétition?

Lire 5 **Read the text. Copy and complete the profile in English.**

Les JDLF, ce n'est pas seulement une compétition sportive, c'est aussi un concours culturel!

Je m'appelle Lucas et mon pays, c'est le Mali, en Afrique. Je suis chanteur et musicien. J'ai commencé à jouer du piano à l'âge de huit ans. J'adore créer de la musique et j'écris tout le temps des chansons!

Je passe souvent sept heures par jour à mon piano, pour être prêt pour les Jeux de la Francophonie. J'ai déjà participé aux Jeux, c'était il y a deux ans – j'ai chanté une chanson.

Je n'ai pas gagné le concours, mais j'ai fini en deuxième position, donc j'étais content. Je suis fier de mon pays et de mon succès!

J'attends les prochains Jeux avec impatience. Si je perds, je perds. L'important, c'est de faire de mon mieux et de participer!

le concours	*contest*
fier/fière	*proud*
perdre	*to lose*

Name:
Country:
Talent(s):
Started when?:
Preparation for contest:
Took part in JDLF when?
Success at JDLF?
Attitude towards the Games:

il y a has two meanings:
1 there is/are — *il y a un centre sportif*
2 ago — *il y a trois ans* (three years ago)

Écouter 6 **Listen to the podcast. Write down if each question is about the present or the past. Then listen again and note in English the answers the speaker gives to the questions. (1–8)**

Parler 7 **In pairs, create a podcast interview with a participant at the *Jeux de la Francophonie* (JDLF). Use details from one of the boxes below.**

Nadia – Belgium
basketball – started age 12
training every day – sports centre
JDLF – last year – 1st place
celebrated with friends – swimming, café

Ahmed – Senegal
hip-hop dance – started age 7
dances twice a week – school
JDLF – 3 years ago – 2nd place
celebrated with family – cinema, ice cream

Présent	
Tu es de quel pays?	Je suis du (Sénégal) / de (Belgique).
Qu'est-ce que tu fais comme activité?	Je joue au ... Je fais de la ...
Quand et où est-ce que tu fais ça?	Je fais mon entraînement ...

Passé	
À quel âge as-tu commencé à pratiquer ça?	J'ai commencé à l'âge de ... ans.
Quand as-tu participé aux Jeux ?	J'ai participé aux Jeux il y a ... ans / l'année dernière.
Est-ce que tu as gagné?	J'ai gagné la compétition / le concours. J'ai fini en première / deuxième position.
Avec qui as-tu célébré ton succès?	J'ai célébré mon succès avec ...
Comment avez-vous célébré ça?	D'abord, nous sommes allés ... Ensuite, nous avons mangé ... Puis nous avons bu ... C'était assez / très / vraiment ...

Grammaire 1

The present tense of regular verbs (Unit 1, page 8)

Regular *-er*, *-ir* and *-re* verbs form the present tense like this:

parl**er** (*to speak/talk*) → **parl-**	fin**ir** (*to finish*) → **fin-**	attend**re** (*to wait for*) → **attend-**
je parl**e**	je fin**is**	j'attend**s**
tu parl**es**	tu fin**is**	tu attend**s**
il/elle/on parl**e**	il/elle/on fin**it**	il/elle/on attend (*no added ending*)
nous parl**ons**	nous fin**issons**	nous attend**ons**
vous parl**ez**	vous fin**issez**	vous attend**ez**
ils/elles parl**ent**	ils/elles fin**issent**	ils/elles attend**ent**

For each verb, the underlined forms sound the same.

Écrire **1** **Copy and complete the sentences with the correct form of the regular *-er* verb in brackets.**

1. Je parle souvent avec ma famille en France. (*parler*)
2. J' ___ des choses sur Vinted. (*acheter*)
3. Est-ce que tu ___ souvent des vidéos? (*regarder*)
4. Elle ___ à des jeux avec sa copine. (*jouer*)
5. On ___ des photos sur Snapchat. (*partager*)
6. Nous ___ de la musique en streaming. (*écouter*)
7. Vous ___ des informations en ligne. (*chercher*)
8. Ils ___ un message à mon frère. (*envoyer*)

Watch out for:

- verbs that end in *-ger*, like *manger*, *partager*: the '*nous*' form is *mang**e**ons*
- verbs like *envoyer*: the *je/tu/il(s)/elle(s)* forms change *y* to *ie*: *j'envo**ie*** / *elles envo**ie**nt*
- verbs like *acheter*: the *je/tu/il(s)/elle(s)* forms add a grave accent: *j'ach**è**te* / *ils ach**è**tent*

Lire **2** **Translate the sentences into English.**

1. – Tu regardes une vidéo?
   – Non. Je joue sur mon portable.
2. Elles écoutent souvent de la musique.
3. Tous les soirs, j'envoie des messages à mes amis.
4. – Est-ce que vous parlez avec ma sœur?
   – Non. En ce moment, nous regardons la télé.
5. Je finis les cours à cinq heures.
6. Ils attendent le bus en ville.

In French, there is only one present tense. So, *je parle* means 'I speak' and 'I am speaking'. Time phrases often give you a clue about which of the two English meanings applies.

en ce moment	*at the moment*

Parler **3** **In pairs, read out the sentences in exercise 2. Pay attention to the pronunciation of the subject pronouns (*je*, *nous*, etc.) and the verb endings (which ones are silent?). Then listen and check.**

Écouter **4** **Listen to the sentences with the subject pronouns missing. (1–6) Can you work out from the sound of each verb what the missing pronoun is? Choose from the pronouns listed. Then listen and check.**

1. je / nous / ils
2. elle / nous / vous
3. je / on / ils
4. tu / vous / elles
5. je / nous / vous
6. tu / elle / nous

- ***j**e* (or ***j**'*): ***j*** is a soft sound, like a fast car whizzing by: 'jjjuuuhhh!'
- *t**u***: ***u*** sounds similar to 'ew' in 'few'.
- *n**ou**s* and *v**ou**s*: ***ou*** sounds like an 'oooh!' of surprise.
- ***i**l* and ***i**ls*: ***i*** sounds like 'e' in 'evil'.
- ***e**lle* and ***e**lles*: ***e*** sounds like 'e' in 'bed'.
- ***ie**l* is a gender-neutral pronoun which combines both sounds.

Remember, the final **-s** is silent (unless the next word starts with a vowel), so *il* and *ils* are pronounced the same and so are *elle* and *elles*.

The present tense of irregular verbs (Unit 2, page 10)

Parler 5 **In pairs, look back at the grammar box on page 10. Take turns to ask and answer questions on the four irregular verbs.**

Example:
- *aller – he goes*
- *Il va*

Écrire 6 **Copy and complete the sentence for each day, using the correct form of *aller*, *avoir*, *être* or *faire*.**

lundi	vélo
mardi	cours de guitare
mercredi	centre sportif + natation
jeudi	cuisine
vendredi	théâtre (club)
samedi	match de foot
dimanche	promenade à la campagne

Normalement / D'habitude …
1 le lundi, on …
2 le mardi, j'…
3 le mercredi, nous …
4 le jeudi, tu …
5 le vendredi, on … Je … membre du club.
6 le samedi, mon équipe et moi …
7 le dimanche, mes amis …

Remember, sometimes *faire* (to do) is used to mean 'to go' (see page 10).

Negatives (Unit 2, page 11)

Parler 7 **In pairs, one person asks the questions, the other plays Norman Négatif who always answers in the negative! Try to use all three negatives from the grammar box.**

- *Est-ce que tu es sportif?* ▪ *Non, je **ne** suis **pas** sportif.*

1 Est-ce que tu es sportif?
2 Est-ce que tu joues de la guitare?
3 Est-ce que tu fais du vélo?

Norman Négatif

4 Est-ce que tu vas au cinéma?
5 Qu'est-ce que tu regardes à la télé?
6 Qu'est-ce que tu fais, le soir ou le week-end?

Negatives are usually in two parts:
ne … pas (not)
ne … rien (nothing/not anything)
ne … jamais (never)

In the present tense, they make a 'sandwich' around the verb:
*Je **ne** joue **pas** au tennis.*

After a negative, *du*, *de la* and *des* usually change to *de*:
*Je ne fais jamais **de** cuisine.*

Note: *jouer de* with musical instruments does not follow this rule:
*Elle ne joue jamais **de la** guitare.*

Forming questions (Unit 3, page 12)

Écrire 8 **Read the answers. What were the questions? Write them out, using the question words to help you. Then listen and check.**

Example: 1 *Où est-ce que tu regardes la télé?*

1 Je regarde la télé dans ma chambre.
2 Je regarde la télé le soir, après mes devoirs.
3 Je regarde des émissions de sport.
4 Je préfère regarder des films en streaming.
5 Je vais au cinéma une ou deux fois par mois.
6 J'aime regarder des films avec mes copains.

Avec qui …? *(Who … with?)*
Combien de fois …? *(How many times … ?)*
Comment …? *(How … ?)*
Où …? *(Where … ?)*
Quand …? *(When … ?)*
Qu'est-ce que …? *(What … ?)*

The near future tense (Unit 4, page 14)

Parler **1** **Read the grammar box on page 14. Imagine this is your diary for today and tomorrow. In pairs, take turns to describe what you are going to do. Try to use a variety of verb forms (*je, on, nous* ...).**

- *Ce matin, je vais aller au centre commercial avec ... On va faire ...*
- *Cet après-midi, nous allons jouer ...*

samedi	
matin	centre commercial avec Clara 
après-midi	
soir	 avec famille

dimanche	
matin	 avec copains
après-midi	(parents)  (moi) 
soir	

The perfect tense (Unit 5, page 16)

You use the **perfect tense** to refer to things that happened in the past. It is formed of two parts:

1 the auxiliary verb (part of ***avoir*** or ***être***)

2 the past participle.

You form the past participle of **regular -*er*** verbs like this:

*dans**er*** (to dance) → *dans**é***

j'**ai** dansé	*I danced*
tu **as** dansé	*you* (singular) *danced*
il/elle/on **a** dansé	*he/she/we danced*
nous **avons** dansé	*we danced*
vous **avez** dansé	*you* (plural or polite) *danced*
ils/elles **ont** dansé	*they danced*

The following verbs have an **irregular** past participle:

boire (to drink) → *j'ai bu* (I drank)
lire (to read) → *j'ai lu* (I read)
faire (to do/make) → *j'ai fait* (I did/made)
prendre (to take) → *j'ai pris* (I took)
voir (to see) → *j'ai vu* (I saw)

Some verbs take ***être*** (not *avoir*), e.g.

aller (to go) → *je suis allé*
rester (to stay) → *je suis resté*

The past participle must agree if the subject is feminine or plural.

*je suis allé**e*** (I went) — *ils sont allé**s*** (they went)
*elle est resté**e*** (she stayed) — *elles sont resté**es*** (they stayed)

Écrire **2** **Copy out the sentences, putting the verbs in brackets into the perfect tense. Then listen and check.**

1 Je suis allée au centre commercial et j' ___ un bracelet. (*aller, acheter*)
2 Est-ce que tu ___ la télé, ou est-ce que tu ___ un livre? (*regarder, lire*)
3 Nous ___ au centre sportif et nous ___ de la natation. (*aller, faire*)
4 Mes amis ___ et ___, puis ils ___ en ligne. (*danser, chanter, jouer*)
5 Qu-est-ce que vous ___ au restaurant et qu'est-ce que vous ___? (*manger, boire*)
6 Mon frère ___ à la maison. Il ___ de la cuisine, puis il ___ de la musique. (*rester, faire, écouter*)

Remember, *je* shortens to ***j'*** in front of a vowel: *je + ai = j'ai.*

Écrire **3** **Translate the sentences into French.**

Example: 1 *Samedi dernier, mes amis et moi sommes allés à un concert.*

1 Last Saturday, my friends and I went to a concert.

2 I danced, but I didn't sing.

3 We took lots of photos.

4 My friend Thomas bought a tee-shirt.

5 I didn't buy anything.

6 We drank, but we didn't eat anything.

In the perfect tense, **negatives** go around the auxiliary verb.
*Je **ne** suis **pas** allé(e) au concert.*

Remember that *ne* shortens to ***n'*** in front of a vowel.

*Je **n'**ai **pas** écouté la chanson.*
*Nous **n'**avons **rien** bu.*

Questions in the perfect tense (Unit 6, page 18)

Lire **4** **Put the words into the correct order to form questions, using an inversion where possible. Copy out the questions and then translate them.**

Example: 1 ***À quel âge** as-tu commencé le judo?*
At what age …

1 le judo tu **À quel âge** as commencé?
2 as participé à la **Quand** tu compétition?
3 compétition tu **Est-ce que** gagné as la?
4 tu as **Où** ton fait entraînement?
5 tu as **Qu'est-ce que** prêt fait pour être?
6 ton célébré tu **Comment** as succès?

When you use inversion, put a hyphen between the verb and the subject:
Comment as-tu …?

Inversion is not used after *est-ce que* or *qu'est-ce que*.

Using the present tense and the perfect tense together (Unit 6, page 19)

Parler **5** **In pairs, play 'tenses tennis'. Take turns to change each sentence from the present tense to the perfect tense or vice versa.**

- *Je joue de la guitare.*
- *J'ai joué de la guitare. J'ai fait …*

1 Je joue de la guitare. → (*perfect*)
2 J'ai fait de la natation. → (*present*)
3 J'écoute de la musique. → (*perfect*)
4 J'ai regardé une comédie. → (*present*)
5 Je vais au cinéma. → (*perfect*)
6 Je suis allé(e) à la piscine. → (*present*)

Listen and repeat the sentences.
***Je** joue de la guitare.*
*J'**ai** joué de la guitare.*

Make sure you pronounce ***je*** and ***j'ai*** as different sounds. Remember that ***j*** is a soft sound in French.

C'est parti!

Écouter **6** **Listen and note down the missing word or words. Remember, some endings are silent in French!**

J'aime faire du sport. **1** membre d'une équipe de foot et tous les week-ends, **2** un match. Parfois, **3** au centre sportif avec mon frère et on fait de la natation. D'habitude, le dimanche, je ne fais **4**. Mes parents vont souvent au cinéma. Et toi, **5** est-ce que tu préfères regarder des films? Samedi dernier, je **6** au centre commercial. J'ai acheté un tee-shirt, puis **7** quelque chose au café, mais je n'ai rien **8**. Qu'est-ce que tu **9**? Demain, je **10** le château. Tu viens?

Module 1

Contrôle de lecture et d'écoute

Reading

Lire 1 ***Watching TV.*** **Read Manon's blog on her opinion of TV. Write down the word or phrase for the gap in each sentence, using the words from the box. There are more words than gaps.**

Salut!

Je ne regarde pas souvent la télé mais mes amis passent beaucoup plus de temps devant leur écran! De temps en temps, je regarde des émissions de télé-réalité avec mes copines. À mon avis, ces émissions sont assez ennuyeuses. Mes parents pensent qu'elles sont stupides!

Le soir, je regarde parfois la chaîne de musique avec ma sœur mais je préfère regarder des vidéos de musique seule sur mon portable.

La télé, c'est bien, mais Internet est plus intéressant. C'est génial! On peut regarder les films qu'on veut, quand on veut.

Manon

Watch out for distractors! Read the blog carefully to see which adjective you need for the gaps in the sentences below.

more | on her own | great | stupid | boring | less | with her sister | with her parents

a Manon's friends spend ___ time in front of the TV than she does.
b Manon thinks that reality shows are ___.
c Manon prefers watching music videos ___.

With this type of task, you need to think first about which words could fit in the gaps. For example, in sentence (a) the word 'great' wouldn't work.

Lire 2 ***My hobbies.*** **Read Rachid's entry to a forum about hobbies. Write the letter (A–F) for each of the three correct statements.**

#Rachid#

Salut!

J'ai 14 ans. Je suis très actif et beaucoup de choses m'intéressent – la musique, la télé, Internet, le sport ... mais la musique classique, c'est ma passion. Je joue de trois instruments: du piano, du saxophone et de la trompette. Je vais bientôt commencer à jouer de la guitare.

Je trouve que jouer d'un instrument est assez difficile. Ça prend beaucoup de temps, mais pour moi, ce qui est important, c'est d'essayer! Je ne veux pas être le meilleur, mais je veux pouvoir jouer de la musique. À mon avis, la musique, comme le sport, est un bon moyen de réduire le stress.

In reading tasks, you may come across unfamiliar words but some of them will be cognates. Cognates look very similar to English words and have the same meaning in both languages. Can you find any cognates in this text?

A	Rachid isn't very active.
B	TV interests him.
C	Rachid currently plays the guitar.
D	Rachid doesn't think that playing an instrument is easy.
E	For Rachid, being able to play is more important than being the best.
F	Music is better than sport to reduce stress.

Lire 3

Celebrating cinema in France. **Translate the following paragraph into English.**

These will be translated as one word in English.

En France, tous les ans, pendant quatre jours en juillet, il y a un festival du cinéma et les billets sont moins chers. La séance coûte cinq euros pour tout le monde et pour tous les films. Beaucoup de jeunes passent des heures devant le grand écran et regardent deux ou trois films par jour. L'année dernière, cet événement était très populaire et plus de trois millions de personnes sont allées au cinéma!

If you don't know these words yet, can you think of English words that look similar?

What tense are these verbs in?

Think carefully about the timeframe. It is no longer the same as in the previous sentence.

Listening

Écouter 4

Going out. **Louis, Yasmina and Hugo are talking about their plans for next weekend. What do they say? Listen to the recording and make notes in English under the following headings. You do not need to write in full sentences.**

a Louis: his opinion on online gaming.

b Yasmina: what time she's planning to watch the film.

c Hugo: what he's going to do on Saturday.

Don't jump to conclusions too quickly! Here we want Louis's opinion, not his brother's.

Listen carefully to Yasmina. She mentions **two** times.

Be careful! Hugo is talking about Saturday and Sunday.

Écouter 5

A new TV series. **Listen to this advert about a new series. What is mentioned? Write the letter (A–F) for each of the three correct options.**

A	the number of episodes
B	month of first showing on French TV
C	the actors
D	the storyline
E	the music featuring in the series
F	recommended age for the viewers

You may hear words that are linked to each option but you should focus on what is actually mentioned.

Écouter 6

Dictation. **You are going to hear someone talking about music.**

a Sentences 1–2: write down the missing words. For each gap, you will write one word in French.

1 J'adore ___ à des ___ de musique ___.

2 J'aime le ___ de la ___ et de la ___.

Listen carefully to these words, as you may not have heard them before.

b Sentences 3–6: write down the full sentences that you hear, in French.

Contrôle oral

Read aloud

Parler 1

Look at this task card. With a partner, take turns to read out the four sentences, paying attention to the underlined letters and the highlighted liaisons.

Mathis, your French friend, has emailed you to tell you about music in France.

Read out the text below to your teacher.

Je pense que la musique est très importante.

En France, nous avons beaucoup de spectacles, de concerts et de fêtes.

À mon avis, c'est une bonne idée parce qu'on peut découvrir des artistes et des chansons francophones.

L'année dernière, avec mes amis, je suis allé au concert d'un nouveau groupe français qui était génial.

Take extra care with how you pronounce the underlined sounds:
- the final *e* and *s* are silent on these words
- make sure you pronounce *é* correctly
- *qu* is pronounced the same way as a 'k'.

Remember to make the liaison between the highlighted sounds.

Écouter 2

Listen and check your pronunciation.

Parler 3

Listen to the teacher asking the two follow-up questions. Translate each question into English and prepare your own answers in French. Then listen again and respond to the teacher.

Remember to use different opinion phrases.

Role play

Parler 4

Look at the role-play card and prepare what you are going to say.

Setting: At the leisure centre

Scenario:
- You are at a leisure centre in Belgium.
- The teacher will play the part of the leisure centre employee and will speak first.
- The teacher will ask questions **in French** and you must answer **in French**.
- Say a few words or a short phrase/sentence for each prompt. One-word answers are not sufficient to gain full marks.

Task:
1. Say what sport you would like to do.
2. Say how many people it is for.
3. Ask about the price.
4. Ask a question about the leisure centre's opening hours.
5. Say what other activity you are going to do tomorrow.

Start with either *Je voudrais* or *J'aimerais*.

You could start with *Quand …?* or *À quelle heure …?*

Use the near future tense.

Parler 5

Practise what you have prepared. Then, using your notes, listen and respond to the teacher.

Écouter 6

Now listen to Lola doing the role-play task. In English, note down (a) how she answers the questions for task prompts 1, 2 and 5 and (b) what questions she asks for task prompts 3 and 4.

Picture task

Écouter 7 **Look at the exam card below and read the first part of the task. Then listen to Enzo describing the picture. Answer the questions in English.**

a What does Enzo say about the people?
b Where are the people according to Enzo? Do you agree?
c What does Enzo say the people are doing?

Describe this picture.

Your description must cover:

- people
- location
- activity.

When you have finished your description, you will be asked **two questions** relating to the picture. Say a short phrase/sentence in response to each question. One-word answers will not be sufficient to gain full marks.

You will then move on to a **conversation** on the broader thematic context of **Media and technology**.

During the conversation, you will be asked questions in the present, past and future tenses. Your responses should be as **full and detailed** as possible.

To talk about what someone is doing, use the **present tense.** Remember, 'they are watching' is the same as 'they watch' in French.

Parler 8 **Prepare your own description of the picture, mentioning people, location and activity. Then, with a partner, take turns to describe the picture.**

Sur la photo, il y a ...

Parler 9 **Read the second part of the task. Then listen to the two follow-up questions and respond to the teacher. Remember: you only need to give a short answer to each one.**

Écouter 10 **Read the third part of the task. The teacher asks Enzo: *Quels sont les dangers d'Internet?***

Listen and write the letters of the activities in the order you hear them.

a sending pictures
b talking to friends
c watching videos
d using social media

Écouter 11 **Listen to Enzo answering the question: *Qu'est-ce que tu vas faire en ligne le week-end prochain?* Give two things he is going to do.**

Parler 12 **Prepare your own answers to the Module 1 questions on page 226. Your responses should be as full and detailed as possible. Then practise with a partner.**

Remember to use opinion phrases, time phrases, connectives, and a range of verbs in present, past and future tenses for yourself and other people.

Module 1 Contrôle écrit

80–90 word writing task

Écrire 1

Look at this writing exam task and then, for each bullet point:

1 think about what vocabulary you have learned which you could use in your answer. For example:
- **nouns** and **verbs** to say what you like doing in your free time
- **verbs of opinion** and **adjectives** to explain reasons
- language for **narrating a story** about what you did recently with your friends
- how to explain what your plans are for next weekend

2 write down three or four ideas of what you could write about

3 write down which tenses you will need to use in your answer.

Use only language that you know. For example, if you like climbing but don't know the French word for it, use another hobby that you have learned.

Write to your friend about your free time activities.

You **must** include the following points:
- what activities you like to do
- why you like these activities
- what you have done recently with your friends
- your plans for this weekend.

Write your answer **in French**. You should aim to write between 80 and 90 words.

Lire 2

Read Myriam's answer to the exam task. Answer questions 1–5 in the coloured shapes.

1 This is an example of **complex language**. What does it mean? Find three more examples from the text.

2 This word shows a **variety of vocabulary**. What does it mean? Find two more examples.

3 How could she **avoid repetition** by using a synomym here?

4 Which **tense** is this? What other examples of this tense can you find? Does she use any other tenses?

5 Which connective could she use here to form an **extended sentence**? What other connectives does she use?

Salut Fatima,

J'aime télécharger des vidéos et des chansons, et j'aime aussi faire du sport. Je vais souvent à la piscine.

L'exercice est indispensable pour la santé mentale. Passer du temps sur Internet est génial même si ce n'est pas très actif. On peut lire beaucoup de choses intéressantes.

Samedi dernier, je suis allée voir mon groupe préféré. J'ai pensé que le concert était excellent! Dimanche, j'ai vu ma meilleure amie en ville.

Le week-end prochain, vendredi, c'est l'anniversaire de ma copine, donc le soir, je vais aller à sa fête. Dimanche, je vais passer l'après-midi à la piscine. J'ai une compétition.

Myriam

Lire 3 **Read Myriam's answer again. Copy and complete the sentences below.**

a In her free time, Myriam likes ___ and ___. She also likes ___.
b She finds exercise to be ___.
c Last Saturday she ___.
d On Sunday, she saw ___.
e Next weekend, on Friday, she is going to ___ because ___.
f On Sunday, she is going to the ___ because ___.

Écrire 4 **Prepare your own answer to the 80–90 word writing task in exercise 1.**

- Think about how you can develop your answer for each bullet point.
- Look back at your notes from exercises 1 and 2.
- Look at the 'Challenge checklist' and think about how you can show off your French!
- Write a **brief** plan and organise your answer into paragraphs.
- Write your answer and then carefully check the accuracy of what you have written.

Challenge checklist	
	✓ Past, present and future timeframes ✓ Connectives, time phrases and sequencers ✓ Some extended sentences ✓ Different opinion phrases (e.g. *c'est génial*)
	✓ A wide range of tenses ✓ Different persons of the verb (e.g. *nous* ...) ✓ A variety of opinions ✓ Negatives (e.g. *ne ... pas*) ✓ A wide range of interesting vocabulary
	✓ Phrases with more than one tense ✓ Infinitive phrases (e.g. *Passer du temps* ..., opinion + infinitive) ✓ Complex language (e.g. *même si, qui* ...) ✓ Positive/negative phrases ✓ A variety of connectives

Translation

Écrire 5 **a Copy the sentences, replacing the English words with French words.**

1 *Every day*, j'utilise Internet mais le week-end prochain, je vais *to go shopping* avec mon meilleur copain.
2 Samedi dernier, je *went* à un spectacle, et dimanche, je suis resté *at home*.

b Now translate the sentences below into French.

3 We like downloading songs. However, we don't like going shopping.
4 I prefer seeing films at the cinema and I like to spend time with my friends.

Remember that you won't always have the same number of words when you translate from one language to another. For example, one word in English can be two words in French.

When you use an opinion phrase such as *I like*, you need to use the infinitive form of the verb after the opinion.

Écrire 6 **Translate the paragraph into French.**

I prefer watching films at home. My favourite films are French films. I always watch TV after school and in the evening. Yesterday there was a film about the dangers of the internet and I thought that it was really interesting. Tomorrow my friend and I are going to go to the cinema.

You need to use *Je préfère* + infinitive.

You need to say 'I watch always'.

Remember the order of the words here.

What form of the verb are you going to use here? Why?

Module 1 Vocabulaire

Key:
bold = this word will appear in higher exams only
* = this word is not on the vocabulary list but you may use it in your own sentences

Fêtes et jeux (pages 6–7)

Les opinions	*Opinions*
À ton avis, c'est une bonne idée?	*In your opinion, is it a good idea?*
À mon avis, c'est ...	*In my opinion, it is ...*
amusant / ennuyeux.	*fun / boring.*
intéressant / nul.	*interesting / rubbish.*
une bonne / mauvaise idée.	*a good / bad idea.*
Tu es d'accord?	*Do you agree?*
Oui, je suis d'accord.	*Yes, I agree.*
Non, je ne suis pas d'accord.	*No, I don't agree.*
Est-ce que tu aimes ...?	*Do you like ...?*
J'adore / J'aime ...	*I love / I like ...*
Je n'aime pas ...	*I don't like ...*
Je déteste ...	*I hate ...*
Le sport	*Sport*
l'athlétisme	*athletics*
le basket	*basketball*
la danse	*dance*
le foot(ball)	*football*
le tennis de table	*table tennis*
faire de l'**athlétisme**	*doing athletics*
faire de la danse	*dancing*
faire du sport	*playing sport*
jouer au basket / foot(ball)	*playing basketball / football*

Ma vie en ligne (pages 8–9)

Qu'est-ce que tu fais en ligne?	*What do you do online?*
J'achète (des vêtements).	*I buy (clothes).*
Je cherche ...	*I search (for) ...*
J'écoute (de la musique avec mes **écouteurs**).	*I listen (to music on my headphones).*
J'envoie (des messages à mes **copains** et **copines**).	*I send (messages to my friends).*
Je joue (à) ...	*I play ...*
Je parle (avec mon ami).	*I speak (with my friend).*
Je partage (des photos).	*I share (photos).*
Je passe (beaucoup / trop de temps) ...	*I spend (a lot of / too much time) ...*
Je télécharge (des chansons).	*I download (songs).*
Je fais ça ...	*I do that ...*
de temps en temps.	*from time to time.*
parfois.	*sometimes.*
souvent / tous les jours.	*often / every day.*
tous les soirs / week-ends.	*every evening / weekend.*
tout le temps.	*all the time.*
C'est très / vraiment / trop ...	*It's very / really / too ...*
*affreux / amusant.	*awful / fun.*
dangereux / ennuyeux.	*dangerous / boring.*
*formidable / génial.	*terrific / great.*
*cool / **inquiétant**.	*cool / worrying.*
mauvais pour la santé.	*unhealthy.*
nul / *super.	*rubbish / great.*
une (très) bonne chose.	*a (very) good thing.*
cependant	*however*
mais	*but*
malgré cela	*in spite of that*
même si	*even if*
pourtant	*nonetheless*
toutefois	*(and) yet*
Il y a ...	*There is / are ...*
des applis pour tout.	*apps for everything.*
des risques de sécurité.	*security risks.*
des **vols** d'identité.	*identity theft.*

Tu as une vie active? (pages 10–11)

Qu'est-ce que tu fais?	*What do you do?*
Je suis / Je ne suis pas ...	*I am / I am not ...*
très / assez	*very / quite*
actif/active.	*active.*
sportif/sportive.	*sporty.*
Je joue ...	*I play ...*
au basket / foot(ball) / *rugby.	*basketball / football / rugby.*
du *piano / de la *guitare.	*the piano / the guitar.*
dans l'équipe du collège / un groupe de musique.	*in the school team / a music group.*
Je fais ...	
du vélo.	*I cycle.*
de la cuisine / de la natation.	*I cook / I go swimming.*
Je vais ...	*I go ...*
au centre sportif / théâtre.	*to the sports centre / theatre.*
à un concert.	*to a concert.*
à la piscine / plage.	*to the swimming pool / beach.*
avec mon/ma meilleur(e) ami(e)	*with my best friend*
ensemble	*together*
Je suis membre de l'équipe.	*I am a member of the team.*
J'ai un cours de musique.	*I have a music lesson.*
Nous avons bientôt un concert.	*We have a concert soon.*
Je lis un (bon) livre.	*I read a (good) book.*
d'habitude	*usually*
parfois	*sometimes*
normalement	*normally*
Je ne fais rien.	*I don't do anything.*
Je ne fais pas de ...	*I don't do ...*
Je ne fais jamais de ...	*I never do ...*

Qu'est-ce que tu regardes? (pages 12–13)

Qu'est-ce que tu aimes regarder?	*What do you like to watch?*
Quel type de vidéos est-ce que tu regardes / préfères regarder?	*Which type of videos do you watch / prefer watching?*
J'aime regarder ...	*I like to watch ...*
Je regarde ...	*I watch ...*
des *clips sur une chaîne de musique.	*clips on a music channel.*
des émissions de sport.	*sports programmes.*
des émissions de télé-réalité.	*reality TV programmes.*
des films de science-fiction.	*sci-fi films.*
des vidéos amusantes d'animaux.	*funny animal videos.*
des vidéos de cuisine / danse sur YouTube.	*cookery / dance videos on YouTube.*
un peu de tout.	*a bit of everything.*

Avec qui est-ce que tu aimes regarder des films?	*Who do you like to watch films with?*
avec les membres de ma famille	*with members of my family*
tout(e) seul(e) dans ma chambre	*alone in my bedroom*
Combien de fois **par** mois est-ce que tu vas au cinéma?	*How many times a month do you go to the cinema?*
Je vais au cinéma une ou deux fois par mois.	*I go to the cinema once or twice a month.*
Je ne vais pas souvent ...	*I don't often go ...*
Où et comment est-ce que tu préfères regarder des films?	*Where and how do you prefer watching films?*
Je préfère regarder ...	*I prefer watching ...*
chez moi ou en streaming.	*at home or streaming.*
au cinéma, sur un grand **écran**.	*at the cinema, on a big screen.*
un peu **partout**, sur mon portable.	*anywhere on my phone.*
Quand est-ce que tu regardes des vidéos?	*When do you watch videos?*
Je regarde ...	*I watch ...*
le matin, avant le collège.	*in the morning, before school.*
le soir, après les cours.	*in the evening, after school.*
quand j'ai du temps libre.	*when I have free time.*
La **séance** de huit heures.	*The eight o'clock screening.*
Trois billets, s'il vous plaît.	*Three tickets, please.*
Un adulte et deux enfants.	*One adult and two children.*
Le film finit à quelle heure?	*What time does the film finish?*
C'est combien?	*How much is it?*
Je voudrais voir / regarder ...	*I would like to see / watch ...*

Qu'est-ce qu'on va faire? (pages 14–15)

aujourd'hui	*today*
demain	*tomorrow*
ce matin / demain matin	*this morning / tomorrow morning*
cet après-midi / demain après-midi	*this afternoon / tomorrow afternoon*
ce soir / demain soir	*this evening / tomorrow evening*
à ...	*at ...*
neuf heures	*nine o'clock*
neuf heures et demie	*half past nine*
dix heures moins vingt	*twenty to ten*
dix heures moins le quart	*quarter to ten*
midi / minuit	*midday / midnight*
Je vais ...	*I am going ...*
aller au parc / au marché.	*to go to the park / market.*
visiter le château / le musée.	*to visit the castle / museum.*
partir ...	*to leave ...*
voir un spectacle.	*to see a show.*
acheter un *tee-shirt.	*to buy a tee-shirt.*
prendre le bus.	*to take the bus.*
regarder un film en 3D.	*to watch a film in 3D.*
faire les magasins.	*to go shopping.*
Ça t'intéresse?	*Are you interested?*
Tu es libre?	*Are you free?*
Tu viens?	*Are you coming?*
D'accord, je veux bien.	*OK, I would like to.*
Oui, je suis libre.	*Yes, I'm free.*
Ça m'intéresse.	*I'm interested.*
Oui, merci, c'est gentil.	*Yes, thanks, that's kind of you.*
Non, désolé(e), je ne peux pas.	*No, sorry, I can't.*
Je ne suis pas libre.	*I'm not free.*

Qu'est-ce que tu as fait? (pages 16–17)

Qu'est-ce que tu as fait, le week-end dernier?	*What did you do last weekend?*
d'abord	*first of all*
ensuite	*next*
après	*after*
puis	*then*
plus tard	*later*
finalement	*finally*
J'ai / Nous avons ...	*I / We ...*
acheté (un *tee-shirt).	*bought (a tee-shirt).*
bu / mangé ...	*drank / ate ...*
chanté (des chansons).	*sang (songs).*
dansé / lu ...	*danced / read ...*
écouté (de la musique).	*listened (to music).*
fait de la natation.	*went swimming.*
joué (au tennis).	*played (tennis).*
passé (un week-end) ...	*spent (a weekend) ...*
pris ...	*took ...*
regardé (le concert).	*watched (the concert).*
vu (mon groupe préféré).	*saw (my favourite group).*
Je suis / Nous sommes ...	*I / We ...*
allé(e)(s)	*went*
resté(e)(s)	*stayed*
C'était ...	*It was ...*
assez / complètement / un peu	*quite / completely / a bit*
amusant / cher.	*fun / expensive.*
génial / sympa.	*great / nice.*
parfait / passionnant.	*perfect / exciting.*

J'ai participé aux Jeux de la Francophonie! (pages 18–19)

Tu es de quel pays?	*Which country are you from?*
Je suis du / de ...	*I am from ...*
Qu'est-ce que tu fais comme activité?	*Which activity do you do?*
Je joue ... / Je fais ...	*I play ... / I do ...*
Quand est-ce que tu fais ça?	*When do you do that?*
Je fais ça / mon *entraînement le (samedi) matin.	*I do that / my training on (Saturday) mornings.*
Où as-tu fait ton *entraînement?	*Where did you train?*
au centre sportif / au collège	*at the sports centre / at school*
À quel âge as tu commencé à pratiquer ça?	*At what age did you start practising?*
J'ai commencé à l'âge de (dix) ans.	*I started at (ten) years old.*
Quand as-tu participé aux Jeux?	*When did you participate in the Games?*
J'ai participé aux Jeux l'année dernière / il y a (deux) ans.	*I participated in the Games last year / (two) years ago.*
Est-ce que tu as gagné?	*Did you win?*
J'ai gagné la *compétition / le **concours**.	*I won the competition.*
J'ai fini en première / en troisième *position.	*I finished in first / third position.*
Avec qui as-tu *célébré ton succès?	*With whom did you celebrate winning?*
Comment avez-vous *célébré ça?	*How did you celebrate that?*

Module 2

Mon clan, ma tribu

Libre d'être moi

- Talking about your identity
- Using emphatic pronouns

A

Gaëlle Prudencio

Carrière/travail: Gaëlle est blogueuse et créatrice de mode.
Pays d'origine: Elle vient du Sénégal. Maintenant, elle habite en France.
Famille: Elle a un frère. Elle avait une sœur, mais sa sœur est morte.
Temps libre: Elle aime la mode.
Personnalité: Elle est dynamique et créative.
Langue: Elle parle français et wolof.

Marinette Pichon

Carrière/travail: Marinette est joueuse de foot international et entraîneuse.
Pays d'origine: Elle vient de France et maintenant elle habite au Québec.
Famille: Elle a une sœur qui s'appelle Ghislaine.
Temps libre: Elle aime lutter contre la discrimination.
Personnalité: Elle est travailleuse et sportive.
Langue: Elle parle français et anglais.

Omar Sy

Carrière/travail: Omar est acteur.
Pays d'origine: Il est né en France. Maintenant, il habite en Amérique.
Famille: Il a sept frères et sœurs. Sa mère vient de Mauritanie et son père vient du Sénégal.
Temps libre: Il aime le football et il est fan de l'Olympique de Marseille.
Personnalité: Il est patient et agréable.
Langue: Il parle français, pulaar et anglais.

le blogueur/la blogueuse	*blogger*
le créateur/la créatrice	*creator*
elle avait	*she used to have*
mort(e)	*dead*

Many francophone countries are multilingual. While the 'official language' of Senegal is French, Wolof and Pulaar are classed as 'national languages'. There are many other languages also spoken in Senegal, some of which are also classed as national languages.

As in English, French speakers are free to choose their pronouns to talk about themselves. The most commonly used non-binary pronoun is ***iel***, which is a mixture of ***il*** and ***elle***.

When using adjectives in French, you generally have to choose from a masculine form or a feminine one, for example *patient* or *patiente*, *travailleur* or *travailleuse*. However, alternative options for people who identify as non-binary are now available, for example *patient·e* and *travailleur·se*.

If you'd like to talk about your gender identity and sexuality, you can say: *je suis* (I am) ... / *je me définis comme* (I define myself as) ...

masculin	*gay*
féminine	*hétéro(sexuel(le))*
non-binaire	*lesbienne*
transgenre	*bisexuel(le)*

B

Liberté, Égalité, Fraternité

'Liberté, Égalité, Fraternité' est la devise nationale de la France et de la république d'Haïti. Elle signifie la lutte contre les inégalités et pour les droits de tous. C'est une source de fierté pour beaucoup de personnes.

les droits *(m)*	*rights*

Liberté • Égalité • Fraternité
RÉPUBLIQUE FRANÇAISE

The values *Liberté* (Freedom), *Égalité* (Equality) and *Fraternité* (Brotherhood) are found on coins, buildings and government documents in both France and Haiti.

Some think ***fraternité*** is too masculine and would like to see it replaced by ***sororité*** (sisterhood), whilst others think ***adelphité***, meaning the link between offspring of the same mother, is more inclusive. What do you think?

Lire **1** **Read the profiles of Gaëlle Prudencio, Marinette Pichon and Omar Sy. Then find …**

one person who:

1 is described as hard-working
2 speaks three languages
3 is a fashion designer

and two people who:

4 are interested in football
5 have brothers
6 no longer live in France.

Écouter **2** **Copy the profile card, then listen and complete it in English for each celebrity. (1–2)**

Name:	
Country of origin:	
Family:	
Free time:	
Personality:	

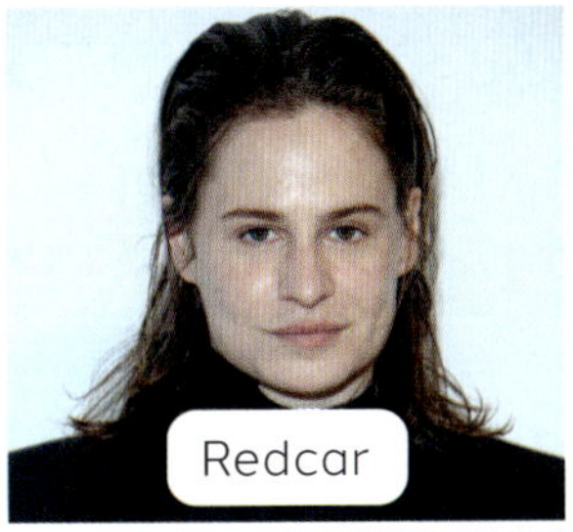

Lire **3** **Read the sentences. Write the correct letter to match each heading to a sentence.**

1 Mon père est sénégalais et **grâce à lui**, je parle wolof.
2 Masculin, féminin, non-binaire, transgenre, c'est **à nous** tous de respecter les autres.
3 J'adore mes sœurs. **Avec elles**, je suis entière.
4 Ma mère est croyante. **Pour elle**, la foi est très importante et je suis d'accord **avec elle**.
5 **Pour moi**, je suis ce que je suis, n'est-ce pas?
6 J'aime passer du temps avec mes copains. **Sans eux**, je suis seul.

grâce à	*thanks to*
croyant(e)	*religious*
la foi	*faith*
le genre	*gender*

Ce qui fait mon identité, c'est / ce sont …

a ma religion
b ma langue
c mes amis
d ma personnalité
e mes frères ou sœurs
f mon genre

G Emphatic pronouns are used after prepositions such as ***pour***, ***avec***, ***sans*** and ***à***.

pour moi	for me	*pour nous*	for us
avec toi	with you	*à vous*	to you
à lui	to him	*sans eux*	without them
sans elle	without her	*avec elles*	with them

Page 44

G There are three different ways to say 'my' in French. The word for 'my' has to agree with the gender and number of the noun that follows it.

masculine: ***mon***
feminine: ***ma***
plural: ***mes***

Page 44

Écouter **4** **Listen and write down in English what defines each person. Then listen again and note any extra details. (1–6)**

Parler **5** **In pairs, talk about what defines your identity.**

- *Qu'est-ce qui fait ton identité?*
- *Ce qui fait mon identité, c'est ma langue et mon genre. Tu es d'accord?*
- *Oui, je suis d'accord. / Non, je ne suis pas d'accord. À mon avis, ce qui fait mon identité, c'est … et …*

Lire **6** **Read the text '*Liberté, Égalité, Fraternité*' on page 32 and complete the translation.**

1 *Liberté, Égalité, Fraternité* is the national motto of …
2 It signifies the fight against … and for …
3 It's a source of pride …

Écrire **7** **Write your own motto to express the values that are important to you. Use these ideas or look up your own in a dictionary.**

le courage · l'amitié · le respect · la justice · la tolérance · la communauté · la démocratie · l'inclusivité

1 Un week-end en famille

- Talking about your weekend routine
- Using reflexive verbs in the present tense
- Extending sentences using sequencers and connectives

Écouter 1 **Listen and read. Then find in the texts the French for the verbs below.**

Que fais-tu le week-end, en famille?

Dans ma famille, il y a trois personnes: ma mère, ma sœur jumelle et moi. J'aime profiter du week-end, alors le samedi et le dimanche matin, je me lève tôt, à huit heures, parce qu'on va au centre sportif où on s'entraîne. On s'amuse bien ensemble!

Yanis

Le samedi, je travaille dans le magasin de vêtements de ma belle-mère avec mon frère et ma tante, donc le dimanche nous nous levons très tard, à midi. Je mange et puis je me repose. Ensuite, le soir, je joue à des jeux en ligne pour recharger mes batteries.

Chloé

Je vis avec mes pères et mes demi-sœurs. Le dimanche, je me lève très tôt, mais mes sœurs se lèvent à onze heures. D'abord, je m'habille et ensuite, je m'amuse chez moi et je surfe sur Internet. L'après-midi, je fais de la cuisine ou peut-être que je fais du vélo. Plus tard, à 22 heures, je vais au lit, car le lendemain, il y a l'école.

Dorian

tôt	*early*
tard	*late*

1. I get up
2. we train
3. we enjoy ourselves
4. we get up
5. I rest
6. my sisters get up
7. I get dressed
8. I enjoy myself

G

Lots of daily-routine verbs are reflexive. They have a **reflexive pronoun** before the verb.

se lever *(to get up)*
je **me** lève
tu **te** lèves
il/elle/on **se** lève
nous **nous** levons
vous **vous** levez
ils/elles **se** lèvent

Both ***on*** and ***nous*** can mean 'we'.

Page 44

Lire 2 **Re-read the texts. Then answer the questions.**

1. Who is a twin?
2. Whose routine is very different to that of their family?
3. Who gets up the latest on a Sunday?
4. Who doesn't do anything sporty?
5. Who doesn't mention going online?

Parler 3 **In pairs, choose a text from exercise 1 and take turns to read it aloud.**

Take care with the pronunciation of these two sounds:

1 è *ai* ê

Listen and repeat these words. Open your mouth widely as you say them.

père / j'aime / vêtements

2 *œu* open *eu*

Listen and repeat these words with your lips in a more rounded shape and your jaw lower: *sœur / heure*

Écouter 4 **Listen to Fatima talking about her weekend routine. Note in English as much as you can about:**

1. her family
2. Saturday mornings
3. Saturday afternoons and evenings
4. Sundays.

aîné(e) *older*

Parler 5 **In pairs, choose a set of pictures each and take turns to talk about your weekend.**

- *Que fais-tu le week-end, en famille?*
- *Le samedi, je me lève tôt. D'abord, …*

Use sequencers to link the activities together: ***d'abord***, ***puis***, ***ensuite***, ***plus tard***.

A

B

Lire 6 **Read the text. Copy and complete the sentences below in English.**

Clément habite à Sainte-Rose, en Guadeloupe. Dans sa famille, ils sont six: sa sœur, sa mère, son beau-père, ses grands-parents et Clément.

D'abord, le week-end, Clément se lève tôt parce qu'il aide sa mère à faire la cuisine. Ensuite, il s'occupe de son petit jardin car il aime la nature.

Il se prépare pour un concours d'athlétisme, donc l'après-midi, il s'entraîne à la plage avec son copain. Le soir, ils vont tous dehors, où ils mangent, et puis ils se reposent ensemble.

il s'occupe de *he looks after*

1 Clément gets up early because he …
2 He looks after his garden as he …
3 He is preparing for a competition, therefore he …
4 His family goes outside where they … and then they …

Use connectives to create extended sentences: ***et***, ***donc***, ***car***, ***parce que***, ***où***.

G **Possessive adjectives**

	masculine	feminine	plural
my	*mon*	*ma*	*mes*
your	*ton*	*ta*	*tes*
his/her	*son*	*sa*	*ses*

mon *grand-père* — my grandfather
ta *grand-mère* — your grandmother
son *frère* — his/her brother
sa *demi-sœur* — his/her step (half)-sister

Page 44

Écrire 7 **Write a paragraph about your real or an imagined family routine at the weekend.**

D'abord, le vendredi soir, … Le samedi matin, … Le dimanche après-midi, … Après, … Ensuite, … Puis … Plus tard, …	
on mange je vais au lit nous nous levons mon frère (jumeau/aîné) s'habille	tôt. tard. à … heures.
je travaille / il fait / elle joue / on va …	
ma (petite) sœur s'occupe de son jardin et … mon père s'amuse bien car … mes mères s'entraînent parce que … mes (demi-)sœurs et leurs copains se préparent pour …	

Include reflexive verbs for different people, and extend your sentences using sequencers and connectives.

2 L'amitié est la clé du bonheur

- Discussing friends and friendship
- Making adjectives agree
- Translating a passage into French

Lire 1

Read about Nadia's friends. Copy and complete the sentences below by selecting the correct options.

Tu t'entends bien avec tes amis?

Myriam est ma meilleure amie. Je m'entends très bien avec elle, tout le temps, parce qu'elle est toujours gentille et patiente. Elle est aussi travailleuse et sérieuse. On ne se dispute jamais car on est pareilles.

Au collège, mes amis et moi, on s'entend bien, mais on se dispute de temps en temps. Ils sont parfois un peu stupides, mais ils s'excusent toujours. D'habitude, ils sont sympa et assez amusants.

Nadia

Je m'entends très bien avec les filles de mon club de natation. La plupart du temps, on s'amuse bien. Elles sont sportives et actives, et on s'ennuie rarement.

Je ne m'entends pas bien avec mes vieux amis de l'école primaire, sauf Sofiane qui est fidèle et très calme. Les autres sont agaçants. Sofiane fait des efforts pour garder le contact sur les réseaux sociaux. Je m'entends bien avec lui et j'adore son chien – il est super beau.

1 Nadia gets on **quite well** / **very well** with Myriam.
2 Nadia **never** / **sometimes** argues with her best friend.
3 Nadia gets on **well** / **very well** with her secondary school friends.
4 Nadia's secondary school friends always **have fun** / **apologise**.
5 **Most of the time** / **Sometimes**, Nadia has fun with her swimming friends.
6 Nadia rarely **gets bored** / **argues** with her swimming friends.
7 Nadia **gets on** / **doesn't get on** well with her old primary school friends.
8 Sofiane keeps in contact with Nadia **at school** / **on social media**.

se disputer	*to argue*
pareil(s)/pareille(s)	*alike, the same*
sauf	*except*

Lire 2

Copy the grid and re-read the texts. Note all the adjectives in the correct columns and add the English translations.

masculine	feminine	masc plural	fem plural
	meilleure (*best*)		

G

Adjectives must agree with the person or noun they are describing. Most adjectives work like this:

masculine	feminine	masc plural	fem plural
– *patient*	add –**e** *patient**e***	add –**s** *patient**s***	add –**es** *patient**es***

Some adjectives follow different patterns:
stupide/stupide — *acti**f**/acti**ve***
*travaill**eur**/travaill**euse*** — *gentil/gentil**le***

Others are irregular:
*vie**ux**/vie**ille*** — *be**au**/be**lle***

Some adjectives, such as ***sympa***, never change.

Page 45

Écouter 3

Listen to Enzo. For each friend or group of friends, note in English (a) how well he gets on with them and (b) how he describes them. (1–4)

Parler 4

In pairs, take turns to ask and answer the questions below.

- *Tu t'entends toujours bien avec tes amis? Pourquoi / Pourquoi pas?*

La plupart du temps,	je m'entends	(assez) bien très bien	avec	mon/ma meilleur(e) ami(e). mes ami(e)s.
Il est/Ils sont	tout le temps	patient(**s**) / fidèle(**s**) /stupide(**s**) / travaill**eur**(**s**) / acti**f**(**s**) / sympa.		
Elle est/Elles sont		patient**e**(**s**) / fidèle(**s**) / stupide(**s**) / travaill**euse**(**s**) / acti**ve**(**s**) / sympa.		
On s'ennuie / On s'amuse bien (ensemble) On se dispute / On s'excuse		rarement. de temps en temps. toujours.		
On ne se dispute jamais.				

Écouter 5 **Read the quiz. Listen and note down the answers for Théo. (1–6)**

C'est quoi, l'amitié pour toi?

1 Pour moi, il est important d'avoir …
- **a** un(e) ami(e) proche.
- **b** un groupe d'amis sympa.
- **c** beaucoup d'amis amusants.

2 J'ai besoin …
- **a** d'amis dans le monde réel.
- **b** de groupes d'amis séparés.
- **c** de beaucoup d'amis en ligne.

3 À mon avis, un(e) bon(ne) ami(e) est quelqu'un qui …
- **a** apprécie les mêmes choses que moi.
- **b** partage quelques loisirs avec moi, mais pas tous.
- **c** n'aime pas les mêmes activités que moi.

quelqu'un qui	*someone who*
les mêmes choses que moi	*the same things as me*

4 Mes meilleurs amis sont …
- **a** fiers de moi.
- **b** intelligents.
- **c** indépendants.

5 Quand je suis triste, mon meilleur ami/ ma meilleure amie …
- **a** écoute mes problèmes.
- **b** offre de l'aide.
- **c** me fait rire.

6 C'est agaçant quand mes amis …
- **a** ne sont pas là pour moi.
- **b** sont en colère.
- **c** sont trop sérieux.

Résultats

Maximum de a: L'amitié est très importante pour toi; c'est une affaire sérieuse!

Maximum de b: Pour toi, l'amitié n'est pas complexe, tu préfères la paix.

Maximum de c: Tu t'amuses bien avec tes amis; la vie, c'est amusant!

Écouter 6 **Listen again and write down any extra information that Théo gives.**

Parler 7 **In pairs, do the quiz. Then read the results of the quiz and talk about whether or not you agree with them.**

- ● *Alors, première question. Pour moi, il est important d'avoir beaucoup d'amis amusants. Et pour toi?*
- ■ *Pour moi, il est important d'avoir un ami proche.*
- ● *Ensuite, numéro deux. J'ai besoin …*
- ● *J'ai un maximum de a. Je suis d'accord. Et toi?*
- ■ *J'ai un maximum de c. Je ne suis pas d'accord!*

Écrire 8 **Translate the paragraph into French.**

I get on very well with my best friend because she is loyal and kind. We rarely argue. Friendship is quite important to me. Usually, my friends like the same things as me. A good friend is someone who listens to my problems when I am sad.

- Use a reflexive verb here. (I get on)
- Read the whole sentence to see if this is masculine or feminine. (my best friend)
- Make these adjectives agree with the person. (loyal, kind)
- Include the definite article. (Friendship)
- Use ***quelqu'un qui***. (someone who)
- Use ***pour*** here. (to)

3 Couleur famille

- Talking about what people look like
- Understanding the position of adjectives
- Describing a photo

Lire 1 **Look at the photos. Write the correct letters to match <u>three</u> sentences to each photo. Then listen and check.**

1 L'acteur français Omar Sy et sa fille Selly

2 Le footballeur français Kylian Mbappé et sa mère Fayza Lamari

3 La chanteuse belge, Angèle, et ses parents Laurence Bibot et Marka

a Elle a le visage long et les cheveux blonds.
b Il n'est pas chauve, mais il a les cheveux très courts et il porte des lunettes de soleil.
c Elle a l'air heureuse, comme son fils.
d Elle a les cheveux noirs comme son père.
e Elle est grande et sa mère aussi, mais son père est de taille moyenne.
f Il a les yeux marron et il porte un chapeau bleu.
g Ses parents ont les cheveux bruns.
h Elle ressemble à son père, qui est grand avec un beau sourire.
i Elle est assez petite et elle porte des lunettes.

chauve	*bald*
le sourire	*smile*

G Most adjectives come **after** the noun.

*Elle a le visage **long**.*
*Il a les cheveux **noirs**.*

Page 46

Lire 2 **Translate the sentences from exercise 1 into English.**

Écouter 3 **Listen and fill in the gaps in French. For most gaps, you need to write a phrase, not just a single word. (1–5)**

1 Mon frère aîné est … et il a …
2 Mes parents ont … et ils portent …
3 Mon frère porte … tout le temps car il n'aime pas …
4 Ma tante est … comme …
5 Et moi? J'ai … et … , et je suis …

(Mon frère / Ma tante) est (Mes parents) sont	grand(**e**)(**s**)(**es**) / petit(**e**)(**s**)(**es**). de taille moyenne. chauve(**s**).	
Il/Elle a Ils/Elles ont	le visage long.	
	les cheveux	longs / courts. blonds / noirs / bruns / gris blancs / roux / châtains.
	les yeux	bleus / verts / marron.
Ils/Elles ont l'air	heureux/heureuses / tristes / sympa.	
Il/Elle porte Ils/Elles portent	des lunettes (de soleil). un chapeau (bleu).	
Il/Elle ressemble à son grand-père.		
Il/Elle a les yeux de sa grand-mère.		

Before you listen, think about what sort of word or phrase would make sense in each gap.

Afterwards, carefully check spellings and adjectival agreements.

ch is pronounced 'sh'.
Listen and repeat the words.
***ch**eveux, **ch**auve, **ch**apeau.*

Listen to these tongue-twisters, then try saying them with a partner.

*Sa**ch**a a**ch**ète un **ch**apeau pour le **ch**ien de Ri**ch**ard.*

*Le **ch**anteur **ch**auve **ch**ante **ch**aque diman**ch**e.*

Écrire 4 **Write a description of a real or imagined family.**

Lire 5 **Look at the photo and read the description. Copy the texts, correcting the six mistakes.**

Décris les personnes *(people)*

Sur la photo, il y a deux jeunes garçons, une femme et un homme. La fille de droite a un joli sourire. La fille de gauche a les cheveux longs et roux. Je pense qu'ils ont tous l'air tristes.

C'est où? *(location)*

À mon avis, ils sont dans un restaurant. Au premier plan, je peux voir une route et à l'arrière-plan, il y a une cuisine et beaucoup d'arbres.

Que font-ils? *(activity)*

Ils font du vélo ensemble et ils s'amusent bien. L'homme regarde son portable.

la route	*road*
beaucoup d'arbres	*a lot of trees*

G

Some adjectives go **in front of** the noun.

un ***joli*** *sourire*
deux ***jeunes*** *garçons*

Refer to page 46 for a list of other adjectives that come before the noun.

Page 46

Écouter 6 **Listen and write down what is being described: people, location or activity. Then listen again and write the letter of the correct photo for each sentence. (1–8)**

A

B

When saying what people are doing, you don't need a part of the verb 'to be' in French.

l'homme ***fait*** *la cuisine*
the man **is cooking**
les femmes ***parlent***
the women **are talking**

Parler 7 **In pairs, describe the photo below. Remember to describe the people, location and activity.**

Sur la photo, il y a	un (jeune) homme / une (jeune) femme un garçon / une fille / des enfants une famille de … personnes.
Il/Elle est Ils/Elles sont	grand(e)(s)(es) / petit (e)(s)(es).
Il/Elle a Ils/Elles ont	les cheveux (noirs) / les yeux (marron) un joli sourire / l'air sérieux/sérieuse(s) …
Ils sont dans	une maison / une cuisine.
Au premier plan, je peux voir	une table / un ordinateur portable de la nourriture / des boissons.
À l'arrière-plan, il y a	une femme / un jardin. beaucoup d'arbres.
L'homme / La femme	regarde … / mange … / fait de la cuisine.
Les enfants	jouent … / écoutent … / regardent … s'amusent.

4 La place des idoles

- Talking about positive role models
- Using direct object pronouns
- Using the present and perfect tenses

Écouter **1** **Listen and read. Then find the French for the phrases below.**

Qui est-ce que tu admires?

Mon modèle s'appelle Léna Mahfouf. Je la suis car elle est intéressante mais ordinaire. Elle est connue pour sa personnalité et sa capacité à connecter avec son public. C'est une femme qui partage des vidéos sur la mode, le style de vie et ses expériences personnelles. Elle lutte contre le cyber-harcèlement.

J'admire Yannis Richardt. Je le suis parce qu'il est positif et actif. Il est connu pour ses messages positifs sur la planète. C'est une personne qui partage des informations intéressantes sur son compte Instagram, *Les Belles Nouvelles*. Il lutte pour l'environnement.

Mes modèles sont Aïssa Maïga et Magaajyia Silberfeld. Je les admire parce qu'elles sont féministes. Elles encouragent la diversité dans le cinéma et dans la société. Elles sont connues pour leurs films. Ce sont des actrices qui luttent contre le racisme et le sexisme.

1. I follow her …
2. She is known for …
3. She's a woman who …
4. I follow him …
5. He's a person who …
6. He fights for …
7. I admire them …
8. They are actors who …

suivre	*to follow*
je suis	*I follow*
le compte	*account*
les nouvelles *(f)*	*news*

Lire **2** **Re-read the texts from exercise 1. Copy and complete the grid in English.**

Name	How are they described?	What are they known for?	What do they do?	What do they fight for/against?

Écouter **3** **Listen. Then copy and complete the grid from exercise 2 in English for Gaëlle Prudencio.**

le body positivisme
body positivity

G

A **direct object pronoun** replaces a noun that is the object in a sentence. It comes directly before the verb.

masculine ('he'/'it')	***le***	*Je suis Yannis.* → *Je **le** suis.* I follow Yannis. → I follow **him**.
feminine ('she'/'it')	***la***	*Je suis Léna.* → *Je **la** suis.* I follow Léna. → I follow **her**.
plural ('them')	***les***	*Je suis Aïssa et Magaajyia.* → *Je **les** suis.* I follow Aissa and Magaajyia. → I follow **them**.

In front of a verb that begins with a vowel, ***le*** and ***la*** change to ***l'***.

Page 46

Écrire **4** **Write a short paragraph about someone you follow or admire. Include:**

- who you admire and why
- what they are known for
- what they do
- what causes they fight for or against.

J'admire …
Je le/la suis parce qu'il/elle est …
Il/Elle est connu(e) pour …
C'est une personne / un homme / une femme qui …
Il/Elle lutte pour/contre …

Lire 5

Read about Diane's role model, Arthur Baucheron. Write the letters of the questions below in the order they relate to the text.

Un bon modèle aide les gens. C'est quelqu'un qui se comporte bien. Un exemple de bon modèle, c'est Arthur Baucheron. Je l'admire parce qu'il est intelligent et créatif.

Il est né avec une maladie génétique, donc il n'a jamais marché. Comme beaucoup d'ados, il a partagé des photos sur les réseaux sociaux et ensuite, il a reçu des questions sur son handicap.

Il est devenu une célébrité sur TikTok. Il a gagné sa popularité grâce à sa personnalité et sa créativité. Je pense qu'il est très travailleur. Il a écrit un livre qui s'appelle *Les roues sur terre, la tête dans les étoiles*, où il parle de sa vie.

Maintenant, il est étudiant et il partage ses expériences personnelles sur les réseaux sociaux. Pour changer l'opinion publique, il crée des vidéos amusantes qui expliquent son handicap. Avec humour, il montre que chaque personne peut faire une différence et que tout le monde a une importance équivalente.

Diane

Arthur Baucheron

la maladie génétique	*genetic condition*
les roues *(f)*	*wheels*
l'étoile *(f)*	*star*
tout le monde	*everyone*

a Quelle est son histoire?
b Qu'est-ce qu'il fait pour faire une différence?
c Donne-moi un exemple de bon modèle.
d Comment est-ce qu'il a gagné sa popularité ?
e C'est quoi un bon modèle, pour toi ?

Lire 6

Re-read the text and find the French for the phrases below.

1 someone who behaves
2 he was born
3 he shared
4 he received
5 he became
6 he earned
7 he wrote
8 he shares
9 he makes/creates
10 he shows

G

Use the **present tense** to describe what someone is doing now or usually does.

*Il **partage** des informations.*
He **shares** information.
*Elle **lutte** pour la diversité.*
She **fights** for diversity.

Use the **perfect tense** to talk about what someone did or has done in the past.

*Il **a lutté** contre le harcèlement.*
He **fought** against bullying.
*Elle **est devenue** célèbre.*
She **became** famous.

Page 47

Écouter 7

Listen to Manon talking about her role model, Axel Allétru. Is each statement below true or false?

1 Manon thinks a good role model is someone who inspires other people.
2 She admires Axel Allétru because he is intelligent and sociable.
3 Axel had a motocross accident at the age of twenty.
4 After physiotherapy, he became a swimming champion.
5 He is now a motivational speaker who encourages people to do sport.

il a eu	*he had*
faire de leur mieux	*to do their best*

Parler 8

Choose a good role model and prepare your answers to the five questions from exercise 5. Then, in pairs, take turns to interview each other, asking and answering the questions.

Un bon modèle est quelqu'un qui	aide les gens / se comporte bien / inspire les autres.
Un bon modèle est Je l'admire parce qu'il est	intelligent / créatif / sportif / positif.
Je l'admire parce qu'elle est	intelligente / créative / sportive / positive.
Il/Elle a gagné sa popularité grâce à	sa personnalité / sa créativité / son courage.
Il/Elle	est né(e) … / est devenu(e) … a partagé … / a reçu … / a eu … / a écrit … / a travaillé … partage … / fait … / encourage les gens à faire … / lutte pour/contre …

5 Famille, amour, gâteau

- Talking about celebrations
- Using the perfect, present and near future tenses
- Recognising adverbs

Lire 1 **Read the captions. Write the letter of the correct photo for each caption.**

1 Aujourd'hui, c'est une occasion spéciale: nous fêtons les quinze ans de Clara! Nous mangeons au restaurant!

2 Notre petite fille est née! Elle est arrivée le jeudi 4 mai à 10h35. Nous profitons de ces instants de bonheur. On va bientôt tout vous raconter!

3 En route pour l'hôtel de ville! Mes mères vont se pacser cet après-midi! On va danser et faire la fête.

4 Un grand merci à Nathan. Hier, j'ai passé une très bonne soirée chez mon nouveau voisin. Bienvenue dans ta nouvelle maison !

5 Samedi dernier, je suis allé au mariage d'Éva et Lucas. Ils ont fêté ça avec toute la famille. Quel bonheur!

6 Mon petit chat, tu vas arriver chez nous dans cinq jours. Tu es trop adorable! Ça va être génial!

a

#PACS

b

#ChangementDeVie

c

#Naissance

d

#NouvelAnimal

e

#JoyeuxAnniversaire

f

#JeunesMariés

raconter	*to tell*
l'hôtel (*m*) **de ville**	*town hall*
se pacser	*to become civil partners*
Quel bonheur!	*What a happy time!*

Lire 2 **Re-read the photo captions and decide if each <u>event</u> is in the present, past or future. Then find <u>five</u> verbs in the present tense, <u>five</u> in the perfect tense and <u>five</u> in the near future tense and translate them into English.**

Chez means 'at' or 'to' someone's home.
chez mon voisin — at/to my neighbour's house
chez lui — at/to his house

Écouter 3 **Listen. Copy and complete the grid in English. (1–4)**

	When?	What event?	Details?
1	Last ...	Birth of ...	

Look for different tenses and time phrases to spot if someone is referring to the present, past or future.

Parler 4 **In pairs, talk about how you celebrate your birthdays. Take turns to ask and answer the questions below.**

- *Normalement, qu'est-ce que tu fais pour fêter ton anniversaire?*
- *L'année dernière, comment est-ce que tu as fêté ton anniversaire?*
- *L'année prochaine, qu'est-ce que tu vas faire pour ton anniversaire?*

Present	Perfect	Near future	
On fête	On a fêté	On va fêter	la naissance du fils / de la fille de ... mon anniversaire / l'anniversaire de ...
On va	On est allé(e)(s)	On va aller	chez ... / en ville / au cinéma / au parc.
On mange	On a mangé	On va manger	un grand repas / des pizzas / un gâteau.
Je reçois	J'ai reçu	Je vais recevoir	des cartes / beaucoup de cadeaux.
On danse On chante	On a dansé On a chanté	On va danser On va chanter	ensemble.

Lire 5

Read the article. Answer the questions below in English.

Traditionnellement, au Québec, les élèves fêtent la fin du lycée avec un bal de finissants. **Évidemment**, un événement de ce type ne s'organise pas tout seul! Les élèves se préparent **sérieusement** dès la rentrée en septembre, neuf mois avant la fête en juin! Ils choisissent le restaurant, ils choisissent un groupe de musique …

Toni, 18 ans, dit:
«J'ai déjà acheté ma robe et mes chaussures. On porte **uniquement** des vêtements de soirée, donc mon copain va **probablement** porter un smoking! On a invité nos profs qui vont **certainement** apporter des décorations et prendre des photos. À la fin de la soirée, je vais rentrer **directement** chez moi car je vais être **extrêmement** fatiguée. J'attends ça avec impatience!»

1 When do students start organising the prom?
2 Name **two** things that they do as part of their preparations.
3 What does Toni say about clothes? Give **two** details.
4 What are the teachers going to do? Give **two** details.
5 Why is Toni going to go home straight after the prom?

le bal de finissants	*graduation ball, prom*
les vêtements de soirée	*evening wear*
le smoking	*dinner jacket*
j'attends ça avec impatience	*I can't wait for it*

Lire 6

Translate the adverbs in bold from the exercise 5 text into English.

G

Adverbs describe how you do something. In English, they often end in *-ly*. In French, many adverbs are formed from adjectives.
Some are formed by adding ***-ment*** to the feminine form of an adjective, e.g.
sérieuse → *sérieusement*
Some are formed by removing the ***-ant(e)*** / ***-ent(e)*** from the adjective and adding ***-amment*** or ***-emment***, e.g.
évident → *évidemment*

Écouter 7

Listen to Mohamed. Copy and complete the sentences in English.

1 Next month, Mohamed's grandparents are going to …
2 Mohamed and his family …
3 His father is going to …
4 Normally, Mohamed …
5 They have invited …
6 They are going to …
7 It's going to be …

Écrire 8

Write a text about a celebration with family or friends. Include:

- when and what you are going to be celebrating: *La semaine prochaine, / Samedi prochain, je vais / on va fêter la naissance de …*
- what you have already done to prepare: *J'ai invité mes amis / préparé des plats / acheté une robe / choisi un restaurant.*
- what usually happens: *Normalement, je vais chez … / je mange …*
- what is going to happen at the event: *Je vais porter des vêtements de soirée / prendre des photos / faire de la musique.*

Grammaire 1

Emphatic pronouns (Culture, page 33)

Écrire 1

Copy and complete the sentences with the correct emphatic pronoun from the box. There are two words you don't need.

1. J'ai cinq frères. Je suis seul sans *eux*.
2. Ma famille est très importante pour ____.
3. J'adore mes copines. J'aime passer du temps avec ____.
4. Ma tante vient de Belgique. Grâce à ____, je parle français.
5. Mon père et moi sommes croyants. La foi est importante pour ____.
6. Mon meilleur ami est créatif. L'important pour ____, c'est la mode.

moi nous
toi vous
lui eux
elle elles

Reflexive verbs in the present tense (Unit 1, page 34)

Reflexive verbs often refer to your body, clothing or relationships. They have a reflexive pronoun before the verb.

se lever (*to get up*)	**s'**entendre (*to get on*)
je **me** lève	je **m'**entends
tu **te** lèves	tu **t'**entends
il/elle/on **se** lève	il/elle/on **s'**entend
nous **nous** levons	nous **nous** entendons
vous **vous** levez	vous **vous** entendez
ils/elles **se** lèvent	ils/elles **s'**entendent

se lever is a stem-changing verb: the 'e' changes to '**è**' in the *je, tu, il/elle/on* and *ils/elles* forms.

me, ***te*** and ***se*** are contracted to ***m'***, ***t'*** and ***s'*** in front of a verb that begins with a vowel or *h*.

Reciprocal verbs are also formed with a reflexive pronoun, to describe what people do to each other.
Ils se donnent des cadeaux.
(They give each other presents.)

Écrire 2

Re-write these sentences using the new pronoun given. You need to change the underlined parts.

Example: 1 *Nous nous disputons avec Enzo.*

1. Je me dispute avec Enzo. (*Nous*)
2. Il s'amuse au centre sportif. (*Elles*)
3. Vous vous préparez le matin. (*Tu*)
4. Ils se lèvent tôt. (*Elle*)
5. Elle s'entend bien avec Rachid. (*Je*)
6. Tu t'occupes du chien. (*Il*)
7. Nous nous habillons à sept heures. (*Ils*)
8. Elles se reposent dans le jardin. (*Vous*)

Possessive adjectives (Unit 1, page 35)

Parler 3

In pairs, take turns to throw a dice twice: the first time, choose the possessive adjective; the second time, choose the noun. Say the phrase in French.

- my
- your (singular)
- his/her/one's
- our
- your (plural/formal)
- their

- step-mother
- sister
- half-brother
- father
- grandparents
- friends

Possessive adjectives are words such as 'our', 'your', 'his' and 'her'.

	masculine	**feminine**	**plural**
my	**mon**	**ma**	*mes*
your (singular)	**ton**	**ta**	*tes*
his/her/one's	**son**	**sa**	*ses*
our	*notre*		*nos*
your (formal/plural)	*votre*		*vos*
their	*leur*		*leurs*

The possessive adjective must agree with the noun that follows it: ***son** frère* (his/her brother)

When used with a singular noun that starts with a vowel or *h*, you always use *mon, ton* or *son.*
une amie → ***ton** amie*

Adjectival agreement (Unit 2, page 36)

Adjectives are used to describe nouns, including people. They agree with the gender of the noun they are describing and whether it is singular or plural.

Most adjectives follow this pattern.

masculine	feminine	masc plural	fem plural
amusant	*amusant**e***	*amusant**s***	*amusant**es***

Some adjectives follow different patterns. Here are some examples.

ending	masculine	feminine	masc plural	fem plural
-e	*fidèle*	*fidèle*	*fidèle**s***	*fidèle**s***
-eux/-eur	*sérieu**x***	*sérieu**se***	*sérieu**x***	*sérieu**ses***
-f	*acti**f***	*acti**ve***	*acti**fs***	*acti**ves***
-il/-el	*gentil*	*genti**lle***	*genti**ls***	*genti**lles***
-en/-on	*bon*	*bo**nne***	*bo**ns***	*bo**nnes***
-al/-ial	*génia**l***	*génia**le***	*génia**ux***	*génia**les***
-er	*fier*	*fi**ère***	*fier**s***	*fi**ères***

Some adjectives never change, e.g. ***sympa***, ***marron***.

Some adjectives follow their own special pattern.

masculine	feminine	masc plural	fem plural
*vieux**	*vieille*	*vieux*	*vieille**s***
*beau**	*belle*	*beau**x***	*belle**s***
*nouveau**	*nouvelle*	*nouveau**x***	*nouvelle**s***

* Before a masculine singular noun beginning with a vowel or *h*, the masculine adjective becomes ***vieil***, ***bel*** or ***nouvel***:
un vieil homme (an old man); *un bel arbre* (a beautiful tree); *un nouvel ami* (a new friend).

Lire 4 **Copy out the Venn diagram, then write each of the adjectives in the correct position (masculine, feminine, or could be both). Then underline any plural adjectives.**

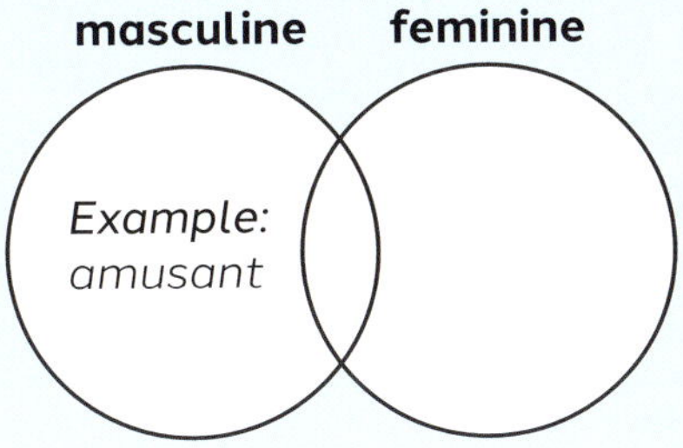

amusant · actifs · gentille · sympa · belle · nouveaux · patient · travailleuse · sportif · stupides · pareilles · calme · agaçantes · grand

Écouter 5 **Listen to the sentences with the subject pronouns missing. (1–6) Can you work out the missing pronoun from the form of the adjective? Write *il* or *elle* each time. Then listen again and check.**

In the masculine forms of adjectives like *amusant* and *grand*, the final consonant is silent. However, in the feminine forms (*amusante* and *grande*), we pronounce the consonant before the final 'e'.

Lire 6 **Copy out the text, choosing the correct form of each adjective in bold. Then translate the text into English.**

Je m'appelle Norah et je suis **patient / patiente**, mais je ne suis pas **sportif / sportive**. Mon ami Louis est assez **gentil / gentille** et très **indépendant / indépendants**. Mes sœurs Fathia et Sarah sont parfois un peu **agaçants / agaçantes**, mais elles sont toujours **travailleuses / travailleurs**. Mes oncles Mathis et Mehdi ne sont pas **actifs / actives** et nous sommes vraiment **pareils / pareilles**.

Grammaire 2

The position of adjectives (Unit 3, page 38)

Most adjectives come **after** the noun, e.g. *les yeux marron.*
However, these common adjectives go **in front of** the noun:
beau, joli, jeune, vieux, bon, mauvais, grand, petit, haut, nouveau.

When there is an adjective in front of a plural noun, *des* changes to *de/d'*:
***des** lunettes* ⟶ ***de** jolies lunettes*

Parler 1 **In pairs. Partner A chooses one of the people. Partner B asks questions to find out who Partner A chose. Then swap over.**

- *C'est un homme?*
- *Oui.*
- *Est-ce qu'il porte un grand chapeau vert?*
- *Oui.*
- *Est-ce qu'il porte de petites lunettes vertes?*
- *Oui.*
- *Est-ce qu'il s'appelle Thomas?*
- *Oui!*

C'est	un homme / une femme?				
Est-ce qu'il Est-ce qu'elle	a	les	cheveux	noirs / bruns / blonds?	
	porte	un	grand / petit	chapeau	vert / noir?
		de	grandes / petites	lunettes	vertes / marron?

Écrire 2 **Translate these sentences into French. Think carefully about where each adjective should go, and remember to make the adjectives agree with the noun.**

Example: 1 *J'ai de grands yeux bleus.*

1 I have big blue eyes.
2 She has a pretty green kitchen.
3 He is looking at two old black mobile phones.
4 I am singing with my intelligent little sisters.
5 We have a handsome active dog.
6 They live with their young hard-working cousins.

Direct object pronouns (Unit 4, page 40)

A direct object pronoun replaces a noun that is the direct object in a sentence. It usually goes in front of the verb.
*Est-ce que tu partages **les photos**?*
*Oui, je **les** partage.*

Here are the direct object pronouns:

me	me	***nous***	us
te	you (sg)	***vous***	you (pl)
le	him/it	***les***	them
la	her/it		

In front of a verb that begins with a vowel, ***le*** and ***la*** change to ***l'***, e.g. *Je **l'**aime.*

In a negative structure, the direct object pronoun goes between the *ne* and the verb.
*Non, je ne **les** partage pas.*

Écrire 3 **Put the words into the correct order to form sentences.**

Example: 1 *Je le suis. I follow him.*

1 le suis je
2 invitent m' ils
3 écoutons nous vous
4 il aime pas ne t'
5 ne tu la jamais regardes
6 attend la les fille

Lire 4 **Re-write these sentences, replacing the underlined words with direct object pronouns. Then translate your sentences into English.**

Example: 1 *Elle les partage. She shares them.*

1 Elle partage <u>les vidéos</u>.
2 Ils admirent <u>le chanteur</u>.
3 J'aime <u>l'actrice</u>.
4 Elles invitent <u>ton frère et toi</u>.
5 Il ne regarde jamais <u>son portable</u>.
6 Tu n'écoutes pas <u>mon frère et moi</u>.

Using the present and perfect tenses together (Unit 4, page 41)

Écouter **5** **Listen to the sentences. Then copy and complete them in French, and write the name of the tense in English. (1–6)**

1 Elle ___ des conseils.
2 Il ___ pour la première fois.
3 Nous ___ très dur.
4 Elles ___ sportives et créatives.
5 J' ___ les gens.
6 Ils ___ en France.

Tense	To talk about ...	Examples
Present tense	• what is happening now • what you usually do • what someone or something is like	*Il connecte avec son public.* *Je lutte tous les jours pour l'égalité.* *Elles sont féministes.*
Perfect tense	completed events or actions in the past	*Il a partagé des photos.* *Il est né en 2000.*

The present, perfect and near future tenses (Unit 5, page 42)

Lire **6** **Re-write these sentences putting the verbs in brackets into the correct tense. Look carefully at the time expressions.**

Timeframe:	Present	Past	Future
Tense:	*on fête*	*on a fêté*	*on va fêter*
Time phrase:	*en ce moment*	*lundi dernier*	*demain*

1 Normalement je ___ en ville avec mes copains. (*manger*)
2 L'année prochaine, il ___ la naissance de sa fille. (*fêter*)
3 Hier, ils ___ beaucoup de cadeaux et un grand gâteau. (*recevoir*)
4 Le mois dernier, tu ___ et tu ___ avec tes cousines. (*danser, chanter*)
5 D'habitude, elles ___ un restaurant et elles ___ des gâteaux. (*louer, faire*)
6 Dans huit jours, vous ___ un Cadeau et je ___ un grand repas. (*acheter, préparer*)

C'est parti!

Lire **7** **Read the text. Look for and note down examples of each of the grammar points below. Then translate the underlined sentence in the text, taking care with the different pronouns.**

possessive adjectives | adjectives | reflexive verbs
present tense | perfect tense | near future tense

Aujourd'hui, ma sœur et son mari fêtent la naissance de leurs jumeaux qui s'appellent Nour et Adil. Traditionnellement, on la fête quand les bébés ont sept jours. Nos parents sont extrêmement fiers et contents, donc ils organisent tout. Ils ont invité toute la famille et beaucoup d'amis à manger chez nous. <u>J'adore passer du temps avec eux car ils m'écoutent.</u> Hier, j'ai préparé un très grand gâteau. Évidemment, on va beaucoup manger et on va bien s'amuser.

Parler **8** **Listen to the text from exercise 7. In pairs, take turns to read out the text. Listen carefully to each other's pronunciation.**

Remember to:
- pronounce the ***-ment*** at the end of adverbs
- keep ***-ent*** silent at the end of verbs
- watch out for final consonants such as **-s**, **-t**, **-x**, **-p** and **-d** that are usually silent.

Module 2

Contrôle de lecture et d'écoute

Reading

Lire 1

My friends. **Read Nathan's blog on friendship. Write down the word for the gap in each sentence, using a word from the box. There are more words than gaps.**

Salut!

Je m'appelle Nathan. Au collège, j'ai beaucoup d'amis, filles et garçons, que je connais depuis l'école primaire. Pour moi, l'amitié, c'est très important. Je ne me dispute jamais avec mes amis car c'est stupide de se disputer! Je pense qu'un bon ami est amusant, sympa et patient. Il faut aimer les mêmes choses mais aussi avoir des passions différentes, comme ça on peut **s'influencer***!

For each gap, there may be two or three possible answers. Make sure you read the text well to choose the correct one.

s'influencer *to influence each other*

often stupid primary
sometimes secondary kind
never different loyal

a Nathan has known his friends since ______ school.
b Nathan ______ argues with his friends.
c For Nathan, a good friend must be ______.

Lire 2

Equality. **What does Clara say about equality? Write an answer for a–d in English. You do not need to write in full sentences.**

#Clara#

Salut, c'est Clara!

Récemment, je suis allée à un concert organisé pour la lutte contre les discriminations. Utiliser la musique pour lutter contre certains problèmes est une très bonne idée.

Dans notre société, les gens se disputent trop à cause de la religion et de l'identité sexuelle, par exemple. Il faut arrêter tout ça!

C'est à nous, la jeunesse d'aujourd'hui, de **promouvoir*** le respect et l'égalité. Chaque personne a le droit de vivre librement et nous devons tous et toutes être fiers de notre identité.

promouvoir *to promote*

a Why the concert was organised. (1 detail)
b The causes of arguments in our society. (1 detail)
c Who should promote respect. (1 detail)
d What everyone should be able to do, according to Clara. (1 detail)

In this type of task, sometimes you will have two possible answers in the text but each question only asks for one. So make sure you only write one!

Lire 3

Family celebrations. **Translate the following paragraph into English.**

J'aime fêter mon anniversaire avec ma famille et mes amis. J'adore passer du temps avec mes parents et mes frères mais j'adore aussi être avec mes copains. Normalement, je fête mon anniversaire chez moi avec ma famille et nous mangeons un bon repas. Avec mes amis, cependant, j'aime sortir au cinéma ou en ville.
L'année dernière, j'ai mangé mon repas d'anniversaire avec mes grands-parents et nous avons partagé un gâteau délicieux.

These words will help you to work out which tenses to use.

Listening

Écouter 4

My daily routine. **Raphaël is talking about his and his sister's daily routines. What does he say? Listen to the recording and for each sentence write down the correct option (A–C).**

1 Every morning, Raphaël gets up at ...
- **A** 6.00 a.m.
- **B** 7.15 a.m.
- **C** 7.30 a.m.

2 Raphaël and his sister ... argue about what to eat in the morning.
- **A** always
- **B** never
- **C** often

3 Raphaël's sister prefers ...
- **A** getting dressed before eating.
- **B** eating before getting dressed.
- **C** eating with Raphaël.

Focus on the time Raphaël gets up – not his sister.

Écouter 5

Celebrating family. **Listen to this advert promoting an annual family event in Canada. What is mentioned? Write the letter (A–F) for each of the three correct options.**

A	month of the celebration
B	duration of the celebration
C	the exact time the day ends
D	games for young people over 12 before lunch
E	where people eat their lunch
F	entertainment in the evening

Read options A–F carefully and think about what you hear. Do all the details match?

Écouter 6

Dictation. **You are going to hear someone talking about identity.**

a Sentences 1–2: write down the missing words. For each gap, you will write one word in French.

1 J'ai ______ ans et je suis ______ mais ma mère est ______.

2 J'ai de la ______ qui habite au ______ et au ______.

Be prepared! There will always be some unfamiliar words in the first two dictation sentences.

b Sentences 3–6: write down the full sentences that you hear, in French.

Module 2

Contrôle oral

Read aloud

Parler 1

Look at this task card. With a partner, take turns to read out the four sentences, paying attention to the underlined letters.

Jade, your Belgian friend, has emailed you to tell you about her family.

Read out the text below to your teacher.

Dans ma famille, nous sommes quatre.

Il y a mes sœurs jumelles, mon père et moi.

Je m'entends très bien avec mon père mais je me dispute souvent avec mes sœurs.

Dimanche, pour mon anniversaire, on va faire la fête avec ma tante qui habite à une heure de chez nous.

Take extra care with how you pronounce the underlined sounds:

- *ch* sounds like 'sh'
- *è*, *ê* and *ai* are pronounced the same
- *œu* and *eu* are pronounced the same in these words
- *qu* sounds the same as 'k'.

Remember that every final s in this text is silent!

Écouter 2

Listen and check your pronunciation.

Parler 3

Listen to the teacher asking the two follow-up questions. Translate each question into English and prepare your own answers in French. Then listen again and respond to the teacher.

Use different adjectives when giving opinions.

Role play

Parler 4

Look at the role-play card and prepare what you are going to say.

Setting: At the concert ticket office

Scenario:

- You are at a concert ticket office in France with friends.
- The teacher will play the part of the person at the ticket office and will speak first.
- The teacher will ask questions **in French** and you must answer **in French**.
- Say a few words or a short phrase/sentence for each prompt. One-word answers are not sufficient to gain full marks.

Task:

1 Say how many tickets you would like.
2 Say when you want to go to the concert.
3 Ask a question about the timings of the concert.
4 Ask a question about food at the concert.
5 Say what you are planning to do after the concert.

Start with *Je voudrais* or *J'aimerais*.

You could start with *Qu'est-ce que ...?* or *Est-ce que ... ?*

Use the near future tense.

Parler 5

Practise what you have prepared. Then, using your notes, listen and respond to the teacher.

Écouter 6

Now listen to Mathis doing the role-play task. In English, note down (a) how he answers the questions for task prompts 1, 2 and 5 and (b) what questions he asks for task prompts 3 and 4.

Picture task

Écouter 7 **Look at the exam card below and read the first part of the task. Then listen to Emma describing the picture. Answer the questions in English.**

1 What does Emma say about the person in the centre?
2 Who does she describe in the most detail and what does she mention?
3 Where are they according to Emma? Do you agree?
4 What does she say about how the family seem?

Describe this picture.

Your description must cover:

- people
- location
- activity.

When you have finished your description, you will be asked **two questions** relating to the picture. Say a short phrase/sentence in response to each question. One-word answers will not be sufficient to gain full marks.

You will then move on to a **conversation** on the broader thematic context of **My personal world**.

During the conversation, you will be asked questions in the present, past and future tenses. Your responses should be as **full and detailed** as possible.

To describe someone's hair and eyes, use *il/elle a* or *ils/elles ont* + *les cheveux/les yeux* + colour.

Parler 8 **Prepare your own description of the picture, mentioning people, location and activity. Then, with a partner, take turns to describe the picture.**

Sur la photo, il y a ...

Parler 9 **Read the second part of the task. Then listen to the two follow-up questions and respond to the teacher. Remember: you only need to give a short answer to each one.**

Écouter 10 **Read the third part of the task. The teacher asks Emma: *Est-ce que tu t'entends bien avec ta famille?***

Listen and write down the words to complete the sentences.

a Normalement, je m'entends bien avec ma ___, mes ___ et mes ___ frères.
b Mon frère ___ est très ___ et ___ avec moi.
c Mon frère ___ a les mêmes ___ que moi.
d Ensemble, on aime bien aller ___, faire du sport et jouer de la ___.
e Quelquefois, on se dispute à cause des ___ et des ___.

Écouter 11 **Listen to Emma answering the question: *Qu'est-ce que tu penses des fêtes de famille?* Give (a) two reasons why she likes family celebrations and (b) two reasons why she doesn't.**

Parler 12 **Prepare your own answers to the Module 2 questions on page 226. Your responses should be as full and detailed as possible. Then practise with a partner.**

Contrôle écrit

80–90 word writing task

Écrire 1

Look at this writing exam task and then, for each bullet point:

1 think about what vocabulary you have learned which you could use in your answer. For example:
- **nouns** and **verbs** to describe someone
- **verbs of opinion** and **adjectives** to explain reasons
- language for **narrating a story** about what you did recently with that person
- how to explain what your plans are for their next birthday.

2 write down three or four ideas of what you could write about.

3 write down which tenses you will need to use in your answer.

> Write about your friends.
>
> You **must** include the following points:
> - a description of a friend who is important to you
> - the reasons they are important to you
> - something you have done recently with them
> - what you would like to do to celebrate their next birthday.
>
> Write your answer **in French**. You should aim to write between 80 and 90 words.

You don't have to tell the truth! Stick to what you've learned to say in French, and don't worry if it doesn't accurately describe your friend and your activities together in real life.

Lire 2

Read Mehdi's answer to the exam task. Answer questions 1–5 in the coloured shapes.

1 This is an example of **complex language**. What does it mean? Find three more examples from the text.

2 This word shows a **variety of vocabulary**. What does it mean? Find two more examples.

3 How could he **avoid repetition** by using a direct object pronoun here?

4 Which **tense** is this? What other examples of this tense can you find? Does he use any other tenses?

5 Which connective could he use here to form an **extended sentence**? What other connectives does he use?

> Salut Lucie,
>
> J'ai beaucoup d'amis avec qui je m'entends très bien. Ma meilleure copine s'appelle Diane et elle est très sympa. Je connais Diane depuis l'école primaire. Diane est vraiment une bonne amie car je peux parler de tout avec elle et on partage beaucoup de passions.
>
> Récemment, avec Diane, je suis allé dans une association et on a participé à un forum pour discuter le respect et l'égalité.
>
> Pour son prochain anniversaire, j'aimerais aller avec elle au concert de Czesare. Je sais qu'elle aime beaucoup cet artiste.
>
> Mehdi

Lire 3 **Read Mehdi's answer again. Note in English:**

a at least three details about Diane
b two details about why Diane is important to Mehdi
c two details about what Mehdi and Diane have done recently
d two reasons why Mehdi wants to go to see Czesare in concert.

Écrire 4 **Prepare your own answer to the 80–90 word writing task in exercise 1.**

- Think about how you can develop your answer for each bullet point.
- Look back at your notes from exercises 1 and 2.
- Look at the 'Challenge checklist' and consider how you can show off your French!
- Write a **brief** plan and organise your answer into paragraphs.
- Write your answer and then carefully check the accuracy of what you have written.

Challenge checklist	
	✓ Past, present and future timeframes ✓ Connectives, time phrases, sequencers ✓ Some extended sentences (e.g. *avec*, *dans*) ✓ Different opinion phrases
	✓ A wide range of tenses ✓ Different persons of the verb (e.g. *il/elle*, *nous*) ✓ A variety of opinions ✓ Negatives (e.g. *ne … jamais*) ✓ A wide range of interesting vocabulary
	✓ Phrases with more than one tense ✓ Infinitive phrases (e.g. *j'aimerais* + infinitive) ✓ Complex language (e.g. direct object pronouns, *qui* …) ✓ Positive/negative phrases ✓ A variety of connectives

Translation

Écrire 5 **Write down the words for the gaps, keeping the meaning of each phrase/sentence.**

a my favourite singer: *mon chanteur* ___
b he sings in French: *il* ___ *en* ___
c I love him: *je* ___ *aime*
d my brother and I listened: *mon frère et moi avons* ___
e he talks about racism: *il parle du* ___

Écrire 6 **Translate the paragraph into French.**

Remember to change the endings of your verbs according to the person you are talking about. Here the verbs will be mainly in the 'she' form.

My favourite artist is called Christine. She is French but she sings in English. She talks about respect and freedom. I admire her a lot because she is an icon for young people. Recently, my sister and I watched a documentary about her life and it was very interesting.

You need to say 'My artist favourite'. (My favourite artist)

Use *de* to mean 'about' here. (about)

Remember the order of the words here. (admire her)

What form of the verb and tense are you going to use here? Why? (watched)

Vocabulaire

Key:
bold = this word will appear in higher exams only
* = this word is not on the vocabulary list but you may use it in your own sentences

Libre d'être moi (pages 32–33)

Mon identité	*My identity*
Qu'est-ce qui fait ton identité?	*What defines your identity?*
Ce qui fait mon identité, c'est / ce sont ...	*What defines my identity is ...*
mes amis.	*my friends.*
mon *genre.	*my gender.*
ma langue.	*my language.*
ma personnalité.	*my personality.*
ma religion.	*my religion.*
l'amitié	*friendship*
la communauté	*community*
le courage	*courage*
la *démocratie	*democracy*
*l'inclusivité	*inclusivity*
la justice	*justice*
le respect	*respect*
la *tolérance	*tolerance*

Un week-end en famille (pages 34–35)

Que fais-tu le week-end?	*What do you do at the weekend?*
Que fais-tu en famille?	*What do you do with your family?*
Dans ma famille, il y a (trois) personnes.	*In my family, there are (three) people.*
J'habite avec ...	*I live with ...*
Je **vis** avec ...	*I live with ...*
ma mère / belle-mère.	*my mother / step-mother.*
ma sœur / demi-soeur.	*my sister / step (half)-sister.*
ma tante.	*my aunt.*
mon père / beau-père.	*my father / step-father.*
mon frère.	*my brother.*
mes grands-parents.	*my grandparents.*
mon grand-père.	*my grandfather.*
jumeau/jumelle	*twin*
aîné(e)	*older*
petit(e)	*little / younger*
D'abord, le vendredi soir, ...	*First of all, on Friday evening ...*
Le samedi / dimanche ...	*On Saturday / Sunday ...*
matin	*morning*
après-midi	*afternoon*
soir	*evening*
à ... heures	*at ... o'clock*
(très) tard / tôt	*(very) late / early*
Après / Ensuite ...	*After / Next ...*
Puis ...	*Then ...*
Plus tard ...	*Later ...*
Je fais ...	*I do ...*
Je joue à des jeux.	*I play games.*
Je mange ...	*I eat ...*
Je m'amuse (bien).	*I have fun.*
Je *me couche.	*I go to bed.*
Je **m'entraîne**.	*I train.*
Je m'habille.	*I get dressed.*
Je *me lave.	*I wash (myself).*
Je me lève.	*I get up.*
Je **m'occupe** de (mon jardin).	*I look after (my garden).*
Je me repose.	*I relax.*
Je travaille.	*I work.*
Je vais au lit.	*I go to bed.*
chez moi/**nous**	*at my/our house*
dans ma chambre	*in my bedroom*
dans le parc	*in the park*

L'amitié est la clé du bonheur (pages 36–37)

Tu t'entends (toujours) bien avec tes amis?	*Do you (always) get on well with your friends?*
Pourquoi / Pourquoi pas?	*Why / Why not?*
La **plupart** du temps,	*Most of the time,*
je (ne) m'entends (pas)	*I (don't) get on*
(assez / très) bien avec mes amis.	*(quite / very) well with my friends.*
Il/Elle est ...	*He/She is ...*
Ils/Elles sont ...	*They are ...*
tout le temps	*always*
actif(s)/active(s).	*active.*
fidèle(s).	*loyal.*
fier(s)/fière(s) de moi.	*proud of me.*
*intelligent(e)(s).	*intelligent.*
indépendant(e)(s).	*independent.*
patient(e)(s).	*patient.*
*stupide(s).	*stupid.*
sympa.	*nice.*
travailleur(s)/travailleuse(s).	*hard-working.*
On **s'ennuie** / On s'amuse (bien) (ensemble) ...	*We are bored / We get on well (together) ...*
On *se dispute ...	*We argue ...*
On **s'excuse** ...	*We apologise ...*
rarement.	*rarely.*
de temps en temps.	*from time to time.*
toujours.	*always.*
d'habitude	*usually*
C'est quoi, **l'amitié** pour toi?	*What is friendship, for you?*
Pour moi, / À mon avis ...	*For me, / In my opinion, ...*
il est important d'avoir ...	*it is important to have ...*
un ami proche.	*a close friend .*
un groupe d'amis sympa.	*a group of nice friends.*
beaucoup d'amis amusants.	*lots of fun friends.*
Un bon ami est quelqu'un qui ...	*A good friend is someone who ...*
apprécie les mêmes choses que moi.	*appreciates the same things as me.*
partage quelques loisirs avec moi, mais pas tous.	*shares some, but not all, hobbies with me.*
n'aime pas les mêmes activités que moi.	*doesn't like the same activities as me.*
J'ai **besoin** ...	*I need ...*
d'amis dans le monde réel.	*friends in the real world.*
de groupes d'amis **séparés**.	*separate groups of friends.*
de beaucoup d'amis en ligne.	*lots of friends online.*
Quand je suis triste, mon/ma meilleur(e) ami(e) ...	*When I'm sad, my best friend ...*
écoute mes problèmes.	*listens to my problems.*
offre de l'aide.	*offers help.*
me fait rire.	*makes me laugh.*

C'est *agaçant quand mes amis …	It's annoying when my friends …
ne sont pas là pour moi.	are not there for me.
sont en **colère**.	are angry.
sont trop sérieux.	are too serious.

Couleur famille (pages 38–39)

Décris les personnes	*Describe the people*
Mon frère / Ma tante est …	*My brother / My aunt is …*
Il/Elle est …	*He/She is …*
Mes parents / Ils/Elles sont …	*My parents / They are …*
grand(e)(s) / petit(e)(s).	*tall / short.*
de taille **moyenne**.	*average height.*
*chauve(s).	*bald.*
Il/Elle a le visage long.	*He/She has a long face.*
Ils/Elles ont les cheveux …	*They have … hair.*
blancs / blonds.	*white / blond*
*bruns / châtains.	*brown / chestnut brown*
gris / noirs / roux.	*grey / black / red*
longs / courts.	*long / short*
Il/Elle a les yeux …	*He/She has … eyes.*
bleus / verts / marron.	*blue / green / brown*
un *joli **sourire**	*a pretty smile*
Ils/Elles ont *l'air (très) …	*They seem (very) …*
heureux/heureuses.	*happy.*
tristes / sympa.	*sad / nice.*
Il/Elle porte …	*He/She wears …*
Ils/Elles portent …	*They wear …*
des lunettes (de soleil).	*(sun)glasses.*
un **chapeau** (bleu).	*a (blue) hat.*
Il/Elle **ressemble à** son grand-père / sa fille.	*He/She looks like his/her grandfather / his/her daughter.*
Sur la photo, il y a …	*In the photo, there is/are …*
un homme / une femme.	*a man / a woman.*
un garçon / une fille.	*a boy / a girl.*
des enfants.	*some children.*
deux personnes / (des) amis.	*two people / (some) friends.*
C'est où?	*Where is it?*
Ils sont dans …	*They are in …*
un parc / un restaurant.	*a park / a restaurant.*
Au premier plan, je vois …	*In the foreground, I can see …*
À l'arrière-plan, il y a …	*In the background, there is/are …*
Que font-ils?	*What are they doing?*
L'homme / La femme …	*The man / The woman …*
regarde …	*is looking …*
fait de la cuisine.	*is cooking.*
Les personnes / Les amis …	*The people / The friends …*
font du vélo.	*are cycling.*
s'amusent bien.	*are having fun.*

La place des idoles (pages 40–41)

*J'admire …	*I admire …*
Je le/la suis parce qu'il/elle est …	*I follow him/her because he/she is …*
Il/Elle est connu(e) pour …	*He/She is known for …*
C'est une personne / un homme / une femme qui …	*It's a person / a man / a woman, who …*
Il/Elle lutte pour / contre …	*He/She fights for / against …*
Un bon modèle est quelqu'un qui …	*A good role model is someone who …*
aide les gens.	*helps people.*
se comporte bien.	*behaves well.*
inspire les autres.	*inspires others.*
Un bon modèle est …	*A good role model is …*
*créatif.	*creative.*
positif.	*positive.*
sportif.	*sporty.*
Il/Elle a gagné sa *popularité **grâce à** …	*He/She won his/her popularity thanks to …*
sa *créativité.	*his/her creativity.*
son **courage**.	*his/her courage.*
sa personnalité.	*his/her personality.*
Il/Elle est né(e) …	*He/She was born …*
Il/Elle est devenu(e) …	*He/She became …*
Il/Elle a …	*He/She …*
écrit	*wrote*
eu	*had*
reçu	*received*
travaillé	*worked*
Il/Elle…	*He/She …*
encourage les gens à faire …	*encourages people to do …*
lutte pour / contre …	*fights for / against …*
partage …	*shares …*

Famille, amour, gâteau (pages 42–43)

Normalement, qu'est-ce que tu fais pour **fêter** ton anniversaire?	*What do you normally do to celebrate your birthday?*
L'année dernière, comment est-ce que tu as **fêté** ton anniversaire?	*Last year, how did you celebrate your birthday?*
L'année prochaine, qu'est-ce que tu vas faire?	*Next year, what are you going to do?*
On **fête** / a **fêté** / va **fêter** …	*We celebrate / celebrated / are going to celebrate …*
la **naissance** du fils / de la fille de …	*the birth of the son / of the daughter of…*
l'anniversaire de (mon frère) …	*my (brother's) birthday*
avec toute la famille	*with the whole family*
On va / est allés / va aller …	*We go / went / are going to go …*
chez mon voisin/lui/**nous**/**eux**.	*to my neighbour's/his/our/their house.*
au cinéma / au parc.	*to the cinema / park.*
On mange / a mangé / va manger	*We eat / ate / are going to eat …*
un grand repas.	*a big meal.*
un gâteau.	*a cake.*
Je reçois / J'ai reçu / Je vais recevoir …	*I receive / received / am going to receive …*
des cartes.	*cards.*
beaucoup de cadeaux.	*lots of presents.*
J'ai …	*I have …*
invité mes amis.	*invited my friends.*
préparé des **plats**.	*prepared the food.*
loué un restaurant.	*hired a restaurant.*
La semaine prochaine, / Samedi prochain, je vais …	*Next week / Next Saturday, I'm going to …*
porter des vêtements spéciaux.	*wear special clothes.*
prendre des photos.	*take photos.*

Modules 1–2

Révisions de grammaire

Plurals (Pages 10, 20 and 22)

Écrire **1** **Re-write these sentences, changing the underlined subject and verb into the plural form.**

Example: *1 Les profs jouent parfois au tennis de table.*

1 Le prof joue parfois au tennis de table.
2 Ma tante va au centre sportif ce soir.
3 L'élève est tout le temps travailleur.
4 Le week-end, mon frère se lève à onze heures.
5 Ma sœur a couru un kilomètre.

Watch out for any other words (articles, adjectives etc.) which you also need to change to the plural form.

Écrire **2** **Re-write these sentences, changing the underlined words into the plural form.**

Example: *1 Tu préfères quelles émissions?*

1 Tu préfères quelle émission?
2 On va manger une grande pizza ce soir.
3 Nous avons acheté un beau gâteau pour mon anniversaire.
4 Il y a une table sur la photo.
5 Tu as acheté le journal ce matin?

To make a noun plural, you normally add *-s*.
Some nouns have a plural form which ends in *-x*.
- *-al* to *-aux* → *animal* to *animaux*
- *-eau* to *-eaux* → *chapeau* to *chapeaux*
- *-eu* to *-eux* → *jeu* to *jeux*

Nouns which already end in *-x*, *-z* or *-s* don't change in the plural form.

Perfect tense verbs with *être* (Pages 16 and 22)

Lire **3** **Read the text and find the four verbs that take *être*. Then translate the text into English.**

Je suis allée au concert de Taylor Swift avec mon père et ma sœur. C'est la première fois que Taylor Swift est venue à Londres. Le concert a commencé à vingt heures. Nous avons dansé et chanté. Mon père est tombé pendant la chanson *Shake it off*. Nous sommes sortis du stade parce qu'il était blessé.

blessé *hurt*

The following verbs all take *être* as the auxiliary verb in the perfect tense. The first letter of these verbs spells out 'MRS VAN DER TRAMP' – a good way to remember them!

Verb		Perfect tense	
***M**onter* (to go up)	→	*je suis monté(e)*	I went up
***R**etourner* (to return)	→	*je suis retourné(e)*	I returned
***S**ortir* (to go out)	→	*je suis sorti(e)*	I went out
***V**enir* (to come)	→	*je suis venu(e)*	I came
***A**rriver* (to arrive)	→	*je suis arrivé(e)*	I arrived
***N**aître* (to be born)	→	*je suis né(e)*	I was born
***D**escendre* (to go down)	→	*je suis descendu(e)*	I went down
***E**ntrer* (to enter)	→	*je suis entré(e)*	I entered
***R**ester* (to stay)	→	*je suis resté(e)*	I stayed
***T**omber* (to fall)	→	*je suis tombé(e)*	I fell
***R**evenir* (to come back)	→	*je suis revenu(e)*	I came back
***A**ller* (to go)	→	*je suis allé(e)*	I went
***M**ourir* (to die)	→	*je suis mort(e)*	I died
***P**artir* (to leave)	→	*je suis parti(e)*	I left

Remember that the past participle needs to agree with the subject of verbs that take *être*, e.g. *elle est revenu**e***, *ils sont parti**s***.
See the Grammar box on page 22 for a reminder of how to use verbs in the perfect tense.
You can also see all parts of *être* written out in the grammar box on page 10.

Écrire 4

Copy and complete the sentences with the correct form of the auxiliary verb.

1 Elle ___ allée chez son grand-père.
2 Il ___ lutté contre le harcèlement.
3 On ___ fêté l'anniversaire de mon frère.
4 Nous ___ devenus célèbres.
5 J' ___ lu un magazine et j' ___ surfé sur Internet.
6 Hier soir, ils ___ restés à la maison.

Negatives (Pages 11, 13, 17 and 21)

Lire 5

Read the sentences. Make each one negative by using the phrase given in brackets. Then translate the sentences into English.

1 Mon père aime regarder la télé. (*ne ... pas*)
2 Nous allons au théâtre avec nos parents. (*ne ... jamais*)
3 Je me dispute souvent avec mes copains. (*ne ... pas*)
4 Elle est allée chez sa grand-mère. (*ne ... pas*)
5 Samedi dernier, j'ai mangé au restaurant. (*ne ... rien*)

Asking questions (Pages 12, 18 and 21)

You have seen lots of ways of forming questions in Modules 1 and 2.

- Intonation (making your voice go up at the end) — Tu es sportif?
- Using *est-ce que* for a yes/no question — **Est-ce que** tu partages des photos sur Instagram?
- Using *est-ce que* after a question word — Quand **est-ce que** tu regardes des vidéos?
- Inverting the subject and verb, after a question word — Que **fais-tu** le week-end, en famille?
- Using *quel, quelle, quels, quelles* (which/what) — **Quel** est ton film préféré?
- Using *qu'est-ce que* — **Qu'est-ce que** tu as fait le week-end dernier?

Écrire 6

Copy the question and reword it using as many different question styles as you can.

Example: 1 *Que fais-tu en ligne? Qu'est-ce que tu fais en ligne? Tu fais quoi en ligne?*

1 Que fais-tu en ligne?
2 Tu as une vie active?
3 Qu'est-ce que tu regardes à la télé?
4 Tu es allé(e) où le week-end dernier?
5 Qui est-ce que tu admires?

Using a range of tenses (Pages 23 and 47)

Écrire 7

Translate this conversation into French.

Take care with where you place this word.

I often watch TV with my parents at the weekend, but last Saturday, they went to the theatre. Me, I went to the cinema with my brother. Do you like going to the cinema?

Remember the verb *aller* uses the auxiliary *être* in the perfect tense.

Use the near future tense.

Yes, I love films. Next weekend, I am going to watch my favourite film online. I never go to the cinema because it's very expensive.

This is an adjective and needs to be placed after the noun.

Au collège chez nous

- Learning about school life in francophone countries
- Describing photos

La vie au collège dans le monde francophone

C'est comment, la vie au collège? Voici les réponses de trois jeunes de pays différents.

Aurélien, en France

Salut! Je suis en quatrième au collège Jacques Brel à Toulouse, en France. J'adore le collège – j'aime bien voir mes amis tous les jours. Le bâtiment principal est très grand et il y a une cantine moderne. Je joue de la clarinette et je fais partie de l'orchestre au collège. On répète tous les jeudis. En France, on n'a pas d'uniforme au collège: c'est excellent! En plus, on n'a pas de cours de religion, à cause de la laïcité.

Emma, en Suisse

Moi, je suis anglaise, mais j'habite dans un petit village à la montagne en Suisse. Mon collège s'appelle Beau Soleil. Je suis en troisième et ma matière préférée, c'est la religion. Au collège, on porte une chemise blanche, un pantalon noir, une veste noire et une cravate. Le matin, on a des cours normaux, mais l'après-midi, nous ne restons pas dans les salles de classe. En hiver, on fait du ski ou du snowboard, et en été, on fait du VTT ou de l'alpinisme. Quelle chance!

Matthieu, au Sénégal

Salut! J'ai treize ans et je suis en cinquième au collège Saint François à Dakar, la capitale du Sénégal. Ici, il n'y a pas d'uniforme. Le collège est bilingue, et on étudie en français et en anglais. Ma matière préférée, c'est l'informatique. L'éducation est importante pour moi. À l'âge de 18 ans, je vais aller à l'université. Au collège, on a une académie de foot et le week-end, on s'entraîne avec des footballeurs professionnels. Voici une photo de mon équipe sur le terrain de foot.

le bâtiment	*building*
le VTT	*mountain biking*
l'alpinisme *(m)*	*mountaineering*
bilingue	*bilingual*

Écouter 1 **Listen and read. Which person is it?**

1 Who has lessons in the mornings, but does sport in the afternoons?
2 Who has practice at the weekends?
3 Who says they don't study religious education?
4 Who is musical?
5 Who wears a uniform?
6 Who is the youngest?

Lire 2 **Re-read the texts. Translate the underlined phrases into English.**

Year groups in *collège*:

sixième	Year 7
cinquième	Year 8
quatrième	Year 9
troisième	Year 10

Je suis en troisième.
I am in Year 10.

Whereas in the UK school year groups count upwards, in most of the Francophone world, they count downwards.

After *collège*, students go to *lycée* for three years to prepare for their final exams, the *baccalauréat* (*bac*).

La laïcité (secularism) is an important idea in France. The separation of religion and the state means that there is little religious education in schools, and most religious symbols are not allowed on school premises.

G

The definite article 'the' changes according to the noun:

masculine singular	***le***
feminine singular	***la***
before a vowel (masc/fem singular)	***l'***
plural	***les***

You often need the definite article in French even where you wouldn't use it in English, e.g.
*On étudie **le** théâtre et **l'**anglais.*
We study drama and English.

Did you notice this when you did exercise 2?

Page 70

Écouter 3 **Look at the photo and listen. Is each statement true or false? (1–6)**

Décris les personnes *(people)*

Sur la photo, il y a	trois / quatre / cinq	personnes / enfants / jeunes.
Il y a	... garçon(s) et ... fille(s).	
Il y a aussi	un professeur / une professeure.	
Un garçon porte	une chemise blanche / un pantalon gris.	
Une fille porte	un short bleu / des baskets noires.	
Ils portent un uniforme scolaire.		

C'est où? *(location)*

Ils/Elles sont	au collège / dans une salle de classe / à la cantine / sur le terrain de foot.
À l'arrière-plan, il y a des	tables / ordinateurs / fenêtres / arbres.
Au premier plan, il y a	des élèves / des livres / de la nourriture.

Que font-ils? *(activity)*

Les élèves / enfants	travaillent / discutent / mangent / jouent ...
Le/La prof Un garçon / Une fille	travaille / discute / mange / joue ...

Écrire 4 **Write a description of this photo, including the people, location and activity.**

Use or adapt phrases from the boxes in exercise 3.
- Check that you have made adjectives agree with the person or object they are describing.
- Can you include a physical description, too? (Look back at Module 2, Unit 3.)

Parler 5 **In pairs, describe one of the photos below, including the people, locations and activities.**

A

B

1 Quelle est ta matière préférée?

- Talking about school subjects and school life
- Using comparative adjectives
- Giving opinions with reasons

Lire 1 **Read what these students say about their subjects. Translate the phrases in bold into English.**

Que penses-tu de tes matières?

	lundi	mardi
8h00	les maths	l'informatique
9h00	l'anglais	la biologie
10h00	récréation	
10h15	la chimie	les maths
11h15	le français	l'EPS
12h15	déjeuner	
13h30	la musique	
14h30		le français
15h30	le théâtre	l'histoire-géo

Ma matière préférée est le théâtre, car je suis très créative. J'aime aussi les maths parce que la prof est gentille, mais à mon avis, **le théâtre est plus amusant que les maths**.

Alice

Je trouve la musique passionnante car j'adore chanter et jouer du piano. Je trouve l'anglais facile mais ennuyeux. Cependant, je pense que **la musique est moins utile que l'anglais**.

Mehdi

Je n'aime pas l'histoire-géo parce qu'on a trop de devoirs, et en plus, le prof est très sévère. Mais je pense que **les sciences sont plus difficiles que l'histoire-géo**. Je suis très faible en sciences!

Arthur

Même si je suis forte en informatique, je pense que **l'informatique est moins intéressante que le français**. J'aime lire et écrire. Mais ma matière préférée, c'est l'EPS parce que je suis sportive.

Zélie

l'informatique *(f)*	*ICT*
l'EPS *(f)*	*PE*

Lire 2 **Re-read the texts. Copy and complete the sentences below in English.**

1 Drama is Alice's ... because she is ...
2 She likes maths because ...
3 Mehdi finds music ... because he loves ...
4 He finds English ... but ...
5 Arthur doesn't like history-geography because ... and what's more, ...
6 He is .... at science.
7 Zélie is .... at ICT.
8 Her favourite subject is ... because she is ...

G

To compare things, use:

plus* + adjective + *que	more + adjective + than
moins* + adjective + *que	less + adjective + than

The adjective must agree (in gender and number) with the first noun:

Le *français est* ***plus*** *intéressant* ***que*** *la biologie.*
French is **more** interesting **than** biology.

La *chimie est* ***moins*** *important****e*** ***que*** *les maths.*
Chemistry is **less** important **than** maths.

Page 70

Écouter 3 **Listen to four teenagers comparing subjects. Copy and complete the grid in English. (1–4)**

	Comparison made	Other details
1	*Example:* maths easier than ...	maths teacher is ...

Parler 4 **Choose a pair of subjects. In pairs, take turns to give your opinions and make a comparison.**

a 
b 
c 
d 

Ma matière préférée est J'aime / J'adore Je n'aime pas / Je déteste	le ... la ... l'... les ...	parce que parce qu'	je suis créati**f**/créati**ve** / sporti**f**/sporti**ve**. le prof est sympa / sévère. la prof est sympa / sévère. on a trop de devoirs.
Je suis fort(**e**) en Je suis faible en	anglais / informatique / maths ...		
Je trouve	**le** français	facile / difficile / utile / amusant / intéressant / passionnant / ennuyeux.	
	la musique	facile / difficile / utile / amusant**e** / intéressant**e** / passionnant**e** / ennuy**euse**.	
	les maths	facile**s** / difficile**s** / utile**s** / amusant**es** / intéressant**es** / passionnant**es** / ennuy**euses**.	
À mon avis, Je pense que	(l'anglais) est plus / moins ... que ...		
	(les maths) sont plus / moins ... que ...		

Lire 5 **Read the texts. Is each statement below true or false?**

Clara

J'habite dans un petit village en Bretagne, en France. Mon collège s'appelle Victor Hugo et je suis en troisième. Les cours commencent à 8h30. J'étudie neuf matières. Je trouve la chimie utile, mais je pense que la musique est plus intéressante que la chimie. Les cours finissent à 17h00 et puis je rentre à la maison en bus.

Luis

Moi, je suis élève au collège du Vieux Port à la Martinique. Je suis en quatrième. On a cours du lundi au samedi. Le premier cours commence à 7h45, mais le collège finit à 14h00, car l'après-midi, il fait très chaud. La pause de midi dure trente minutes. Je n'ai pas de matière préférée, mais je déteste la technologie.

Charlie

Je suis canadienne et je suis élève au collège de Trois-Rivières. Chez nous, on apprend en anglais et en français. Par exemple, on parle anglais en cours de maths, mais on parle français en cours de sciences. Ça dépend du prof! La pause-déjeuner dure cinquante minutes. Cependant, le mercredi, le collège finit à midi.

apprendre	*to learn*
bilingue	*bilingual*

1. Pour Clara, le collège commence à 8h00.
2. La matière préférée de Clara est la chimie.
3. Luis a cours tous les jours sauf le dimanche.
4. Pour Luis, les cours finissent à 14h00.
5. En France, la journée scolaire est plus courte qu'à la Martinique.
6. Le collège de Charlie est un collège bilingue.
7. Charlie n'a pas de cours le mercredi après-midi.
8. À la Martinique, la pause-déjeuner est plus longue qu'au Canada.

court(e)	*short*

Écouter 6 **Listen to Axel talking about his school in Senegal. Answer the questions in English.**

1. What does Axel's school have good facilities for?
2. What time do lessons start?
3. Where does Axel live?
4. What time does his school finish?
5. What is Axel's favourite subject?
6. What does he say about French?

Parler 7 **In pairs, compare your school day with the schools in France, Martinique, Canada or Senegal.**

Ici, Chez nous, Dans mon collège,	la journée scolaire est plus courte la pause-déjeuner est plus longue	qu'au Canada. qu'au Sénégal. qu'en France. qu'à la Martinique.
	les cours commencent à … et finissent à …	
Au Canada, Au Sénégal, En France, À la Martinique,	ils ont cours le samedi ils n'ont pas cours le mercredi après-midi les cours commencent à … et finissent à …	et je trouve ça important / intéressant / utile.

Écrire 8 **Write a text about your school subjects and life at school. Include:**

- which subjects you like and don't like, with reasons
- comparisons of some of your subjects
- information about the school day (lesson times, lunch break)
- your opinion of your school day.

2 C'est injuste!

- Discussing school rules
- Using impersonal verb structures followed by infinitives
- Expressing opinions, agreeing and disagreeing

Lire 1 **Read the school rules. Write the letter of the correct picture for each school rule.**

Règlement intérieur

✓

1. Il faut porter l'uniforme scolaire.
2. Il est essentiel de faire ses devoirs.
3. Il faut s'asseoir à sa place.
4. Il est important de respecter les profs.

✗

5. Il ne faut pas arriver en retard.
6. Il est interdit de manger en classe.
7. Il ne faut jamais harceler d'autres élèves.
8. Il est interdit d'utiliser son portable en classe.

harceler *to bully*

a

b

c

d

e

f

g

h

G

To talk about rules, use:
il faut + infinitive
Il faut porter l'uniforme scolaire.
You have to wear school uniform.

il ne faut pas + infinitive
Il ne faut pas arriver en retard.
You must not arrive late.

il est + adjective + *de* + infinitive
Il est interdit de manger en classe.
It is forbidden to eat in class.
Il est important de faire ses devoirs.
It is important to do your homework.

Page 70

Écouter 2 **Listen. For each speaker, note the numbers of the two rules they mention from exercise 1, and if they agree (✓) or disagree (✗) with each one. Then listen again and note their reasons. (1–3)**

selon *according to*
avoir faim *to be hungry*

Quel est ton avis sur les règles?					
À mon avis, Je pense que	c'est	un peu assez très trop	important juste	parce que parce qu' car	c'est important pour les examens. c'est essentiel pour le travail scolaire.
					il faut respecter les autres.
			injuste nul stupide strict / sévère		l'uniforme scolaire (n')est (pas) confortable / pratique.
					j'ai des problèmes avec le bus. j'ai toujours faim en classe.

Parler 3 **In pairs, talk about the school rules from exercise 1 and give your opinions.**

- *Selon les règles, il (ne) faut (pas) / il est essentiel de / il est interdit de … À mon avis, c'est … Tu es d'accord?*
- *Oui, je suis d'accord. / Non, je ne suis pas d'accord. Je pense que …*

Écrire 4 **Write at least five ridiculous school rules in French.**

Il ne faut jamais faire ses devoirs.
Il est essentiel de manger de la pizza en classe.

Écouter 5

Listen and read. Then find the French for the phrases below.

Le pouvoir des profs et le pouvoir de TikTok

Au collège Saint Paul à la Martinique, les élèves ont organisé des manifestations. Ils ont lutté pour avoir le droit de porter un short ou une jupe en été. Ils pensent qu'il fait trop chaud pour un pantalon.

Les élèves ont aussi demandé à avoir le droit de quitter le collège pendant l'heure du déjeuner et le droit d'aller aux toilettes pendant les cours. Cependant, les profs ont dit que cela «représente un problème de comportement et un risque de harcèlement».

Les élèves ont filmé les manifestations et utilisé TikTok pour partager des vidéos avec des jeunes partout dans le monde. La directrice du collège a refusé de changer la plupart des règles. Selon Madame Quirin, «Il est important d'écouter les élèves et de respecter leurs opinions, mais il faut aussi préparer les jeunes pour la vie et le travail». Cependant, sur la question de l'uniforme scolaire, les élèves ont gagné: ils ont maintenant le droit de porter un short ou une jupe en été!

dire	*to say*
(ils) ont dit	*(they) said*

1 the students organised protests
2 to have the right to
3 to leave
4 a behaviour problem
5 all over the world
6 the headteacher

Start with any words that you already know. For example, you might not know the French for 'behaviour', but you should be able to spot 'problem'.

Think about the type of word or structure you are looking for. For example, for 'organised', you need a verb in the perfect tense, and for 'the headteacher', you need a noun.

Lire 6

Read the article again, and copy and complete the sentences below in English.

1 Students protested because they wanted to wear ...
2 They also wanted to have the right to ... and to ...
3 They used TikTok to ...
4 The headteacher refused to ...
5 She thinks that ..., but also ...
6 Regarding the rules on school uniform ...

G

Remember, you use the perfect tense to talk about what someone did or what has happened in the past.
You form it using the present tense of ***avoir*** or ***être***, plus a past participle:

la directrice ***a*** *refusé*
les élèves ***ont*** *filmé*

Notice the difference with the present tense forms of these verbs:

la directrice ***refuse***
les élèves ***filment***

Page 71

Parler 7

In pairs, take turns to read out the third paragraph of the article, paying careful attention to your pronunciation of *-er* and *-é* at the end of words.

Écrire 8

Translate the paragraph into French.

It is forbidden to eat in class. I think that it's a bit stupid because I'm always hungry. Therefore, we organised protests in school. The headteacher thinks that it is important to listen to the students, but she hasn't changed the rules. I think that it's unfair.

Use the perfect tense. (we organised)

Use *donc*. (Therefore)

3 As-tu fait des progrès?

- Talking about making progress at school
- Using irregular verbs in the perfect tense
- Pronouncing ***oi*** and ***oy***

Écouter 1 **Listen to these teachers giving feedback to Lucas and Manon at parents' evening. For each student, write the letters of the five statements the teacher makes, in the order in which you hear them. (1–2)**

Une soirée parents-profs

a Tu as appris beaucoup de choses.

b Tu as bu du coca en classe.

c Tu as écrit une histoire extraordinaire.

d Tu as fait beaucoup de progrès.

e Tu as mis des lunettes de soleil.

f Tu as reçu de mauvaises notes.

g Tu as lu beaucoup d'articles.

h Tu as pris des photos exceptionnelles.

i Tu as couru dans le couloir.

j Tu as ri pendant un examen.

le dessin	*art*
le couloir	*corridor*

Lire 2 **Find the irregular past participles (underlined in exercise 1) for each infinitive. (1–10) Then translate sentences a–j from exercise 1 into English.**

Example: 1 *mettre; mis. e) You put on sunglasses.*

1 mettre (*to put (on)*)
2 courir (*to run*)
3 lire (*to read*)
4 faire (*to do/make*)
5 apprendre (*to learn*)
6 rire (*to laugh*)
7 boire (*to drink*)
8 prendre (*to take*)
9 recevoir (*to receive*)
10 écrire (*to write*)

G Lots of verbs are irregular and have **irregular past participles**, e.g.
boire (to drink) → *j'ai* ***bu*** (I drank)
faire (to do/make) → *tu as* ***fait*** (you did/made)

Page 71

Écouter 3 **Listen to and read Gabriel's school report. Then select the three correct statements out of five.**

Gabriel est un élève moyen. En mathématiques, il a reçu de bonnes notes et il n'a jamais oublié de faire ses devoirs. En histoire-géo, il a fait beaucoup de progrès. Il est très créatif, et en musique, le mois dernier, il a écrit une chanson incroyable.

Par contre, en anglais, il n'a pas fait beaucoup d'efforts. En général, son comportement est bon. Cependant, la semaine dernière, selon son professeur de français, il n'a pas lu son livre, et en cours d'informatique, il a mis des écouteurs! Il n'a rien appris, évidemment.

moyen(ne)	*average*
oublier	*to forget*
en musique	*in music (in a subject)*
incroyable	*incredible*
selon	*according to*

1 Gabriel has always done his maths homework.
2 In history-geography, his work hasn't improved.
3 He did something impressive in music.
4 He has worked hard in English.
5 His behaviour last week was less good than usual.

G In the perfect tense, **negatives** go around the part of *avoir* or *être*.
Je ***n'****ai* ***pas*** *lu l'histoire.*
I haven't read the story.
Tu ***n'****as* ***jamais*** *fait tes devoirs.*
You have never done your homework.
Il ***n'****a* ***rien*** *appris.*
He didn't learn anything./He learned nothing.

Page 71

Parler 4 **Listen to the tongue-twister. Then read it aloud, paying attention to your pronunciation of the sound *oi*.**

C'est incr**oy**able, mais j'ai oublié mes dev**oi**rs d'hist**oi**re tr**oi**s f**oi**s par m**oi**s en m**oy**enne.

Parler 5 **Some parents missed parents' evening! In pairs, take turns to play the role of the teacher. Record or read out a voicemail giving feedback on either Diane or Thomas.**

Diane
- got good grades in English
- learned nothing in science
- drank cola in class

Thomas
- made lots of progress in maths
- never forgot his homework
- laughed during an exam

Bonjour! Madame/Monsieur X ici.
Alors, Diane/Thomas a ... en ...
En plus, il/elle a ...
Par contre, il/elle n'a ...

Lire 6 **Read the texts. Then copy and complete the sentences below in English.**

Je crois que je suis **la meilleure élève** de la classe. Je n'ai jamais reçu de mauvaises notes! En plus, je n'ai jamais oublié mes devoirs. Ma matière préférée, c'est la technologie parce que j'aime beaucoup ma prof. Elle est **la prof la plus sympa** du collège.

Mon prof d'anglais a dit que je suis **le garçon le moins travailleur** de la classe et que je n'ai rien écouté. Je n'ai pas fait d'efforts parce que je trouve l'anglais super ennuyeux. En plus, le prof est **le pire prof du collège**. Par contre, en théâtre, je suis **l'acteur le plus fort**! Le mois dernier, j'ai joué dans une pièce et j'ai mis un costume incroyable.

Nous sommes **les élèves les plus créatifs** de la classe. Pour nous, le dessin et la musique sont **les matières les plus importantes** et cette année, nous avons fait beaucoup de progrès. Par contre, nous sommes aussi **les élèves les moins sportifs du collège**! Nous sommes tous les deux très faibles en EPS.

1 Fatima thinks she is the ... in the class.
2 Her technology teacher is the ... in the school.
3 Jules' English teacher said he is the ... in the class.
4 Jules thinks his English teacher is the ... in the school.
5 In drama, Jules is the ...
6 Marie and Mathis are the ... in the class.
7 Art and music are the ... for them.
8 Marie and Mathis are also the ... in the school.

G

The words in **bold** in the exercise 6 texts are all examples of the superlative. The superlative is formed like this:

- the most ... ***le/la/les plus*** + adjective
  - *le garçon **le plus** intéressant* — the most interesting boy
  - *la fille **la plus** intelligente* — the most intelligent girl
  - *les élèves **les plus** gentils* — the kindest pupils
- the least ... ***le/la/les moins*** + adjective
  - *le prof **le moins** sympa* — the least nice teacher
- the best ... ***le** meilleur / **la** meilleure / **les** meilleurs / **les** meilleures* + noun
  - **la** meilleure prof — the best teacher
- the worst ... ***le** pire / **la** pire / **les** pires* + noun
  - ***les** pires matières* — the worst subjects

Page 72

Écouter 7 **Listen. Copy and complete the grid for each student. (1–4)**

	How they describe themselves	What they have/haven't done
1	most intelligent boy	received ...

Écrire 8 **Write a paragraph about your own progress at school this year.**

- Borrow and adapt phrases from the texts in this unit.
- Include details about your progress in different subjects and give your opinions, too.
- Include things that you have and haven't done.
- Use a range of negatives and try to use a superlative as well!

4 Souvenirs d'école

- Talking about what school used to be like when you were younger
- Using verbs in the imperfect tense
- Translating into French

Écouter 1 **Listen and read. Put the headings in the order in which the information appears in the text.**

Salut, je m'appelle Théo et j'habite à Antsiranana, une ville située dans le nord de Madagascar.

Quand j'étais petit, j'allais à l'école à pied. Mon école primaire s'appelait ECAR Sainte Thérèse et il y avait un énorme terrain de foot. C'était parfait pour moi parce que le foot, c'était mon sport préféré. Tous les jours, pendant la pause-déjeuner, je jouais au foot avec mes copains.

J'étais peut-être l'enfant le plus sportif de la classe, mais j'étais aussi créatif et travailleur. J'étudiais quatre langues – le malgache, le français, l'anglais et l'espagnol. J'aimais beaucoup l'anglais et aussi la musique. De temps en temps, je lisais des magazines en anglais! Je trouvais le français ennuyeux.

Après l'école, j'aidais mon frère sur son bateau. Il était pêcheur. C'était assez dur pour un enfant! Puis le soir, je retournais à la maison et je mangeais avec toute la famille. Après, je faisais mes devoirs ou je regardais un peu la télévision.

le malgache	*Malagasy (language spoken in Madagascar)*
l'espagnol *(m)*	*Spanish*
le pêcheur	*fisherman*

a what he used to do straight after school

b what he used to be like

c information about his school subjects

d what he used to do at lunchtime

e how he used to get to school

f what he used to do when he got home in the evenings

Lire 2 **Find the French for the verbs below, choosing from the underlined words in the text.**

1. I used to be/I was
2. I used to study
3. I used to like
4. I used to play
5. I used to go
6. I used to help
7. I used to find
8. I used to read
9. I used to eat
10. I used to do
11. it used to be/it was
12. there used to be/there was

G

The **imperfect tense** is used to talk about what things were like in the past / what used to happen.

To form the imperfect tense, remove the *-ons* from the *nous* form of the verb in the present tense, e.g.

regarder (to watch) → *nous regardons* → *regard-*

Then add these endings:

je regard**ais**	nous regard**ions**
tu regard**ais**	vous regard**iez**
il/elle/on regard**ait**	ils/elles regard**aient**

The verb être has the stem **ét**-, e.g. *j'**ét**ais* (I was/I used to be).

Page 72

Écouter 3 **Listen. Note down in English each speaker's answers to these questions. (1–2)**

a Quand tu étais petit(e), tu étais comment?

b Tu allais à l'école comment?

c Qu'est-ce que tu aimais, comme matières?

d Qu'est-ce que tu faisais pendant la pause-déjeuner?

e Qu'est-ce que tu faisais après l'école?

J'allais à l'école ...

	à pied		en bus
	à vélo		en voiture

Parler 4 **In pairs, take turns to ask and answer the questions from exercise 3.**

- *Quand tu étais petit(e), tu étais comment?*
- *Quand j'étais petit(e), j'étais très / assez ... J'étais l'élève le/la plus ... de la classe.*
- *Tu allais à l'école comment?*
- *J'allais à l'école à ... / en ...*

When there is an -**s**- in the middle of a word, **between two vowels**, it is pronounced as a 'z' sound.
Listen and repeat these phrases.
je faisais *une maison* *la télévision*
Take care to pronounce them correctly if you use them in exercise 4.

Lire 5 **Read the sentences. Write the letters of the four correct sentences for each picture. Then listen and check.**

1 La prof la plus sympa

2 La prof la moins sympa

bavard(e)	*chatty*
crier	*to shout*

a Elle m'expliquait tout avec patience.
b Elle nous envoyait toujours des cartes d'anniversaire.
c Elle me disait que j'étais trop bavard. Ce n'était pas vrai!
d Elle n'avait jamais l'air heureuse.
e Elle nous offrait des petits cadeaux à Noël, comme des bonbons.
f Elle criait tout le temps et elle nous parlait sans respect.
g Elle me donnait confiance en moi.
h Elle nous donnait trop de devoirs pour le week-end.

Lire 6 **Match each partial translation below to a sentence from exercise 5. Then copy and complete the English translations.**

1 She ... used to send ... birthday ...
2 She used to shout ... and she used to ... to us ... respect.
3 She used to give me ... in myself.
4 She used to ... us ... homework for the weekend.
5 She used to tell ... that I was ... chatty. It wasn't ...!
6 She used to give us ... presents at ... , like sweets.
7 She used to ... to me patiently.
8 She ... used to seem ...

G

Indirect object pronouns mean 'to me', 'to us', etc.
They are used to replace **à + noun**, e.g. after the verbs *donner à* (to give to) and *parler à* (to speak to). The word 'to' is not always used in English.

Indirect object pronouns go before the verb.

(to) me	***me*** or ***m'***
(to) us	***nous***

*Il **me** parlait.* He used to talk **to me**.
*Elle **nous** donnait des cadeaux.*
She used to give **us** presents/presents **to us**.

Page 73

Écrire 7 **Translate this paragraph into French.**

Use the imperfect tense throughout.

Adapt the superlative 'La prof la plus sympa' for a male teacher.

When I was little, I used to love my primary school. The nicest teacher was called Mr Gasson. He always used to seem happy and never used to shout. He used to give me a card at Christmas and used to explain everything to us patiently.

Mohammed

Look for this phrase in the text in exercise 1.

Use an indirect object pronoun and don't forget to put it in front of the verb.

5 Les langues et l'avenir

- Talking about learning languages
- Using the imperfect, present and near future tenses
- Recognising a wider range of negatives

Écouter **1** **Listen and read. Then answer the questions in English.**

Laurent

Quand j'étais plus jeune, j'habitais à Paris. Au collège, **je ne trouvais pas les langues intéressantes. Je n'aimais ni l'italien ni l'anglais.**

Maintenant, j'habite à Nice et je suis élève au lycée hôtelier. Je fais des stages dans plusieurs grands hôtels, et j'ai l'occasion de parler anglais et italien avec mes collègues. J'adore avoir des amis qui parlent d'autres langues. **Mes parents ne parlent aucune langue étrangère** et je pense que c'est triste.

L'année prochaine, après mon bac, je vais travailler dans un hôtel traditionnel à Turin, en Italie. Je vais utiliser une appli de langues sur mon portable pour améliorer mon italien.

Zahra

Avant, j'habitais à Arolla, un petit village à la montagne en Suisse. Au collège et au lycée, j'étudiais une langue étrangère. Pourtant, **je n'apprenais presque rien**! C'était l'allemand. **Je n'avais aucun choix!**

En ce moment, je suis étudiante à l'université de Genève. J'étudie le commerce et la communication. **Je n'ai que dix heures de cours par semaine**, donc je continue à apprendre l'allemand. En plus, je prends des cours d'espagnol car j'aime bien découvrir d'autres cultures.

L'année prochaine, je vais continuer à améliorer mes compétences en allemand et en espagnol. Je vais regarder des films espagnols sous-titrés en français. Je vais aussi écouter des podcasts en allemand.

le lycée hôtelier	*hospitality school*	***le commerce***	*business*
le stage	*work placement*	***sous-titré(s)***	*subtitled*
l'allemand *(m)*	*German*		

1. Where did Laurent use to live and where does he live now?
2. What did he use to think about learning languages?
3. Where is he doing work placements at the moment?
4. What is he going to do next year?
5. What language did Zahra learn at school and sixth form?
6. What is she now studying at university?
7. Why is she taking Spanish lessons?
8. How is she going to improve her Spanish skills?

G

Use the imperfect to talk about what **used to** happen (*j'allais*).

Use the present to talk about what **is** happening **now** (*je vais*).

Use the near future to talk about what **is going to** happen (*je vais aller*).

Lire **2** **Re-read the texts in exercise 1. Copy the grid and complete each column with at least five verbs from the texts. Write the English translations.**

Imperfect tense	Present tense	Near future tense
j'étais (I was/used to be)		

Lire **3** **Translate the phrases in bold in the exercise 1 texts into English.**

G

ne ... pas	not
ne ... jamais	never
ne ... rien	nothing
ne ... que	only
ne ... aucun(e)	no/not any/not a single ...
ne ... ni ... ni ...	neither ... nor ...

Most **negatives** are in two parts and go around the verb.

*Je **ne** regarde **que** des films sous-titrés.*
I **only** watch subtitled films.
*Je **n'**écoute **aucun** podcast en allemand.*
I **don't** listen to **a single** podcast in German.
Note that ***aucun*** agrees with the noun.

Ne** ... **ni** ... **ni is in three parts. The **ne** comes before the verb. Put a noun after each ***ni***.
*Je **n'**etudie **ni** l'anglais **ni** le français.*
I study **neither** English **nor** French.

Page 73

Écouter 4 **Listen. Which two tenses does each speaker use? Write 'imperfect', 'present' or 'near future' for each activity. (1–4)**

1 (a) listening to podcasts, (b) watching films
2 (a) learning Spanish, (b) learning German
3 (a) doing a work placement, (b) taking French lessons
4 (a) finding languages difficult, (b) using an app to improve

Parler 5 **Listen and repeat the words on the right. Then in pairs, take turns to read out the sentences below, paying attention to your pronunciation of the sound *ien*.**

bien, italien, rien, canadien, combien, Julien

1 J'aime b**ien** l'ital**ien**, mais je ne comprends r**ien**.

2 Jul**ien**, ton ami canad**ien**, comb**ien** de langues parle-t-il?

Écouter 6 **Listen and write down the missing word(s) for each gap.**

Avec un père roumain et une mère chinoise, Emma Raducanu **1** trois langues: **2**, le mandarin et le roumain. Pendant les événements internationaux, elle **3** avec ses fans et ses amis joueurs dans différentes langues.

Au **4** en Angleterre, Emma apprenait **5** et elle recevait de bonnes notes.

Elle dit qu'elle **6** le français parce que c'est une langue agréable à entendre.

À l'avenir, elle **7** à apprendre le français et à développer ses compétences linguistiques. Elle pense qu'améliorer son français va être plus **8** pour elle que d'apprendre une autre langue étrangère.

Write something for every gap, even if you are not sure about the spelling.

Parler 7 **In pairs, take turns to ask and answer the questions below. Practise until you can do this without support.**

1 À l'école primaire, est-ce que tu apprenais une langue étrangère?

2 Au collège, tu apprends quelles langues étrangères?

3 Est-ce que tu aimes parler une autre langue?

4 À l'avenir, comment est-ce que tu vas améliorer ton français?

Oui, j'apprenais ... Oui, je n'apprenais que ...	
Non, je n'apprenais aucune langue étrangère.	
Au collège, je n'apprends que ... En ce moment, j'apprends ..., mais je n'apprends pas ...	
J'aime / Je n'aime pas apprendre ... parce que ...	
À mon avis, c'est intéressant / important / inutile.	
À l'avenir, je vais	regarder des films sous-titrés. écouter des podcasts en français. utiliser une appli sur mon portable. lire des blogs en français.

Écrire 8 **Write an article for a website for learners of French in the UK. Include:**

- what languages you used (or didn't use) to learn (imperfect tense)
- what languages you are learning now in secondary school and what you think of them (present tense)
- what your opinion of learning languages is (present tense)
- how you are going to continue to work on your French in the future (near future tense).

Borrow and adapt phrases from the texts in exercise 1. Try to vary your language by including some negatives.

Grammaire 1

The definite article (Culture, page 58)

Lire 1 **Copy and complete the sentences with the correct definite article (*le, la, l'* or *les*). Then translate the sentences into English.**

1 Je n'aime pas ___ dessin car c'est ennuyeux.
2 Pour ma famille, ___ éducation est très importante.
3 Ma sœur aime ___ biologie, mais moi, je préfère ___ maths.
4 On étudie ___ français et ___ espagnol.
5 ___ musique est ma matière préférée.
6 Je trouve ___ collège assez amusant.
7 ___ cours commencent à neuf heures du matin.

Comparative adjectives (Unit 1, page 60)

Écrire 2 **Write out the words in the correct order to form sentences using the comparative. Then listen and check.**

Use the spelling of the adjective (masculine/feminine, singular/plural) to work out which school subject should be at the start of the comparative phrase.

Example: 1 *L'informatique est plus intéressante que le français.*

1 plus français intéressante que le est l'informatique
2 important le est plus technologie que la sport
3 amusante musique la l'anglais est moins que
4 chimie maths est aussi la importante que les
5 les sciences l'anglais que sont plus difficiles
6 passionnant aussi le théâtre que musique est la

You use comparative adjectives to compare things:
plus + adjective + ***que***
more + adjective + than
moins + adjective + ***que***
less + adjective + than
aussi + adjective + ***que***
as + adjective + as

The adjective must agree (in gender and number) with the first noun:
***La** musique est aussi amusante que l'anglais.*
Music is as fun as English.

Parler 3 **In pairs, play 'comparatives tennis'. Partner A 'serves' by saying a sentence according to the prompts. Partner B 'returns' by disagreeing and swapping the order of the two school subjects. Swap who 'serves' each time.**

- *Le français est plus amusant que la géographie.*
- *Non, la géographie est plus amusante que le français.*

1  more fun 

2  less boring 

3  less useful 

4  more creative 

Impersonal verb structures (Unit 2, page 62)

Écrire 4 **Read the grammar box on page 62. Copy and complete the French translations with the missing words.**

1 You have to stay at home today. ___ ___ *rester à la maison aujourd'hui.*
2 It is important to listen to the teachers. ___ ___ ___ *d'écouter les profs.*
3 You must go to school on Saturday mornings. ___ ___ ___ *au collège le samedi matin.*
4 You don't have to study maths every day. ___ ___ ___ ___ *étudier les maths tous les jours.*
5 It is difficult to do homework in the evening. ___ ___ ___ ___ *faire ses devoirs le soir.*
6 It is forbidden to eat pizza in class. *Il est* ___ ___ ___ *de la pizza en classe.*

Using the present and the perfect tenses (Unit 2, page 63)

Lire 5 **Copy and complete each pair of sentences with the correct form of the present tense. Then translate the pairs of sentences into English.**

1 À midi, j'ai mangé avec mes amis. Je **manges / mange** toujours avec eux.
2 Pendant la pause-déjeuner, Sophie est allée au terrain de foot. D'habitude, elle **va / vont** à la cantine.
3 Ce matin, j'ai bu du coca. En général, je **bois / boit** du café.
4 Ils n'ont jamais étudié la technologie. Ils **étudiez / étudient** le dessin.
5 La semaine dernière, nous n'avons pas fait nos devoirs. Cette semaine, nous **faisons / font** plus d'efforts.

Écouter 6 **Listen and write down the verb you hear at the start of the sentence. Then note if it is in the present tense or the perfect tense. (1–6).**

Example: 1 *je mange – present*

The perfect tense (Unit 3, page 64)

Lire 7 **Copy and complete the sentences, choosing the correct irregular past participle from the box for each gap.**

1 Qu'est-ce que vous avez ___ au collège hier?
2 Elle a ___ des baskets.
3 Olivier a ___ beaucoup de progrès.
4 Tu as ___ cinq kilomètres? Bravo!
5 On a ___ des photos amusantes.
6 J'ai ___ un magazine de musique.
7 Ce matin, nous avons ___ du café.
8 Ils ont ___ des cadeaux.

couru lu mis appris pris reçu fait bu

Remember, the perfect tense includes an **auxiliary verb** (part of ***avoir*** or ***être***) and a **past participle**, e.g.
j'ai mangé (I ate)
il est allé / elle est allée (he/she went)

You form the past participle of regular *-**er*** verbs like this:
*étudi**er*** (to study) ⟶ *étudi**é***

However, many verbs are irregular and have irregular past participles, e.g.
faire (to do/make) ⟶ *fait*
Elle a fait ses devoirs. She did her homework.

Écrire 8 **Copy out the sentences, putting the verbs in brackets into the perfect tense.**

1 Je ___ dur pour l'examen. (*travailler*)
2 On ___ beaucoup de choses en sciences. (*apprendre*)
3 À midi, nous ___ à la cantine. (*manger*)
4 Elle ___ tous ses devoirs. (*faire*)
5 Ils ___ contre des règles injustes. (*manifester*)
6 En classe d'histoire-géo, nous ___ un film. (*regarder*)
7 Tu ___ combien de temps pour le déjeuner? (*prendre*)
8 Elles ___ du chocolat chaud. (*boire*)

Think carefully about whether the verb is a regular *-er* verb or if you need to use an irregular past participle.

Écrire 9 **Translate the sentences into French.**

1 I didn't run in the corridor.
2 We have never studied Spanish.
3 You (pl) didn't read lots of articles.
4 I didn't eat anything in class.
5 They (m) have never laughed during an exam.
6 Marc has never forgotten his homework.

In the perfect tense, negatives go around the auxiliary verb.
*Hier, elle **n'**est **pas** allée au collège.*
Yesterday, she didn't go to school.
*Tu **n'**as **jamais** chanté en classe.*
You have never sung in class.
*La semaine dernière, je **n'**ai **rien** appris.*
Last week, I learned nothing / didn't learn anything.

Grammaire 2

The superlative (Unit 3, page 65)

The superlative is used to say something is 'the bigg**est**', 'the **most** interesting', 'the **least** useful', 'the **best**', and so on. Read the grammar box on page 65.

the most ...	**le/la/les plus** + adjective	***le plus** grand collège*
the least ...	**le/la/les moins** + adjective	*la matière **la moins** passionnante* *les devoirs **les moins** difficiles*
the best ...	*le meilleur / la meilleure / les meilleurs / **les** meilleures* + noun	*le meilleur club*
the worst ...	*le pire / la pire / les pires* + noun	*les pires règles*

Écrire 1 **Write out the jumbled words and phrases in the correct order to translate the English sentences.**

Example: 1 *L'anglais est la matière la plus utile.*

1. English is the most useful subject.
   utile est la matière l'anglais la plus
2. East College is the biggest school.
   est grand East College collège le plus
3. Spanish is the best subject.
   la meilleure l'espagnol matière est
4. She is the nicest teacher.
   sympa est la professeure elle la plus
5. It's the smallest classroom.
   salle de classe c'est petite la plus
6. In my opinion, rugby is the worst sport.
   est le pire le rugby sport à mon avis,

The imperfect tense (Unit 4, page 66)

Take care with verbs ending in -***ger***: the *nous* form in the present tense has an extra *e*. The singular forms in the imperfect, plus the *ils/elles* form, need this extra *e*: e.g. *je mang**e**ais.*

Écrire 2 **Read the grammar box on page 66. Copy out the sentences, putting the verbs in brackets into the imperfect tense.**

1. Je ___ mes devoirs. (*faire*)
2. Nous ___ à Paris. (*habiter*)
3. Vous ___ des films. (*regarder*)
4. Tu ___ à la cantine. (*aller*)
5. Elles ___ un énorme sandwich. (*manger*)
6. Il ___ assez intelligent. (*être*)
7. On ___ l'espagnol très difficile. (*trouver*)
8. Je n' ___ pas mon collège. (*aimer*)

Lire 3 **Translate this passage into English.**

Quand j'étais à l'école primaire, j'étais un peu timide, mais j'aimais bien mon professeur. Mon frère allait au collège à vélo, mais moi, j'allais à l'école à pied avec mon père. En classe, j'étais très travailleur. Il y avait une grande bibliothèque et à midi, je lisais beaucoup. Mon prof avait toujours l'air heureux. Mon sport préféré était le tennis. Le soir, après l'école, je jouais souvent au tennis avec mes amis.

timide	*shy*
la bibliothèque	*library*

Parler 4 **In pairs, take turns to read out the text from exercise 3. Pay particular attention to the pronunciation of the imperfect tense verbs. Then listen and check.**

Indirect object pronouns (Unit 4, page 67)

Indirect object pronouns mean 'to me', 'to him', etc. They are used to replace **à + noun**, e.g. after verbs such as *envoyer à* (to send to). The word 'to' is not always used in English.

(to) me	***me / m'***	(to) us	***nous***
(to) you	***te / t'***	(to) you	***vous***
(to) him/her	***lui***	(to) them	***leur***

Indirect object pronouns go before the verb.
*Il **me** parle en français.* He speaks to me in French.

Lire 5 **Copy out the parallel translations, completing the missing words.**

1	I ___ to him every day.	Je ___ parlais tous les jours.
2	___ used to send us cards at Christmas.	À Noël, le prof ___ envoyait des cartes.
3	Did ___ use to give you too much homework?	Il ___ donnait trop de devoirs?
4	They used to ___ to me a lot.	Ils ___ parlaient beaucoup.
5	I give her ___ every year.	Je ___ donne un cadeau chaque année.
6	___ sometimes give them cakes.	Nous ___ offrons parfois des gâteaux.

Using a wider range of negatives (Unit 5, page 68)

Écrire 6 **Read the grammar box on page 68. Make these sentences negative, using the words in brackets. Then translate the sentences into English.**

Example: 1 *Les règles ne sont pas justes. The rules …*

1 Les règles sont justes. (*ne … pas*)
2 La pause-déjeuner dure trente minutes. (*ne … que*)
3 J'écoute en classe. (*ne … rien*)
4 J'apprends une langue. (*ne … aucun(e)*)
5 Je faisais mes devoirs. (*ne … jamais*)
6 J'aimais l'anglais et l'allemand. (*ne … ni … ni …*)

C'est parti!

Écrire 7 **Translate these sentences into French.**

1 At primary school, I used to have lots of friends and I used to love art.
2 Mr Page was the best teacher and he used to give me good grades.

Use the imperfect tense throughout. You will also need a superlative and an indirect object pronoun. Make sure you put them in the correct place!

3 I like school and I think that the rules are fair.
4 In my opinion, you have to listen to the teachers.

Think about where you need to include the definite article (the word for 'the'). Use an impersonal verb structure for sentence 4.

5 I think maths is as interesting as music.
6 I study neither technology nor ICT.

You need to use a comparative. Remember that '*les maths*' is plural and feminine. The negative you need for sentence 6 is in three parts.

7 I am going to go to the cinema with my friend.
8 We are going to watch a subtitled film together.

You need to use the near future tense (present tense of the verb *aller* + infinitive) here.

Module 3 Contrôle de lecture et d'écoute

Reading

Lire 1

My primary school. **Read Maria's blog on her primary school. What does she say about her primary school? Write the letter (A–F) for each of the three correct statements.**

Bonjour les amis!

J'adore mon collège mais je n'aimais pas du tout mon école primaire, parce que je pensais que les règles n'étaient pas justes et qu'elles étaient trop strictes. Cependant, les enfants dans ma classe étaient sympa.

L'uniforme était simple et j'aimais bien le porter, mais maintenant c'est différent. Au collège, l'uniforme n'est pas pratique du tout!

À l'école primaire, j'aimais toutes les matières, sauf le sport, car je n'étais pas sportive!

A Maria loved her primary school.	**D** She liked her uniform at primary school.
B In her opinion the rules were fair.	**E** Her uniform now is very practical.
C She liked her classmates.	**F** She didn't use to like sport at primary school.

Watch out for negatives.

Lire 2

Rules at school. **Read Charlie's email to Théo. Answer the following questions in English. You do not need to write in full sentences.**

Salut Théo,

Dans ton dernier e-mail, tu m'as demandé de te parler des règles de mon nouveau collège. Tu sais, ici, c'est vraiment différent du collège où on était avant. Il faut suivre un **règlement*** très strict et tous les profs le respectent. Par exemple, si tu n'as pas ton cahier en cours, tu as une ***colle*** de 30 minutes après le collège. Certains élèves disent que les règles ne sont pas nécessaires et ils ne les respectent pas! Hier, un de mes copains a utilisé son portable en maths: la prof l'a vu alors elle a pris son portable! Mon copain n'était pas content du tout! Moi, je pense que c'était de sa faute alors je ne comprends pas pourquoi il n'était pas content et qu'il voulait se plaindre! Il a même dit à notre prof que sa mère allait venir lui parler!

Charlie

le règlement *set of rules*

a **(i)** Why is Charlie talking to Théo about his school rules?
(ii) What did the maths teacher do?
(iii) What was his friend's reaction to this?

b Which of these is the best translation of the word ***colle***? Write down the correct letter.

A	club
B	detention
C	homework

Lire 3 ***My first day in my new school.*** **Translate the following paragraph into English.**

Be aware of 'false friends'! They look like English words but don't have the same meaning. Think carefully about what they mean before translating them. For example, *actuel* means current.

Take care translating the different tenses.

J'ai commencé dans mon collège actuel en classe de quatrième. À la rentrée, j'étais un peu stressée car je n'avais pas de copains. Maintenant, je suis en troisième et tout se passe très bien. Nous étudions beaucoup de matières et je suis assez contente de mes cours. Au début, je pensais que les professeurs étaient sévères et que j'avais trop de devoirs.

Don't forget to translate these words.

Remember what school years these are equivalent to.

Listening

Écouter 4 ***My subjects.*** **Ahmed is talking about his subjects in a podcast. What does he say? Write down the word or phrase for the gap in each sentence, using the words from the box. There are more words/phrases than gaps.**

- **a** Before, Ahmed used to prefer ___.
- **b** Ahmed doesn't find his subjects ___.
- **c** This year he has made ___ progress in English.
- **d** Ahmed is currently in ___.
- **e** Ahmed is going to ___ studying music.

maths	easy	French
a lot of	no	English
continue	sixth form	stop
Year 10	difficult	

Before you listen, start by predicting which words could work in each gap.

Écouter 5 ***School rules.*** **Lucas, Lola and Mohamed are discussing school rules. What do they say? Listen to the recording and make notes in English under the following headings. You do not need to write in full sentences.**

- **a** Lucas: reasons we need school rules
- **b** Lola: what she thinks of the rule of not eating in class
- **c** Mohamed: what he thinks about wearing a school uniform

Écouter 6 ***Dictation.*** **You are going to hear someone talking about school.**

a Sentences 1–2: write down the missing words. For each gap, you will write one word in French.

1 Mon ___ est ___ mais je n'aime pas le ___.

2 Il faut porter une ___ marron ___ et une cravate à ___.

Use your knowledge of French sounds to write these words.

b Sentences 3–6: write out the full sentences that you hear, in French.

Make sure you read your answers carefully to check they make sense. Your knowledge of grammar and vocabulary will help you in the dictation task.

Contrôle oral

Read aloud

Parler 1 **Look at this task card. With a partner, take turns to read out the four sentences, paying attention to the underlined letters and the highlighted liaisons.**

Alex, your Swiss friend, has emailed you to tell you about his school. Read out the text below to your teacher.

Au collège, je suis en troisième.

Mon collège est assez grand, moderne et nous avons une piscine.

La matière que je préfère maintenant, c'est la musique car c'est utile.

Avant je préférais l'anglais, mais je pense que c'est très difficile car il faut apprendre beaucoup de choses et on a trop de devoirs.

Take extra care with how you pronounce the underlined sounds:
- *s* between two vowels
- *oi* as in 'trois'
- *ais*
- silent *s* at the end of these words.

Remember your liaisons between the highlighted sounds.

Écouter 2 **Listen and check your pronunciation.**

Parler 3 **Listen to the teacher asking the two follow-up questions. Translate each question into English and prepare your own answers in French. Then listen again and respond to the teacher.**

These two questions both ask for your opinion. Answer them with a short sentence.

Role play

Parler 4 **Look at the role-play card and prepare what you are going to say.**

Setting: At the train station

Scenario:
- You are at a train station in France, applying for a student card.
- The teacher will play the part of the person at the ticket office and will speak first.
- The teacher will ask questions **in French** and you must answer **in French**.
- Say a few words or a short phrase/sentence for each prompt. One-word answers are not sufficient to gain full marks.

Task:
1 Say which school you go to.
2 Say how old you are.
3 Ask a question about when you can use the card.
4 Ask a question about the price of the card.
5 Say where you are going to travel with your card.

Start with *J'ai.*

Use the near future tense.

You could start with *Je peux …?*

Parler 5 **Practise what you have prepared. Then, using your notes, listen and respond to the teacher.**

Écouter 6 **Now listen to Thomas doing the role-play task. In English, note down (a) how he answers the questions for task prompts 1, 2 and 5 and (b) what questions he asks for task prompts 3 and 4.**

Picture task

Écouter 7 **Look at the exam card below and read the first part of the task. Then listen to Maxime describing the picture. Answer the questions in English.**

a What does Maxime say about the pupils?
b Where are they, according to Maxime? Do you agree?
c What else does Maxime mention?

Describe this picture.

Your description must cover:

- people
- location
- activity.

When you have finished your description, you will be asked **two questions** relating to the picture. Say a short phrase/sentence in response to each question. One-word answers will not be sufficient to gain full marks.

You will then move on to a **conversation** on the broader thematic context of **Studying and my future**.

During the conversation, you will be asked questions in the present, past and future tenses. Your responses should be as **full and detailed** as possible.

To talk about what someone is wearing, remember to use *porte/portent*.

Parler 8 **Prepare your own description of the picture, mentioning people, location and activity. Improve your original description, using some of the details and vocabulary that Maxime used in his description. Then, with a partner, take turns to describe the picture.**

Sur la photo, il y a ...

Parler 9 **Read the second part of the task. Then listen to the two follow-up questions and respond to the teacher. Remember: you only need to give a short answer to each one.**

Écouter 10 **Read the third part of the task. The teacher asks Maxime: *Parle-moi de ton uniforme*.**

Listen and write <u>three</u> things he says about his uniform.

Écouter 11 **Listen to Maxime answering the question: *Qu'est-ce que tu penses des règles du collège?* Write down in English <u>two</u> rules he mentions and what he thinks of school rules.**

Parler 12 **Prepare your own answers to the Module 3 questions on page 226. Your responses should be as full and detailed as possible. Then practise with a partner.**

Remember to use good French pronunciation!

Contrôle écrit

80–90 word writing task

Écrire 1

Look at this writing exam task and then, for each bullet point:

1 think about what vocabulary you have learned which you could use in your answer. For example:
- **nouns** and **verbs** to talk about your favourite subject
- **verbs of opinion** and **adjectives**
- language for **narrating a story** about what you did recently in a lesson
- how to explain your future plans for the next school year or beyond.

2 write down three or four ideas of what you could write about

3 write down which tenses you will need to use in your answer.

Write to your friend about your school subjects.

You **must** include the following points:
- your favourite subject and why you like it
- subjects you don't like and why
- something you have done in a lesson recently
- what subjects you'd like to study in future.

Write your answer **in French**. You should aim to write between 80 and 90 words.

Make sure you cover all four bullet points of the task to maximise your marks.

Lire 2

Read Diane's answer to the exam task. Answer questions 1–5 in the coloured shapes.

1 This is an example of **complex language**. What does it mean? Find three more examples from the text.

Salut,

La matière que j'aime le plus, c'est le théâtre. Avant, c'était les maths mais maintenant c'est plus difficile que mes autres matières.

Depuis la quatrième, le théâtre me plaît car je trouve ça facile. Plus tard, je voudrais travailler dans le monde du spectacle.

Je n'aime pas la musique. Je trouve ça difficile et je ne joue pas d'un instrument.

Récemment, en théâtre, on a regardé une pièce et après on a discuté.

L'année prochaine, je voudrais continuer le théâtre. Je pense que je vais garder le français. C'est important de parler une autre langue.

Diane

2 This word shows a **variety of vocabulary**. What does it mean? Find two more examples.

3 How could she **avoid repetition** by using a synomym here?

4 Which **tense** is this? Can you find another example of this tense? Does she use any other tenses?

5 Which connective could she use here to form an **extended sentence**? What other connectives does she use?

Lire 3 **Read Diane's answer again. Answer the questions in English.**

a What does Diane say about drama exactly? Give <u>two</u> details.
b What does she say about maths?
c What type of career is she thinking of?
d What is her opinion of learning music and why?
e What does she think of languages?

Écrire 4 **Prepare your own answer to the 80–90 word writing task in exercise 1.**

- Think about how you can develop your answer for each bullet point.
- Look back at your notes from exercises 1 and 2.
- Look at the 'Challenge checklist' and think about how you can show off your French!
- Write a **brief** plan and organise your answer into paragraphs.
- Write your answer and then carefully check the accuracy of what you have written.

Challenge checklist	
	✓ Past, present and future timeframes ✓ Connectives, time phrases and sequencers ✓ Some extended sentences ✓ Different opinion phrases (e.g. *je pense que* ...)
	✓ A wide range of tenses (e.g. imperfect, conditional) ✓ Different persons of the verb (e.g. *on/nous*) ✓ A variety of opinions (e.g. ... *me plaît*) ✓ Negatives (e.g. *ne ... rien*) ✓ A wide range of interesting vocabulary
	✓ Phrases with more than one tense ✓ Infinitive phrases (e.g. *il est important de / il faut / pour* + infinitive) ✓ Complex language (e.g. comparatives, superlatives) ✓ Positive/negative phrases ✓ A variety of connectives

Translation

Écrire 5 **Rearrange the French words to translate the English sentences.**

a *We have to wear a black and green uniform.*
porter / Il / un / et / noir / uniforme / vert / faut
b *I think that my school is quite big and modern.*
collège / pense / moderne / grand / assez / Je / mon / que / est / et
c *We have a science club on Wednesdays after lessons.*
club / le / sciences / Nous / après / un / mercredi / de / avons / cours / les
d *Yesterday I won a maths competition.*
gagné / j'ai / un / maths / concours / Hier / de

Écrire 6 **Translate the paragraph into French.**

At primary school, I didn't have a uniform. Now, in my school, we have to wear a blue and white uniform. Here, there are lots of sports clubs every day at lunchtime. Yesterday my friends and I won a football match – it was great! I think that I'm going to learn an instrument in the music building after lessons.

Remember to put the negatives around the verb.

Use *il faut* + infinitive.

Think of the word order.

What tense is needed here?

Translate this as 'the building of music'.

Module 3

Vocabulaire

Key:
bold = this word will appear in higher exams only
* = this word is not on the vocabulary list but you may use it in your own sentences

Au collège chez nous (pages 58–59)

Décris les personnes	*Describe the people*
Sur la photo,	*In the photo,*
Il y a ...	*There is/are...*
(un) garçon / (trois) filles.	*(a) boy / (three) girls.*
Il y a aussi ...	*There is also ...*
un professeur / une professeure.	*a teacher.*
Un garçon / Une fille porte ...	*A boy / A girl is wearing ...*
une chemise blanche.	*a white shirt.*
un pantalon gris.	*grey trousers.*
un *short bleu.	*blue shorts.*
des baskets noires.	*black trainers.*
un uniforme scolaire.	*school uniform.*
C'est où?	*Where is it ?*
Ils/Elles sont ...	*They are ...*
au collège.	*at school.*
à la *cantine.	*in the canteen.*
dans une salle de classe.	*in a classroom.*
sur le terrain de foot(ball).	*on the football pitch.*
Au premier plan, il y a ...	*In the foreground, there is/are ...*
des élèves / livres.	*some pupils / books.*
de la **nourriture**.	*some food.*
À l'arrière-plan, il y a des ...	*In the background, there are some ...*
arbres / fenêtres.	*trees / windows.*
*ordinateurs / tables.	*computers / tables.*
Que font-ils?	*What are they doing?*
Les élèves / enfants ...	*The pupils / children ...*
jouent.	*are playing.*
travaillent.	*are working.*
Le/La prof / Un garçon / Une fille	*The teacher ... / A boy ... / A girl ...*
discute.	*is talking.*
mange.	*is eating.*

Quelle est ta matière préférée? (pages 60–61)

Ma matière préférée est ...	*My favourite subject is ...*
J'aime ...	*I like ...*
J'adore ...	*I love ...*
Je n'aime pas ...	*I don't like ...*
Je déteste	*I hate ...*
parce que/qu' ...	*because*
je suis *créatif/creative.	*I'm creative.*
je suis sportif/sportive.	*I'm sporty.*
le/la prof est sympa / **sévère**.	*the teacher is nice / strict.*
on a trop de devoirs.	*we have too much homework.*
Je suis fort(e) / faible en ...	*I'm good / bad at ...*
anglais.	*English.*
*informatique.	*ICT.*
Je trouve (le français / la musique / les maths) ...	*I find (French / music / maths) ...*
facile(s).	*easy.*
difficile(s).	*difficult.*
utile(s).	*useful.*
amusant(e)(s).	*fun.*
intéressant(e)(s).	*interesting.*
passionnant(e)(s).	*exciting.*
ennuyeux/ennuyeuse(s).	*boring.*
Je pense que ...	*I think that ...*
(l'anglais) est plus/moins ... que ...	*(English) is more/less ... than ...*
(les maths) sont plus/moins ... que ...	*(maths) is more/less ... than ...*
la *biologie.	*biology.*
la *chimie.	*chemistry.*
*l'EPS.	*PE.*
*l'histoire-géo.	*history/geography.*
le théâtre.	*drama.*
Ici, ...	*Here, ...*
Au Canada, / *Sénégal, ...	*In Canada / Senegal ...*
En France, ...	*In France ...*
À la Martinique ...	*In Martinique ...*
la journée scolaire est plus courte ...	*the school day is shorter ...*
la pause-déjeuner est plus longue ...	*the lunch break is longer*
qu'ici.	*than here.*
qu'au Canada / *Sénégal.	*than in Canada / Senegal.*
qu'en France.	*than in France.*
qu'à la Martinique.	*than in Martinique.*
Les cours commencent à ...	*Lessons start at ...*
Le collège commence / finit à ...	*School starts / finishes at ...*
On n'a pas de cours le samedi.	*We don't have school on Saturdays.*
Ils ont cours le samedi ...	*They have school on Saturdays*
et je trouve ça ...	*and I find that ...*
important.	*important.*
intéressant / utile.	*interesting / useful.*

C'est injuste! (pages 62–63)

Il faut ...	*You have to ...*
Il est essentiel / important de ...	*It is essential / important to ...*
porter l'uniforme scolaire.	*wear the school uniform.*
faire ses devoirs.	*do your homework.*
s'asseoir à sa place.	*sit down in your seat.*
respecter les profs.	*respect the teachers.*
Il ne faut pas / jamais ...	*You must not / never ...*
Il est interdit de/d' ...	*It is forbidden to ...*
arriver en retard.	*arrive late.*
manger en classe.	*eat in class.*
*harceler d'autres élèves.	*bully other pupils.*
utiliser son portable en classe.	*use your mobile phone in class.*
Quel est ton avis sur les règles?	*What is your opinion of the rules?*
À mon avis, c'est ...	*In my opinion, it's ...*
un peu / assez	*a bit / quite*
très / trop	*very / too*
important.	*important.*
juste / injuste.	*fair / unfair.*
nul / *stupide.	*rubbish / stupid.*
strict / **sévère**.	*strict.*
parce que/qu' / car ...	*because / as ...*
c'est important pour les examens	*it's important for exams*
c'est essentiel pour le travail scolaire	*it's essential for schoolwork*

il faut respecter les autres	*you must respect others*	Non, je ne suis pas d'accord.	*No, I disagree.*
l'uniforme scolaire (n')est (pas) confortable / pratique	*the school uniform is (not) comfortable / practical*	donc	*therefore*
j'ai toujours faim en classe	*I'm always hungry in class*	on a organisé / nous avons organisé des **manifestations**	*we organised protests*
Tu es d'accord?	*Do you agree?*	**le directeur/la directrice**	*the headteacher*
Oui, je suis d'accord.	*Yes, I agree.*	Il/Elle n'a pas changé les règles.	*He/She hasn't changed the rules.*

As-tu fait des progrès? (pages 64–65)

J'ai / Il/Elle a ...	*I have / He/she ...*	un(e) élève **moyen(ne)**	*an average student*
appris beaucoup de choses.	*learned lots of things.*	le/la prof le/la plus sympa	*the nicest teacher*
bu du *coca en classe.	*drank cola in class.*	le garçon le moins travailleur	*the least hard-working boy*
couru dans le *couloir.	*ran in the corridor.*	l'acteur le plus fort	*the best actor*
écrit une histoire extraordinaire.	*wrote an extraordinary story.*	le/la meilleur(e) élève	*the best student*
fait beaucoup de progrès.	*made a lot of progress.*	le/la pire prof ... de la classe / du collège	*the worst teacher ... in the class / in the school*
reçu de bonnes / mauvaises notes (en ...).	*got good / bad grades (in ...).*	ma matière préférée, c'est	*my favourite subject is ...*
lu beaucoup d'**articles**.	*read lots of articles.*	le *dessin	*art*
pris des photos **exceptionnelles**.	*took exceptional photos.*	*l'histoire-géo	*history/geography*
Je n'ai jamais oublié (de faire) mes devoirs.	*I have never forgotten (to do) my homework.*	la musique	*music*
Je n'ai rien appris (en ...).	*I have learned nothing (in ...).*	*l'EPS	*PE*
Je n'ai pas ...	*I have not ...*	la technologie	*technology*
fait beaucoup d'efforts (en ...).	*made a lot of effort (in...).*	faible	*weak*
		*gentil/gentille	*kind*
		*intelligent(e)	*intelligent*
		sympa	*nice*

Souvenirs d'école (pages 66–67)

Quand tu étais petit(e), tu étais comment?	*When you were little, what were you like?*	Qu'est-ce que tu aimais, comme matières?	*Which subjects did you like?*
Quand j'étais petit(e) ...	*When I was little, ...*	Ma matière préférée était ...	*My favourite subject was ...*
j'étais / je n'étais pas ...	*I was .../I wasn't ...*	J'aimais (beaucoup / bien) ...	*I liked ... (a lot)*
(très) travailleur/travailleuse.	*(very) hard-working.*	Qu'est-ce que tu faisais pendant la pause-déjeuner?	*What did you do during the lunch break?*
(très) *créatif/créative.	*(very) creative.*	Je mangeais à la *cantine.	*I ate in the canteen.*
l'enfant le plus sportif de la classe.	*the sportiest child in the class.*	Je jouais au foot(ball) avec mes amis / **copains**.	*I played football with my friends.*
J'aimais (beaucoup / bien) l'anglais / la musique.	*I liked English / music (a lot).*	Qu'est-ce que tu faisais après l'école?	*What did you do after school?*
Je jouais de la *clarinette dans un *orchestre.	*I played the clarinet in an orchestra.*	J'aidais (mon frère / mon père) (sur son bateau / à la cuisine)	*I helped (my father / my brother) (on his boat / in the kitchen)*
Je lisais des *magazines.	*I read magazines.*	Je faisais mes devoirs.	*I did my homework.*
Je trouvais (l'EPS) ennuyeux.	*I found (PE) boring.*	Je regardais la télé.	*I watched TV.*
Tu allais à l'école comment?	*How did you go to school?*	Je jouais avec (mon frère).	*I played with (my brother).*
J'allais à l'école ...	*I went to school ...*		
à pied / à vélo.	*on foot / by bike.*		
en bus / en voiture.	*by bus / by car.*		

Les langues et l'avenir (pages 68–69)

À l'école *primaire, est-ce que tu apprenais une langue **étrangère**?	*At primary school, did you learn a foreign language?*	Au collège, je **n**'apprends **que** ...	*At school, I am only learning ...*
Oui, j'apprenais ...	*Yes, I learned ...*	En ce moment, j'apprends ..., mais je n'apprends pas ...	*At the moment, I am learning ..., but I am not learning ...*
Oui, je **n**'apprenais **que** ...	*Yes, I only learned ...*	Est-ce que tu aimes parler une autre langue?	*Do you like speaking another language?*
*l'allemand.	*German.*	J'aime / Je n'aime pas apprendre ... parce que ...	*I like / don't like learning ... because ...*
*l'espagnol.	*Spanish.*	À l'avenir, comment est-ce que tu vas améliorer ton français?	*In the future, how are you going to improve your French?*
le français.	*French.*	À l'avenir, je vais ...	*In the future, I'm going to ...*
*l'italien.	*Italian.*	écouter des *podcasts.	*listen to podcasts.*
le *mandarin.	*Mandarin.*	lire des *blogs en français.	*read blogs in French.*
le *roumain.	*Romanian.*	regarder des films *sous-titrés.	*watch subtitled films.*
Non, je **n**'apprenais **aucune** langue **étrangère**.	*No, I didn't learn any foreign languages.*	utiliser une appli sur mon portable.	*use an app on my mobile.*
Au collège, tu apprends quelles langues **étrangères**?	*At (secondary) school, which foreign languages are you learning?*		

Module 4

En pleine forme

Sain ou malsain?

- Describing and giving opinions about dishes
- Understanding advice in the *vous*-form imperative

Des plats du monde francophone

la France: le coq au vin
#PlatNationalDeFrance

la France: les religieuses
#PâtisseriesFrançaises

le Québec: la poutine
#PlatQuébécois

la Tunisie: le couscous
#CouscousTraditionnel

la Belgique: les gaufres
#GoûtDeBelgique

le Sénégal: le thiéboudienne
#PlatTraditionnelSénégalais

Écouter 1 **Look at the photos and captions, then listen. Write the letter of the correct dish. (1–6)**

Ce plat contient Ce dessert contient Ces gâteaux contiennent	du	chocolat / fromage / riz poulet / poisson / sucre.
	de la	glace / sauce / viande.
	des	frites / fruits / légumes.

Parler 2 **How do you pronounce these words? Read them out, then listen and check your pronunciation. Can you find the translation (a–g) for the words and phrases?**

1 ce plat contient …
2 le goût
3 délicieux
4 sain
5 malsain
6 les végans
7 les végétariens

a the taste
b healthy
c vegans
d this dish contains …
e vegetarians
f delicious
g unhealthy

Écouter 3 **Listen. Note down in English (a) if they think each dish is healthy or unhealthy and (b) the reasons why. (1–2)**

Parler 4 **In pairs, talk about the dishes in the photos above.**

- *À ton avis, le plat A, c'est sain?*
- *À mon avis, il a bon goût, mais c'est malsain.*
- *Pourquoi?*
- *Parce que ce plat contient …*

👍	👎
C'est sain.	C'est malsain.
C'est bon pour la santé.	C'est mauvais pour la santé.
Le plat a bon goût. C'est délicieux!	Je n'aime pas le goût.
C'est parfait pour les végétariens.	Ce n'est pas bon pour les végans.

MANGERBOUGER.FR

RÉPUBLIQUE FRANÇAISE
Liberté
Égalité
Fraternité

Santé publique France

Mangez mieux!
- Mangez au moins cinq fruits et légumes par jour.
- Buvez moins de boissons sucrées.

Bougez plus!
- Faites au moins une heure d'activité physique par jour.
- Pour les trajets de moins de 5 km, allez-y à pied, à vélo, en skate …
- Trouvez une activité qui vous plaît! Essayez un nouveau sport.

au moins	*at least*
le trajet	*journey*

Dormez bien!
- Allez au lit tôt.
- Arrêtez d'utiliser des écrans au moins une heure avant de dormir.

l'astuce (*f*) *tip*

Manger Bouger is a campaign by the French government to help people of all ages with their health and fitness. The website *mangerbouger.fr* has lots of hints and tips about healthy eating and exercise.

Note these two meanings of the word *moins*:

moins de (+ noun)	less, fewer
au moins	at least

Écouter **5** **Listen to and read the text above. Then copy and complete the translation of each piece of advice.**

1. Eat at least … per day.
2. Drink fewer …
3. Do at least … per day.
4. For journeys of less than 5 kilometres, go …
5. Find … that you enjoy! Try a …
6. Go to bed …
7. Stop using … at least … before sleeping.

G

The *vous*-form imperative is used to give advice or instructions when you are talking to more than one person or to one person that you don't know well.
It is the present tense of the verb without the word *vous*.

vous allez (you go) → *Allez!* (Go!)
vous mangez (you eat) → *Mangez!* (Eat!)

Page 95

Écrire **6** **Write these sentences as instructions using the imperative.**

Example: 1 *Allez plus souvent au centre sportif!*

1. Il faut aller plus souvent au centre sportif.
2. Il faut manger moins de frites et de chocolat.
3. Il faut dormir au moins huit heures par nuit.
4. Il faut essayer de faire plus d'exercice.
5. Il faut aller au collège à pied ou à vélo.
6. Il faut faire de la natation une fois par semaine.

To give instructions, you can also use *il faut* (it is necessary to / you must) + infinitive.

Écrire **7** **Write four pieces of <u>bad</u> advice for healthy living.**

Example: Faites moins de sport!

1 Bon appétit!

- Talking about meals and mealtimes
- Using the partitive article (*du, de la, de l', des*) and *en*
- Spotting small words that can change meaning

Écouter 1 **Listen and read. Then copy and complete the grid in English.**

Qu'est-ce que tu manges (normalement)?

	Breakfast	Lunch	Snack	Dinner
Drinks …	coffee			
Eats …				
Any other information				

Mes repas

Le petit-déjeuner
Pour le petit-déjeuner, je bois du café et si j'ai le temps, je mange du pain. Sinon, je ne mange rien! Parfois, le dimanche, ma mère achète des croissants et on prend le petit-déjeuner ensemble.

Le déjeuner
À midi, je mange au collège. D'habitude, je choisis du poulet avec des légumes. Ensuite, je prends des fruits. J'en mange beaucoup parce que c'est sain!
Quand j'ai soif, je bois seulement de l'eau. J'en bois tout le temps, car c'est bon pour la santé.

Le snack
Après les cours, si j'ai faim, je mange un sandwich et je bois un verre de lait.

Le dîner
Tous les soirs, sauf le samedi, on mange en famille. Normalement, on mange quelque chose de léger, comme du poisson ou des œufs. Cependant, mon frère mange souvent des pâtes car il est végétarien. Mes parents boivent parfois du vin rouge, mais mon frère et moi buvons du lait.
De temps en temps, il y a de la glace comme dessert, mais je n'en mange pas trop parce que ça contient trop de sucre!

on prend le petit-déjeuner (prendre) *we have breakfast*

G

In French, the partitive article ('some') agrees with the noun it refers to:

masculine singular	feminine singular	before a vowel sound	plural
du *sucre*	***de la*** *viande*	***de l'*** *eau*	***des*** *légumes*

After a negative or a quantity, just use **de** (**d'** before a vowel):
Je ne mange pas ***de*** *viande.* *Je bois beaucoup* ***d'****eau.*

Page 94

Lire 2 **Re-read the text in exercise 1. Then find the French for the phrases below.**

1 if I have time
2 If not, I don't eat anything!
3 I eat lots of it
4 When I am thirsty
5 I drink it all the time
6 if I am hungry
7 we eat something light
8 I don't eat too much of it

G

The pronoun ***en*** can be used to replace du/de la/de l'/des + noun.
It means 'it'/'of it' or 'them'/'of them'.
It goes in front of the verb.

*Je mange des légumes. J'****en*** *mange beaucoup.*
I eat vegetables. I eat lots **of them**.

*Je bois du café, mais je n'****en*** *bois pas trop.*
I drink coffee, but I don't drink too much **of it**.

Page 94

Parler 3 **Listen and repeat the following words, paying attention to your pronunciation.**

en, souv**en**t, pr**en**ds
d**an**s, m**an**ge, qu**an**d
t**em**ps, ch**am**bre

p**ai**n, s**ain**, mat**in**
important, f**aim**

These two sounds are nasal sounds. Say them at the back of your throat, as though you have a cold!
There are four different ways of spelling each sound:
- *en, an, em, am*
- *ain, in, aim, im*

Listen and repeat the tongue-twister.
Le matin, quand j'ai le temps, je mange du pain dans ma chambre.

Parler 4 **Prepare your answers to the following questions. Then in pairs, take turns to interview your partner.**

1 Qu'est-ce que tu prends pour le petit-déjeuner?
2 Qu'est-ce que tu manges et bois à midi?
3 Est-ce que tu manges quelque chose après les cours?
4 Normalement, le soir, qu'est-ce que tu manges?

Écouter 5 **Look at sentences 1–3 and predict the missing words. Then listen and fill in the gaps.**
For numbers 4 and 5, listen carefully and write the full sentence. (1–5)

1 Le ... est bon pour la ...
2 Pour le ..., je bois du ...
3 À ..., je prends du ... avec des ...
4 ...
5 ...

- Look at the words before and after each gap.
- Spot grammar clues (e.g. *du* is followed by a masculine noun).
- Check your spelling and accents!

Lire 6 **Read the text. Is each statement below true or false?**

frais/fraîche	*fresh*
le bœuf	*beef*
ajouter	*to add*
la menthe	*mint*
le coco	*coconut*

Bienvenue à Chef de Cuisine Junior!

Yasmina, qu'est-ce que tu as fait comme plat?

J'ai préparé un tagine – c'est un plat inspiré par mes origines nord-africaines. Tôt ce matin, je suis allée au marché, où j'ai acheté beaucoup de légumes frais. Traditionnellement, ce plat contient du poulet ou du bœuf. Pourtant, ma recette est sans viande – au lieu de ça, j'ai ajouté des olives fraîches. Comme boisson, j'ai servi du thé à la menthe.

La réponse des juges
Félicitations, Yasmina. Nous avons goûté et nous avons aimé ton plat! Tu as mérité quatre étoiles! ★★★★☆

Jules, quel est le contenu de ton plat?

J'ai préparé un plat malgache, puisque ma famille vient de Madagascar. La recette exacte, c'est un secret! Cependant, j'ai fait ça avec du poisson, des légumes et du lait de coco. J'ai essayé ce plat chez moi et toute ma famille a adoré, sauf mon père qui ne mange jamais de poisson!

La réponse des juges
Bravo, Jules! Ton plat était délicieux! Tu as gagné cinq étoiles! ★★★★★

1 Yasmina bought fresh vegetables at a market.
2 Her dish also contained meat.
3 She prepared mint ice cream as part of the meal.
4 Jules made a traditional dish from Madagascar.
5 He only reveals three of the ingredients.
6 His father tried the dish at home and loved it.

G
You use the perfect tense to say what you did, e.g.
j'ai goûté (I tasted) *j'ai servi* (I served)
j'ai fait (I made) *je suis allé(e)* (I went)
How many perfect tense verbs can you spot in exercise 6?
Page 96

Look out for small words that can change the meaning of a sentence.

sans	without
au lieu de	instead of
sauf	except

Écrire 7 **Translate these sentences into French.**

1 I often eat eggs.
2 When I am thirsty, I drink tea.
3 Yesterday, I bought cheese at the market.
4 I eat lots of it, because it's delicious.
5 All my family eat meat, except my mother.

2 Bien dans ma peau

- Talking about good mental health
- Using modal verbs (*devoir, vouloir, pouvoir*)
- Giving advice

Écouter 1 **Listen to the teenagers talking about how they feel and why. Note down (a) the letter of the correct emoji and (b) the reason in English. (1–6)**

Comment tu te sens aujourd'hui?

Je me sens …

a 
heureux / heureuse

b 
triste

c 
en colère

d 
fatigué(e)

e 
inquiet / inquiète

f 
calme

casser	*to break*
perdre (j'ai perdu)	*to lose (I have lost)*

Lire 2 **Which of the sentences (a–l) is the best reaction to each speaker from exercise 1? More than one answer might be possible!**

a Écoute un peu de musique.
b Fais de la cuisine.
c Parle avec moi.
d Sois calme.
e Va au lit.
f Va à un cours de yoga.
g Fais une petite promenade.
h Ne crie pas.
i N'oublie pas tes devoirs.
j Ne pleure pas.
k Ne sois pas triste.
l Ne t'inquiète pas.

crier	*to shout*
pleurer	*to cry (tears)*

Écouter 3 **Listen and check. Does the reaction to each speaker match the reaction you had chosen in exercise 2? If not, note down the reaction in French. (1–6)**

G

You use the *tu*-form imperative to give advice or instructions to someone you know well.

The *tu*-form works like this:
tu écoutes (you listen) → *Écoute!* (Listen!)
tu vas (you go) → *Va!* (Go!)
Note that you drop the final 's' from the verb.

Être is irregular:
tu es patient (you are patient) → *Sois patient!* (Be patient!)

In the negative, *ne/n' … pas* goes around the verb:
Ne pleure pas. (Don't cry.)

Page 95

Parler 4 **In pairs, make up conversations based on two of the photos below.**

- *Comment ça va aujourd'hui?*
- *Ça ne va pas bien.*
- *Qu'est-ce qui ne va pas?*
- *Je me sens …*
- *Écoute … / Fais … / Ne sois pas …*

Comment ça va aujourd'hui? Comment tu te sens?	Ça va très bien. Ça ne va pas bien.
Qu'est-ce qui ne va pas? Quel est le problème?	Je me sens (un peu / assez / très / vraiment) …

Lire 5 **Read the forum posts. Write the letter (a–f) of the correct piece of advice for each problem. Then listen and check. (1–6)**

D'ados à ados

Si tu as des soucis, ne souffre pas en silence! Partage ton problème ici! D'autres ados t'offrent des conseils.

1 
Le soir, j'adore jouer à des jeux vidéo contre mes amis. Cependant, le lendemain au collège, je suis souvent fatigué.
@megajeuxfan

2 
Je suis tout le temps très stressée à cause de mon travail scolaire. J'ai peur de ne pas réussir mes examens.
@mimilou5

3 
En ce moment, je ne m'entends pas bien avec mon père. À mon avis, il est trop sévère avec moi. Je me sens vraiment triste.
@anon2012

4 
Je suis très en colère. C'est bientôt mon anniversaire et je veux faire une fête chez moi, mais mes parents m'ont interdit de l'organiser.
@kiffetintin

5 
Mon meilleur ami a changé de collège et maintenant je me sens seul – je pense que je dois me faire de nouveaux amis, mais comment?
@basketsrouges

6 
Je suis inquiète car ma meilleure copine est victime de harcèlement en ligne et elle ne peut pas parler de ce problème avec ses parents.
@yazamie

a Tu dois expliquer le problème à tes profs. Ils peuvent te conseiller. Bouge un peu aussi – fais une activité physique pour te relaxer.

b Si tu veux te faire un nouvel ami, tu peux devenir membre d'un club sportif ou de théâtre. Cherche en ligne ou sur les réseaux sociaux.

c Tu dois éviter de passer trop de temps devant des écrans avant d'aller au lit. Ça nous empêche de dormir.

d Je suis sûr qu'il t'aime. Essaye d'en parler avec lui, ou parle avec un autre membre de ta famille. Ton bonheur est important.

e Elle doit parler de ses problèmes avec quelqu'un. Si elle ne peut pas discuter avec ses parents, est-ce qu'elle peut parler avec un ou une de ses profs?

f Sois patient. Tu dois montrer à tes parents que tu peux être sérieux et responsable.

G

The modal verbs ***devoir*** (to have to, must), ***pouvoir*** (to be able to, can) and ***vouloir*** (to want (to)) are usually followed by an infinitive.

*Tu **dois** parler avec quelqu'un.* You must talk to someone.
*Je **veux** faire une fête.* I want to have a party.

Negatives go around the modal verb:
*Il ne **peut** pas parler avec son prof.* He can't talk to his teacher.

Page 95

l'ado *(m/f)*	*adolescent, teenager*
le souci	*worry, concern*
le conseil	*advice*
conseiller	*to advise*

Écouter 6 **Listen to this radio phone-in. For each caller, note down in English (a) what the basic problem is and (b) any other details. (1–2)**

Parler 7 **Write your advice to each of the callers in exercise 6. Then read your advice out to your partner, or record yourself.**

Écrire 8 **Write a reply to this post on the *D'ados à ados* forum.**

Je me sens souvent très stressée et au collège, je n'ai pas d'énergie. Je ne peux pas me concentrer pendant les cours et j'ai peur d'en parler avec mes profs. Donnez-moi des conseils, s'il vous plaît!

The closed sound -**eu** is the sound in the number *d**eu**x*.
Listen and repeat the phrases:
*Je p**eu**x être heur**eu**x.*
*Si tu v**eu**x, on p**eu**t jouer à des j**eu**x.*
*Il v**eu**t montrer qu'il p**eu**t être séri**eu**x.*

3 Ça ne va pas?

- Describing illness and accidents
- Using the perfect tense of reflexive verbs
- Booking a doctor's appointment

Parler 1 **In pairs, look at the pictures and use your knowledge of French pronunciation to predict how to say each part of the body. Then listen and check.**

Le corps humain

Écouter 2 **Listen to the conversations. Then copy and complete the grid in English. (1–4)**

	person (A–F) from exercise 1	advice they are given
1		

malade	*ill*
grave	*serious*
avoir de la fièvre	*to have a temperature*
le médecin	*doctor*

G

To say that something hurts or is sore, use *avoir mal à* + noun.

à + ***le*** = ***au*** *à* + ***les*** = ***aux***

masculine noun	feminine noun	plural noun
*J'ai mal **au** dos.* I have a sore back.	*J'ai mal **à la** tête.* I have a headache.	*J'ai mal **aux** yeux.* I have sore eyes.

Note: *le cœur* means 'heart', but *avoir mal au cœur* means 'to feel sick'.

These expressions use *avoir* (to have), rather than *être* (to be) in French:

avoir chaud	to be hot
avoir froid	to be cold
avoir faim	to be hungry
avoir soif	to be thirsty
avoir peur	to be afraid

G

Remind yourself how to form the imperative, using the grammar boxes on pages 83 and 86, then read the examples below.

***tu*-form**	***vous*-form**	
Reste *au lit.*	***Restez*** *au lit.*	Stay in bed.
Va *à l'hôpital.*	***Allez*** *à l'hôpital.*	Go to the hospital.
Sois *patient(e).*	***Soyez*** *patient(e).*	Be patient.
Ne ***bouge*** *pas.*	*Ne* ***bougez*** *pas.*	Don't move.

Parler 3 **In pairs, take turns to read the message out, paying attention to your pronunciation. Then listen and check.**

Emma, ma fille, ne peut pas aller au collège aujourd'hui parce qu'elle est malade. Elle a mal à la gorge et mal à l'oreille. À mon avis, elle a de la fièvre, car elle a souvent froid, mais parfois elle a chaud. Elle n'a pas faim; cependant, elle a tout le temps soif. De plus, elle est très fatiguée. Demain, je vais prendre rendez-vous chez le médecin.

prendre rendez-vous *to make an appointment*

Lire 4 **Translate the text from exercise 3 into English.**

Écouter 5 **Read the dialogue of a call to a doctor's surgery. Listen and note down in French five differences between what you read and what you hear.**

- **Allô? Je peux vous aider?**
- Bonjour. Je voudrais prendre rendez-vous, s'il vous plaît.
- **Bien sûr. Quel est le problème?**
- J'ai mal au bras et mal à la main.
- **Vous voulez un rendez-vous pour quand?**
- Demain après-midi, s'il vous plaît.
- **Pas de problème.**
- Le rendez-vous est à quelle heure, s'il vous plaît?
- **C'est à deux heures.**
- Quelle est l'adresse, s'il vous plaît?
- **C'est dans la rue du Marché, au numéro quinze.**
- Merci. Au revoir.

Parler 6 **In pairs, create two dialogues using the one in exercise 5 as a model.**

ailments: headache and fever
appointment wanted for: today
time: 3:00
address: number 10

ailment: earache
appointment wanted for: Wednesday
time: 10:30
address: number 25

Écouter 7 **Listen and read. Copy and complete the grid in English. (1–2)**

	What it injury is	When it happened	How / Where it happened	How they feel now	Any other details
1	Broken arm				

1

Coucou, Lucie. Ça va?

Pas tellement. J'ai eu un accident! Je me suis cassé le bras!

Oh là là! Ça s'est passé comment?

Hier, je suis tombée de vélo. Je suis allée à l'hôpital en ambulance!

Quelle horreur! Tu as mal?

Non, parce que j'ai pris des médicaments. Je me suis reposée et je me sens mieux maintenant.

2

Ça ne va pas, Thomas?

Je me suis blessé. Regarde ma main! Ça s'est passé dans la cuisine ce matin.

Tu t'es brûlé?

Non, je me suis coupé à la main! Il y avait du sang partout!

Beurk! Ça va mieux maintenant?

J'ai mal, donc je ne peux pas faire mes devoirs!

(se) couper	*to cut (yourself)*
le sang	*blood*

G

Reflexive verbs (e.g. ***se** blesser*) take *être* in the perfect tense:
*Je **me** suis blessé(e).* I injured myself.

The past participle must **agree** with the subject:
*Elle **s'**est brûlée.* She burnt herself.

But if you add a body part, there is no agreement:
*Elle **s'**est cassé la jambe.* She broke her leg.

Page 96

Écrire 8 **Write a message about another accident. Use your own ideas.**

Example: J'ai eu un accident. Je me suis cassé ...
Ça s'est passé ...

4 Je change ma vie

- Saying what you will do to improve your life
- Using the simple future tense
- Using more complex sentence structures

Écouter **1** **Listen and read. Then write the letter of the correct photo for each sentence. (1–6)**

À l'avenir, qu'est-ce que tu feras pour améliorer ta vie?

1 Je mangerai mieux. Je mangerai moins de choses sucrées et plus de légumes.
2 Je passerai moins de temps sur les réseaux sociaux. J'irai à des cours de danse.
3 Je penserai moins à moi et j'aiderai les autres.
4 J'aurai plus de patience avec ma petite sœur. Je serai plus sympa avec elle.
5 Je ferai plus d'exercice. J'irai à la piscine au moins deux fois par semaine.
6 Je travaillerai plus sérieusement au collège. Je ne ferai plus mes devoirs à la dernière minute!

les autres *other people*

a

b

c

d

e

f

G

You use the simple future tense to say someone 'will' do something.
To form the simple future of regular *-er* verbs, take the infinitive (e.g. *travailler*) and add these endings:

je travailler**ai**	*I will work*
tu travailler**as**	*you will work*
il/elle/on travailler**a**	*he/she/we will work*
nous travailler**ons**	*we will work*
vous travailler**ez**	*you will work*
ils/elles travailler**ont**	*they will work*

The following verbs are irregular:
aller (to go) → *j'**ir**ai* (I will go)
avoir (to have) → *j'**aur**ai* (I will have)
être (to be) → *je **ser**ai* (I will be)
faire (to do/make) → *je **fer**ai* (I will do/make)

Page 97

Lire **2** **Translate the sentences in exercise 1 into English.**

Écrire **3** **In pairs, look at the verbs in the box and work out what they mean. Copy and complete the text, using the verbs. Then listen and check.**

achèterai aiderai aurai écouterai ferai irai jouerai serai mangerai ferai parlerai serai

Voici mes résolutions pour améliorer ma vie!

Santé

- J'achèterai moins de chocolat et je ___ plus de fruits.
- Je ___ plus active. Je ___ plus de vélo.
- J' ___ au centre sportif et je ___ au tennis.

Famille

- J' ___ ma mère et mes grands-parents.
- Je ___ plus sympa avec mon demi-frère.
- J' ___ une meilleure attitude à la maison.

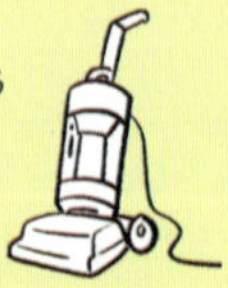

Collège

- Je ___ plus d'efforts en maths.
- J' ___ la prof quand elle parle.
- Je ne ___ pas en même temps que la prof.

$a^2+b^2=c^2$

Parler 4 **In pairs, take turns to answer each of the criticisms by saying what you will do differently in the future.**

- *Tu ne manges pas assez de légumes.*
- *À l'avenir, je mangerai plus de légumes.*

1 Tu ne manges pas assez de légumes.
2 Tu ne fais pas assez de sport.
3 Tu ne travailles pas sérieusement au collège.
4 Tu n'aides pas à la maison.
5 Tu n'es pas très patient(e).
6 Tu ne vas pas souvent au centre sportif.

- Use plus to say 'more' (or 'more' + adjective/adverb).
  J'aiderai plus. (I will help more.)
  Je serai plus calme. (I will be calmer.)
- Use **plus de/d'** to say 'more' + noun.
  *Je mangerai plus **de** fruits.* (I will eat more fruit.)
  *Je ferai plus **d'**exercice.* (I will do more exercise.)

Lire 5 **Look at the *Mission Bien-Être* calendar and read the two blogs. For each blogger, write down the four days on the calendar that have inspired them to change their lifestyle. You will need to use one of the days twice!**

Example: 1 *mardi, ...*

Mission Bien-Être
Plus heureux – Plus sympa – Tous les jours

éteindre	*to turn off/out*
l'espoir *(m)*	*hope*

lundi	mardi	mercredi	jeudi	vendredi	samedi	dimanche
Aujourd'hui, mange bien – choisis de la nourriture saine.	Bouge. Fais quelque chose d'actif. Va prendre l'air.	Ne va pas au lit tard, afin de bien te reposer.	Apprends quelque chose de nouveau.	Écris tes espoirs et tes projets pour l'avenir.	Dis bonjour à tes voisins/voisines – demande-leur comment ils/elles vont.	Éteins tes appareils électroniques une heure avant de dormir.

1

Afin d'améliorer ma santé, à l'avenir, je serai plus actif. Pour être plus en forme, je ferai du vélo chaque jour, ou une longue promenade à la campagne. Je commencerai aussi une nouvelle activité – demain, j'aurai mon premier cours de guitare! Ce sera amusant d'apprendre un instrument musical. De plus, je mangerai mieux. Au lieu de choisir des frites et des choses sucrées, j'achèterai des légumes frais au marché et je préparerai des plats végétariens sains. Pour être moins fatigué, j'irai au lit plus tôt – vers neuf heures et demie.

Clément

2

Afin de réduire le stress dans ma vie, j'irai à des cours de cuisine – ce sera bien d'apprendre une activité relaxante. Je veux aussi mieux dormir, alors avant d'aller au lit, je ne regarderai pas mes messages sur mon portable. Parfois, je me sens un peu seule, alors je parlerai avec la nouvelle famille de l'appartement numéro dix. De plus, j'ai besoin de partir en vacances. Donc, ce soir, au lieu d'écrire des e-mails, je ferai une liste des pays que je veux visiter un jour!

Nadia

Écouter 6 **Listen to people talking about the changes they are going to make to their lifestyle. Then make notes in English about the activities the people are planning. (1–4)**

Écrire 7 **Write a list of five resolutions for yourself! Use the expressions from the tip box to create complex sentences.**

Example: À l'avenir, pour améliorer / être / me sentir ..., je mangerai / ferai / commencerai ... Au lieu de ..., je ...

To create more complex sentences, use the following expressions, followed by the infinitive:

pour (+ infinitive)	in order to ...
afin de (+ infinitive)	in order to ...
au lieu de (+ infinitive)	instead of ...
avant de (+ infinitive)	before ...

***Pour** être en forme, je ferai plus d'exercice.*
***Afin de** mieux dormir, je ne regarderai pas mon portable.*
***Au lieu de** manger du chocolat, je mangerai des fruits.*
***Avant d'**aller au lit, je n'irai pas sur les réseaux sociaux.*

5 Mieux vivre

- Talking about lifestyle changes
- Using the imperfect, present and simple future tenses
- Distinguishing between tenses when listening

Écouter 1 **Listen to the podcast and read the texts. Copy and complete the sentences in English.**

Quand tu étais plus jeune, ta vie était comment?

Maintenant, est-ce que ta vie est meilleure?

Qu'est-ce que tu feras à l'avenir?

Quand j'étais ado, j'habitais dans la banlieue de Paris. J'étais membre d'un gang et je portais un couteau. Je n'étais pas heureuse et j'étais tout le temps en colère. Maintenant, j'étudie la musique et j'écris des chansons. Je ne suis plus en colère. Je vais dans des collèges, je raconte ma vie aux élèves, je chante, je donne de l'espoir – enfin, j'essaye. À l'avenir, j'aiderai d'autres jeunes comme moi. Je changerai leur vie à travers la musique et la danse.

Quand j'étais plus jeune, j'avais beaucoup de problèmes. J'étais timide et j'étais victime de harcèlement au collège et en ligne. C'était très difficile. Je restais tout seul chez moi et je ne faisais rien. Maintenant, j'ai ma propre chaîne sur YouTube, où je lutte contre toutes formes de préjugés. Je ne suis plus triste et je n'ai plus peur. Je me sens fort, optimiste et heureux. À l'avenir, je serai politicien et je travaillerai pour l'égalité. Je n'accepterai jamais l'inégalité.

1 Sarah used to live ... She was a member of ... and used to carry ... She felt ... all the time.
2 Now she studies ... and ... She talks to students about ... and tries to give them ...
3 In the future, she will help other ... She will change ... through ...
4 Malik used to have ... He was ... and was a victim of ... He used to stay ... and do ...
5 Now, he uses his YouTube channel to fight against ... He feels ...
6 In the future, he will be ... and will work for ...

la banlieue	*suburbs*
le couteau	*knife*
à travers	*through*
les préjugés (m pl)	*prejudice*

G

There are two parts to most negatives in French:

ne ... pas	not
ne ... rien	nothing
ne ... jamais	never
ne ... plus	no more / no longer

Like other negatives, *ne ... plus* goes around the verb:
*Je **ne** suis **plus** seul(e).* I am no longer alone.

Lire 2 **Read the texts in exercise 1. Then find <u>five</u> phrases in the negative and translate them into English.**

Lire 3 **Re-read the texts in exercise 1. Then find at least <u>four</u> verbs in the imperfect tense, <u>four</u> in the present tense and <u>four</u> in the future tense. Translate them into English.**

Example: *Imperfect tense – j'habitais (I used to live) ...*

Écouter 4 **Listen and write down the tense each speaker uses (imperfect, present or future). (1–6)**

Sometimes, <u>time phrases</u> give you clues about timeframes:

quand j'étais jeune ...	(when I was young ...)
maintenant ...	(now ...)
à l'avenir ...	(in the future ...)

Listen carefully to the <u>verb endings</u> to help you decide which tense is being used:

*j'habit**ais***	(I used to live)
*j'habit**e***	(I live)
*j'habit<u>er</u>**ai***	(I will live)

G

You use:

- the <u>imperfect tense</u> to say what you <u>used to do</u>
  *je travaill**ais*** (I used to work)
- the <u>present tense</u> to say what you <u>do now</u>
  *je travaill**e*** (I work)
- the <u>future tense</u> to say what you <u>will do</u>
  *je travaill<u>er</u>**ai*** (I will work)

Watch out for these irregular verbs:

	imperfect	**present**	**future**
avoir (to have)	*j'avais* (I used to have)	*j'ai* (I have)	*j'aurai* (I will have)
être (to be)	*j'étais* (I used to be)	*je suis* (I am)	*je serai* (I will be)
faire (to do/make)	*je faisais* (I used to do)	*je fais* (I do)	*je ferai* (I will do)

Page 97

Lire 5 **Read the text. Then answer the questions in English.**

Sadio Mané est joueur de football professionnel. Il est né au Sénégal et quand il était petit, il habitait dans un petit village. «La vie était dure» dit Sadio.

Il avait dix-neuf ans au début de sa carrière professionnelle avec l'équipe française de Metz et ensuite avec les équipes de Southampton, Liverpool et Bayern Munich.

Maintenant, Sadio gagne des milliers d'euros! Pourtant, il reste modeste et très généreux: il a déjà payé pour la construction d'un lycée et d'un hôpital dans son village au Sénégal.

À l'avenir, Sadio continuera à aider les Sénégalais. Il travaillera aussi pour l'association *Right to Play*, qui lutte pour les droits des enfants, surtout le droit à l'éducation pour les filles au Sénégal.

«Je crois que la base du succès, c'est le travail, de croire en ses rêves et le respect de soi-même» dit-il.

des milliers	*thousands*
l'association *(f)*	*charity*
soi-même	*oneself (yourself)*

1 Where did Sadio Mané grow up?
2 What does he say about his early life?
3 When did he start his professional career?
4 Give one example of Sadio's generosity.
5 Name two things he will do in the future.
6 What three things does Sadio believe are the basis of success?

Parler 6 **Read the notes on the two celebrities below with your partner, then create a podcast interview with one of them. Use the questions from exercise 1.**

- *Bonjour, Rachel. Quand tu étais plus jeune, ta vie était comment?*
- *Je suis né(e) ... Ma famille était ... Je travaillais dans ...*

Rachel Keke
Born in Côte d'Ivoire (*en Côte d'Ivoire*)
Family was modest
Used to work in a hotel
Now a politician (*politicienne*) in France
Fights for the rights of workers (*les travailleurs*)
Will continue to fight for justice and equality

Grand Corps Malade
Born in France
Used to play tennis and basketball
Now writes songs and poems (*des poèmes*)
Also an actor (*acteur*)
Will sing and act (*jouer*) in films

Rachel Keke used to clean hotel rooms. In 2019, she organised a successful strike for better pay and working conditions for hotel cleaners. She became an MP in 2022.

Grand Corps Malade (real name Fabien Marsaud) is a slam poet, actor and musician. He changed his name after a diving accident which damaged his spine and affected his legs. Can you work out what his new name means?

Je suis né(e) en ...
Quand j'étais jeune, j'habitais ...
Ma famille était ...
Je travaillais dans ... / Je jouais ...
Maintenant, je suis / j'écris / je lutte pour ...
À l'avenir, je continuerai à ... je chanterai / je jouerai ...

- Look for useful words and phrases in exercises 1 and 5.
- Adapt sentences by changing the details.
- Use the correct tenses to refer to the past, present and future.
- To say what job you do or did, you don't need a word for 'a'/'an', e.g. *Je suis acteur.*

Écrire 7 **Imagine you are the other famous person from exercise 6. Write a short article about your life.**

Example: Je m'appelle ... Je suis né(e) ...

Grammaire 1

The partitive article (Unit 1, page 84)

Écrire **1** **Axel's parents want him to eat properly while they are out for the day. Look at their message. Imagine you are Axel and write out your meal plan in full.**

Example: Pour le petit-déjeuner, je mange du pain et je bois ...

Axel, voici ton plan repas pour aujourd'hui:

Petit-déjeuner 

Midi 

Après les cours 

Soir 

You use the partitive article to say 'some'. It must agree with the noun it refers to.

masculine singular	feminine singular	before a vowel sound	plural
du sucre	**de la** viande	**de l'**eau	**des** légumes

After a negative or a quantity, these shorten to *de* (*d'* before a vowel):

Je ne mange pas de viande.
Je bois beaucoup d'eau.

In French, you use the partitive article even when we would not use 'some' in English:

*Je mange **du** poisson avec **des** légumes. Je ne mange pas de viande ou de fromage.*

I eat fish with vegetables. I don't eat meat or cheese.

Parler **2** **Your French exchange partner has never been to the UK before and asks you about some typical dishes. In pairs, take turn to be the exchange partner. Create four conversations, using the ideas below.**

- *Qu'est-ce que c'est, le 'Lancashire hot pot'?*
- *Ce plat contient du/de la/des ...*
- *Est-ce que ça contient ...?*
- *Oui. / Non, ce plat ne contient pas de ...*

Lancashire hot pot – meat, vegetables

Baked Alaska – cake, ice cream, meringue

Yorkshire pudding – eggs, milk

la meringue meringue

Welsh rarebit – bread, cheese

The pronoun *en* (Unit 1, page 84)

Écrire **3** **Copy out the sentences, replacing the partitive article + noun with *en*. Then translate the sentences into English.**

Example: 1 *J'**en** mange souvent parce qu'ils sont sains.*

1. Je mange souvent des légumes parce qu'ils sont sains.
2. Je bois tout le temps de l'eau, car c'est bon pour la santé.
3. Tu manges toujours du chocolat et c'est mauvais pour la santé.
4. Au restaurant, ma sœur ne prend pas de viande, car elle est végétarienne.
5. Chez nous, on ne mange pas de glace, car ça contient trop de sucre.
6. Mes parents ne boivent jamais de vin parce qu'ils n'aiment pas ça.

En is a pronoun that is used to replace the partitive article + noun and often means 'some' or 'of it/of them'.

It goes immediately in front of the verb:

*Tu **en** manges trop.*

You eat too much of it/them.

In the negative, *en* goes between *ne* and the verb:

*Je n'**en** mange jamais.*

I never eat (any of) it/them.

The imperative (Culture, page 83 and Unit 2, page 86)

Écouter 4 **Read the grammar boxes about the imperative on pages 83 and 86. Listen and write down what form of the imperative you hear. (1–6) Write *tu* or *vous* and note down in English what each instruction means.**

Example: 1 *tu – Listen to some music or …*

Écrire 5 **Translate the sentences into French. Use the form of the imperative given in brackets.**

Example: 1 *Mangez beaucoup de fruits et de légumes.*

1. Eat lots of fruit and vegetables. (*vous*)
2. Talk to your family or your friends. (*tu*)
3. Do some sport. Play football. (*vous*)
4. Don't watch TV. Go to bed. (*tu*)
5. Don't shout. Be patient. (*vous*)
6. Don't stay at home. Go for a walk. (*tu*)

With *-er* verbs in the imperative:
- the *tu*-form ending is silent: *Écoute!*
- the *vous*-form ending is pronounced: *Écout**ez**!*

Irregular verbs are different in spelling and sound:

	***tu*-form**	***vous*-form**
aller (*to go*)	Va	Allez
faire (*to do/make*)	Fais	Faites
être (*to be*)	Sois	Soyez

The present tense of modal verbs (Unit 2, page 87)

The modal verbs *pouvoir*, *vouloir* and *devoir* are usually followed by an infinitive.

pouvoir (*to be able to, can*)	**vouloir** (*to want (to)*)	**devoir** (*to have to, must*)
je peux	je veux	je dois
tu peux	tu veux	tu dois
il/elle/on peut	il/elle/on veut	il/elle/on doit
nous pouvons	nous voulons	nous devons
vous pouvez	vous voulez	vous devez
ils/elles peuvent	ils/elles veulent	ils/elles doivent

The underlined parts of each modal verb are pronounced the same. Think carefully about which spelling of the verb you need in exercise 6.

Écouter 6 **Look at the sentences and predict what modal verb goes in each gap. There is often more than one possibility. Then listen and fill in the gaps.**

1. Je ___ me faire de nouveaux amis. Qu'est-ce que je ___ faire?
2. Si tu ___ mieux dormir, tu ___ éviter de regarder ton portable au lit.
3. Mon meilleur ami a des problèmes, mais il ne ___ pas en parler avec ses parents. Vous ___ l'aider?
4. Il ___ essayer d'en parler avec eux s'il ___ être plus heureux.
5. Tes professeurs ___ te conseiller. Ils ___ t'aider.
6. Mon frère et moi ___ être en forme, donc nous ___ faire plus de sport.

Lire 7 **Translate the text in the poster into English.**

Parler 8 **In pairs, take turns to read out the text in the poster in exercise 7. Give feedback on each other's pronunciation. Then listen and check.**

Listen and repeat these sounds:

***eu** – deux, veux, peux, lieu, jeux*
***ou** – nous, soucis, toujours*
***oi** – trois, dois*

Si tu veux être heureux ou heureuse …

- Tu dois mener une vie active. Tu peux faire du sport ou essayer une nouvelle activité.
- Tu dois bien dormir. Tu peux lire au lieu de jouer à des jeux vidéo au lit.
- Tu dois parler avec quelqu'un quand tu as des soucis. Tu peux toujours en parler avec nous. On t'écoute!

mener *to lead*

Grammaire 2

The perfect tense (Unit 1, page 85)

Lire 1

Read the text. Fill in the gaps with the correct part of the auxiliary verb, and the correct past participle from the box. Then listen and check.

Example: Le week-end dernier, j'ai fait un gâteau d'anniversaire pour ma mère ...

acheté allé attendu bu choisi fait fini mangé pris servi

Le week-end dernier, j' **1** un gâteau d'anniversaire pour ma mère. D'abord, je **2** dans un supermarché où j' **3** tous les ingrédients nécessaires. J'ai regardé des recettes en ligne et j' **4** une recette pour un gâteau au chocolat. J'ai commencé à préparer le gâteau le matin, quand ma mère est partie au travail, et j' **5** le gâteau vers onze heures et demie. Puis j'ai mis le gâteau au four, j' **6** une heure et voilà! Mon gâteau était prêt! J'en étais tellement fier que j' **7** une photo pour mon compte Instagram. Le soir, ma famille et moi **8** ensemble et j' **9** mon gâteau en dessert. Avec ça, nous **10** du thé. Le gâteau était vraiment délicieux!

Zachary

le four	*oven*
tellement	*so*

You use the perfect tense to say what you did or have done.

Remember, there are two parts to the perfect tense:

1 the auxiliary verb (part of *avoir* or *être*)

2 the past participle.

Different groups of verbs work in different ways:

- Regular -**er** verbs, e.g. *ajouter* (to add)
  *j'**ai** ajouté* (I added)
- Regular -**ir** verbs, e.g. *choisir* (to choose)
  *elle **a** choisi* (she chose)
- Regular -**re** verbs, e.g. *attendre* (to wait)
  *nous **avons** attendu* (we waited)

Some verbs are irregular, e.g. *prendre* (to take)
*j'**ai** pris* (I took)

Some verbs use *être*, e.g. *partir* (to leave)
*elle **est** partie* (she left)

Take care with the auxiliary verbs. Does each verb (*acheter, aller,* etc.) take *avoir* or *être* in the perfect tense? Do you need the *je* form of the auxiliary verb or a different form?

The perfect tense of reflexive verbs (Unit 3, page 89)

Écrire 2

Copy out these sentences, putting the infinitive of each reflexive verb into the perfect tense. Then translate the sentences into English.

1 Hier je suis resté au lit et je ___ tard. (*se lever*)

2 Après le collège, Emma ___ un moment. (*se reposer*)

3 Tu as eu un accident dans la cuisine? Tu ___? (*se brûler*)

4 Le week-end dernier, mon frère et moi ___. (*se disputer*)

5 Thomas ___ au doigt au travail et il y avait du sang partout. (*se couper*)

6 Mes parents ___ bien ___ pendant leurs vacances en Suisse. (*s'amuser*)

- Reflexive verbs take *être* (not *avoir*) in the perfect tense.
- The past participle of *être* verbs must agree with the subject.
- The reflexive pronouns *te* and *se* shorten to *t'* and *s'* in front of a vowel.

se reposer (*to rest*)	
je me suis reposé(e)	*I rested*
tu t'es reposé(e)	*you rested*
il/elle/on s'est reposé(e)(s)	*he/she/we rested*
nous nous sommes reposé(e)s	*we rested*
vous vous êtes reposé(e)(s)	*you rested*
ils/elles se sont reposé(e)s	*they rested*

Remember!
rester = to stay; *se reposer* = to rest

The simple future tense (Unit 4, page 90)

Parler 3 **Read the grammar box on the simple future tense on page 90. Then in pairs, play 'tenses tennis'. Take turns to change each sentence from the present tense to the simple future tense or vice-versa.**

- *J'écoute le professeur.*
- *J'écouterai le professeur.*

1 J'écoute le professeur. → *(future)*
2 Je parlerai avec mes voisins. → *(present)*
3 Je fais une promenade. → *(future)*
4 J'aurai une bonne attitude. → *(present)*
5 Je vais au cinéma. → *(future)*
6 Je serai célèbre. → *(present)*

Remember that *aller, avoir, être* and *faire* have irregular future stems!

In the simple future tense, make sure you pronounce every syllable, e.g. *J'écouterai = J'é-cou-te-rai*

Using three tenses (imperfect, present and simple future) (Unit 5, page 92)

Lire 4 **The underlined verbs in the following sentences are in the wrong tense! Write down (a) what tense the verbs in each sentence are in and (b) what tense they should be in.**

Example: 1 (a) *future tense*, (b) *should be in …*

1 Quand j'étais jeune, j'habiterai en France et je jouerai au football avec mes amis.
2 À l'avenir, j'aide les autres et je travaille avec des personnes handicapées.
3 Maintenant, j'étudiais la danse et j'en parlais avec des jeunes dans les collèges.
4 La semaine prochaine, je mangeais moins de viande et j'étais plus actif.
5 Quand j'avais dix ans, je vais à l'école et je fais souvent de la natation.
6 En ce moment, je ne serai plus triste et je n'aurai jamais peur.

To help you work out which tense each sentence should be in, look at the time expressions.

Écrire 5 **Copy out the sentences in exercise 4, correcting the tense of the underlined verbs.**

Example: 1 *Quand j'étais jeune, j'habitais en France et je …*

For a reminder of how to form each tense, look back at page 66 (imperfect), pages 8 and 10 (present) and page 90 (simple future).

C'est parti!

Écouter 6 **Listen and complete the text with the missing word or words. Remember, some verb forms sound the same (e.g. *je veux, il/elle veut*), so think carefully about which spelling you need.**

D'habitude, à midi, je prends du poulet avec **1** et je bois de l'eau. **2** bois beaucoup parce que c'est sain. Ma sœur veut devenir végane. Elle ne mangera plus de fromage ou d'œufs, mais moi, je ne **3** pas faire ça.

Pour être en forme, on **4** bien manger et mener une vie active. Cependant, en ce moment, je ne **5** pas faire de sport parce que j'ai mal à la jambe! Je suis tombée de vélo et je me suis **6** à la jambe. À l'avenir, **7** de la natation au lieu de faire du vélo!

Quand j'étais plus jeune, **8** parfois un peu triste et inquiète, mais maintenant je **9** plus heureuse. Un jour, **10** professeur de sport dans un collège.

Module 4

Contrôle de lecture et d'écoute

Reading

Lire 1

Staying healthy. **Nadia and Zoé have written blogs about their lifestyle changes.**

Nadia's blog

Salut! Avant, je ne faisais pas beaucoup de sport mais maintenant je connais les avantages d'une activité physique régulière pour être bien dans ma peau et dans ma tête. Je cours donc trois fois par semaine avec mon amie et je fais partie de l'équipe de natation au collège. J'ai aussi changé ce que je mange: je choisis des plats moins **gras*** et plus **équilibrés***, et moins de choses sucrées. J'ai écouté les conseils de mon docteur et je prends chaque jour des vitamines. J'aimerais aussi pouvoir aller au lit moins tard chaque soir mais ça, c'est difficile!

gras(se)	*fatty, oily*
équilibré(e)	*balanced*

Zoé's blog

Quand j'avais douze ans, en sixième, j'ai **remarqué*** que je n'étais pas en bonne santé. Je n'étais pas active, je mangeais beaucoup de fastfood et j'évitais les fruits et les légumes. Maintenant c'est tout le contraire! Ce n'est pas mon docteur qui m'a encouragée mais mes parents. Tous les soirs, on prépare désormais le repas du soir ensemble.

***remarquer**	*to notice*

a What does Nadia say about her lifestyle changes? Write the letter (A–F) for each of the <u>three</u> correct statements.

A Nadia has always done lots of sport.	**D** Nadia doesn't want to swim for her school.
B According to Nadia, sport is only good for mental health.	**E** Nadia's doctor has advised her to take vitamins.
C Nadia has started to run.	**F** Nadia doesn't manage to go to bed early.

b What does Zoé say about her lifestyle changes? Write down your answer in English. You do not need to write in full sentences.

(i) Zoé's age when she realised she had to make changes (1 detail)
(ii) What Zoé avoided eating (2 details)
(iii) Who advised her to change her diet (1 detail)
(iv) What Zoé does with her parents (1 detail)

Avoid jumping to conclusions and beware of tenses. For example, why are the phrases *avant, maintenant, quand j'avais ... ans* important in this task?

Lire 2

Eat well. **Read this guide about healthy eating.**

Pour être en bonne santé, nous devons penser à ce que nous mangeons et faisons. Ces conseils concernent tous ceux qui veulent adopter une vie saine, pas seulement les enfants ou les adolescents.

- Il n'est pas nécessaire de **dépenser*** beaucoup d'argent; manger sain n'est pas difficile et ne prend pas énormément de temps.
- Il faut bien sûr en parler avec ses amis et ses parents, mais surtout avec une équipe médicale pour avoir de bons conseils.
- Ce ne sont pas vraiment la nourriture grasse et le sucre qui sont malsains; il faut en manger un peu, mais le ***grignotage*** toute la journée, comme les **chips***, les biscuits et les gâteaux, c'est vraiment mauvais pour la santé.

***dépenser**	*to spend (money)*
***les chips**	*crisps*

a Complete the sentences below. For each question, write the correct letter (A–C).

(i) The guide is for ...
A teenagers only. **B** children only. **C** everyone.

(ii) According to the guide, being healthy ...
A is easy. **B** is expensive. **C** takes a lot of time.

(iii) Advice should mainly come from ...
A friends. **B** doctors. **C** parents.

(iv) According to the guide, we need ...
A crisps. **B** sugar. **C** biscuits.

b **Read the text from exercise 2 on page 98 again. Which of these is the best translation of the word *grignotage*? Write down the correct letter.**

A dieting
B snacking
C buying

This question is testing your ability to work out the meaning of a word which you haven't seen before, e.g. by looking at the **context** in which it is used. Which of the three options is the most likely translation?

Lire **3** ***Being a vegetarian.*** **Translate the following paragraph into English.**

Trois de mes amis sont végétariens. Moi aussi, je voudrais suivre un régime sans viande. J'ai lu des articles sur le sujet et je pense que c'est un choix plus sain. Cependant, mes parents disent qu'il faut manger de la viande pour être en bonne santé. Je ne suis pas d'accord et je ferai la cuisine moi-même, si nécessaire!

This word suggests there are two opposed statements.

Take care to get your tenses right.

Listening

Écouter **4** ***Fast food.*** **Fathia is talking about fast food. What does she say? Write down the word for the gap in each sentence, using the words from the box. There are more words than gaps.**

Which French words/phrases might you hear?

tasty	unhealthy	service	price
clients	recipes	person	cheap
machine	offers	food	

a According to Fathia's parents, fast food is ___.
b They also think that the ___ is not good.
c ___ have not changed.
d Fathia prefers the ___ she gets.
e Fathia doesn't really like ordering from a ___.

Listen out for 'distractors' (i.e. words/phrases that are mentioned but not needed for any of your answers). These test your ability to listen for **detail**, not simply for gist.

Écouter **5** ***A bad day!*** **You hear Jules talk about a bad day he had recently. Listen to the recording and answer the following questions in English. You do not need to write in full sentences.**

a How did Jules injure himself?
b Where did it hurt the most?
c How did Jules go back home?
d Mention one thing Jules noticed when he returned home.

Think of a body part that you know.

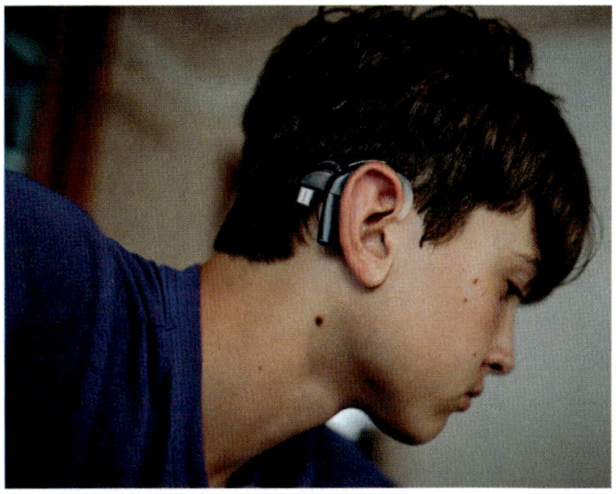

Écouter **6** ***Dictation.*** **You are going to hear someone talking about food.**

a **Sentences 1–2: write down the missing words. For each gap, you will write one word in French.**

1 Le ___, je mange du ___ avec de la ___.

2 J'évite les produits ___, comme les ___ et les boissons ___.

b **Sentences 3–6: write down the full sentences that you hear, in French.**

Listen out for feminine forms of adjectives.

Module 4

Contrôle oral

Read aloud

Parler 1 **Look at this task card. With a partner, take turns to read out the four sentences, paying attention to the underlined letters.**

Maxime, your Swiss friend, has emailed you to tell you about his daily life.

Read out the text below to your teacher.

> Tous les mat<u>ins</u>, j'aime pr<u>en</u>dre d<u>u</u> p<u>ain</u> et des fr<u>u</u>i<u>t</u>s.
>
> Il est <u>im</u>port<u>ant</u> de m<u>an</u>ger aussi beaucoup de lég<u>u</u>mes chaque jour.
>
> Qu<u>and</u> j'ai f<u>aim</u>, j'évite de m<u>an</u>ger des choses s<u>u</u>crées qui son<u>t</u> mauvaises pour la s<u>an</u>té.
>
> Malheureusem<u>ent</u>, je p<u>en</u>se qu'il es<u>t</u> difficile de dire non aux pla<u>t</u>s mals<u>ain</u>s car ils son<u>t</u> partou<u>t</u>!

Take extra care with how you pronounce:
- *an, en*
- *ain, in, aim, im*
- *u*.

Remember that in this text, a final *t* is silent.

Écouter 2 **Listen and check your pronunciation.**

Parler 3 **Listen to the teacher asking the two follow-up questions. Translate each question into English and prepare your own answers in French. Then listen again and respond to the teacher.**

Role play

Parler 4 **Look at the role-play card and prepare what you are going to say.**

Setting: At the doctor's surgery

Scenario:
- You are at a doctor's surgery in France.
- The teacher will play the part of the doctor and will speak first.
- The teacher will ask questions **in French** and you must answer **in French**.
- Say a few words or a short phrase/sentence for each prompt. One-word answers are not sufficient to gain full marks.

Task:
1. Say what the problem is.
2. Say how painful it is.
3. Say when you are going to go back to England.
4. Ask a question about what you need to do.
5. Ask a question about the need to see a doctor in Engand.

e.g. 'I have a backache.'

Use the near future tense.

You can use *ça fait .... mal* and add *un peu / très*.

You could use *je dois* in your question.

Parler 5 **Practise what you have prepared. Then, using your notes, listen and respond to the teacher.**

Écouter 6 **Now listen to Rachid doing the role-play task. In English, note down (a) how he answers the questions for task prompts 1, 2 and 3, and (b) what questions he asks for task prompts 4 and 5.**

Picture task

Écouter 7 **Look at the exam card below and read the first part of the task. Then listen to Ana describing the picture. Answer the questions in English.**

a In Ana's opinion, where are the five people in the picture? Do you agree?
b What does she say about the person on the right?
c What does she think the other people are doing? Do you agree?
d What do you think the verb ***attendre*** means?

Describe this picture.

Your description must cover:

- people
- location
- activity.

When you have finished your description, you will be asked **two questions** relating to the picture. Say a short phrase/sentence in response to each question. One-word answers will not be sufficient to gain full marks.

You will then move on to a **conversation** on the broader thematic context of **Lifestyle and wellbeing**.

During the conversation, you will be asked questions in the present, past and future tenses. Your responses should be as **full and detailed** as possible.

To talk about where people are, you can use a preposition followed by a pronoun, e.g. *derrière lui* (behind him), *devant elle* (in front of her).

Parler 8 **Prepare your own description of the picture, mentioning people, location and activity. Then, with a partner, take turns to describe the picture.**

Sur la photo, il y a ...

Parler 9 **Read the second part of the task. Then listen to the two follow-up questions and respond to the teacher. Remember: you only need to give a short answer to each one.**

Écouter 10 **Read the third part of the task. The teacher asks Ana: *Quelle nourriture est-ce que tu aimes bien acheter?* Listen and write down the missing word or words for each gap.**

Moi, j'aime bien toute **1** de nourriture et je ne suis pas très **2**. **3** on va acheter de la nourriture, je préfère aller dans un supermarché car il y a beaucoup de **4**, mais ma belle-mère aime mieux aller sur le marché car elle dit que les produits sont **5**. On achète beaucoup de **6** et de poisson. Je ne suis pas **7** mais je n'aime pas trop la **8**.

Écouter 11 **Listen to Ana answering the question: *Qu'est-ce que tu voudrais manger demain et pourquoi?* Write down in English the food Ana would like to eat for each meal.**

a breakfast **b** lunch **c** dinner

Listen again and write down three examples where Ana uses modal verbs.

Parler 12 **Prepare your own answers to the Module 4 questions on page 226. Then practise with your partner.**

Module 4

Contrôle écrit

130–150 word writing task

Écrire 1

Look at this writing exam task and then, for each bullet point:

1 think about what vocabulary you have learned which you could use in your answer. For example:
- **nouns** and **verbs** to talk about mental health
- **verbs of opinion** and **adjectives** to explain your point of view
- language for **narrating a story** about what you have recently done
- how to explain what you would like to change and why.

2 write down three or four ideas of what you could write about

3 write down which tenses you will need to use in your answer.

Make sure you vary your vocabulary and avoid repetitions.

Write about how to be happy for a forum.

You **must** include the following points:
- the importance of mental health
- the pros and cons of sport
- what you have done recently to feel good
- things you would like to change in your daily life.

Write your answer **in French**. You should aim to write between 130 and 150 words.

Lire 2

Read Charlie's answer to the exam task. Answer questions 1–5 in the coloured shapes.

1 This is an example of **complex language**. What does it mean? Find three more examples from the text.

2 This phrase shows a **variety of vocabulary**. What does it mean? Find two more examples.

3 Which **tense** is this? Can you find another example? Does he use any other tenses?

4 Which **connective** could you use here to form an **extended sentence**? What other connectives does he use?

5 How could he **avoid repetition** by using an alternative phrase here?

Salut,

Je voudrais vous parler de l'importance d'être bien dans sa peau. Nous devons nous reposer, ne pas être stressés et faire ce qui nous rend heureux. Ce n'est pas facile, surtout avec le travail scolaire.

Le sport est un bon moyen d'être en bonne santé. Il nous aide à rester actif, à sortir de notre chambre et à être plus sociable. Cependant, le sport est parfois très fatigant et on peut se blesser.

Récemment, je suis allé me promener à la campagne. Ensuite, j'ai parlé avec mon meilleur ami, de tout et de rien... Il est essentiel d'avoir quelqu'un à qui on peut parler de ses problèmes, mais aussi de choses sans importance.

En général, je me sens bien mais j'aimerais pouvoir aller au lit plus tôt et je voudrais aussi avoir plus de temps pour pouvoir aider les autres. Je suis content quand je peux aider quelqu'un.

Lire **3** **Read Charlie's answer again. Answer the questions in English.**

a What are the first three pieces of advice Charlie gives to be happy?
b In the first paragraph, why does he mention school work?
c What are three benefits of doing sport, according to Charlie?
d He mentions two aspects of a good friend. What are they?
e How does he feel in general?
f What would he like to have the time to do more and why?

Écrire **4** **Prepare your own answer to the 130–150 word writing task in exercise 1.**

- Think about how you can develop your answer for each bullet point.
- Look back at your notes from exercises 1 and 2.
- Look at the 'Challenge checklist' and consider how you can show off your French!
- Write a **brief** plan and organise your answer into paragraphs.
- Write your answer and then carefully check the accuracy of what you have written.

Challenge checklist	
	✓ Past, present and future timeframes ✓ Connectives / time phrases / sequencers ✓ Some extended sentences ✓ Different opinion phrases
	✓ A wider range of tenses (e.g. imperfect, future) ✓ Different persons of the verb ✓ Phrases with *avoir* (e.g. *j'ai mal* ...) ✓ A wide range of interesting vocabulary
	✓ Phrases with more than one tense ✓ Modal verbs (e.g. *je peux / je dois / on doit*) + infinitive ✓ Complex language (e.g. *pour* + infinitive, *afin de* + inf, *au lieu de* + inf, reflexive verbs) ✓ Pronouns ✓ More varied connectives (*au lieu de* ...)

Translation

Écrire **5** **Write down one possible way in French to complete each sentence and translate the whole sentence into English.**

Example: 1 *J'ai faim.* I am hungry.

a J'ai ...
b Je me ...
c J'ai mal au ...
d J'ai mal aux ...
e Je me suis brûlé à ...
f Je me suis coupé au ...

Écrire **6** **Translate the paragraph into French.**

I don't feel very well at the moment. Every day when I get up, I have a headache and my back hurts. Last week I fell and I hurt my leg. Yesterday, I cut my finger when I was preparing dinner. I hope that I will feel better before going on holiday with my friends next month!

Remember that most illness phrases don't translate word for word. Which verb do you need to use for 'my back hurts'?

Module 4

Vocabulaire

Key:
bold = this word will appear in higher exams only
* = this word is not on the vocabulary list but you may use it in your own sentences

Sain ou malsain? (pages 82–83)

Ce **plat** / Ce dessert **contient** ... — *This dish / This dessert contains ...*
Ces gâteaux **contiennent** ... — *These cakes contain ...*

du chocolat / fromage / riz — *chocolate / cheese / rice*
poisson / *poulet / sucre — *fish / chicken / sugar*
de la glace / *sauce / viande — *ice cream / sauce / meat*
des frites / fruits / légumes — *chips / fruit / vegetables*

À ton avis, le **plat**, c'est sain? — *In your opinion, is the dish healthy?*

C'est sain / malsain. — *It is healthy / unhealthy.*
C'est bon / mauvais pour la santé. — *It is good / bad for your health.*
Le **plat** a bon goût. — *The dish tastes good.*
Je n'aime pas le goût. — *I don't like the taste.*
C'est parfait pour les végétariens. — *It's perfect for vegetarians.*
Ce n'est pas bon pour les végans. — *It's not good for vegans.*

le goût — *the taste*
délicieux — *delicious*
végan/végane — *vegan*
végétarien/végétarienne — *vegetarian*

Allez plus souvent au centre sportif! — *Go to the sports centre more often!*
Faites de la natation une fois **par** semaine! — *Go swimming once a week!*
Mangez moins de frites et de chocolat! — *Eat fewer chips and less chocolate!*
Dormez au moins huit heures **par** nuit! — *Sleep at least eight hours per night!*
Essayez de faire plus d'exercice! — *Try to do more exercise!*
Allez au collège à pied ou à vélo! — *Go to school on foot or by bike!*

Bon appétit! (pages 84–85)

Qu'est-ce que tu manges (normalement)? — *What do you (usually) eat?*
Qu'est-ce que tu prends pour le petit-déjeuner? — *What do you have for breakfast?*
Qu'est-ce que tu manges et bois à midi? — *What do you eat and drink at lunchtime?*
Est-ce que tu manges quelque chose après les cours? — *Do you eat something after school?*
Normalement, le soir, qu'est-ce que tu manges? — *What do you usually eat in the evening?*

Pour le petit-déjeuner / À midi — *For breakfast / At lunchtime*
Après les cours — *After school*
Normalement, le soir, ... — *Usually, in the evening, ...*
je bois / je mange / je prends ... — *I drink / I eat / I have ...*
du café / pain / *poulet — *coffee / bread / chicken*
du poisson / *vin rouge — *fish / red wine*
du lait / thé (à la *menthe) — *milk / (mint) tea*
du *bœuf / lait de *coco — *beef / coconut milk*
de la glace — *ice cream*
des fruits / légumes / œufs — *fruit / vegetables / eggs*
des *olives / pâtes — *olives / pasta*
de l'eau — *water*
un sandwich / un **verre** de lait — *a sandwich / a glass of milk*

Je mange souvent des œufs. — *I often eat eggs.*
Quand j'ai soif, je bois du thé. — *When I am thirsty, I drink tea.*
Hier, j'ai acheté du fromage au marché. — *Yesterday, I bought cheese at the market.*
J'en mange beaucoup, parce que c'est délicieux. — *I eat lots of it, because it's delicious.*
Toute ma famille mange de la viande, **sauf** ma mère. — *All my family eat meat, except my mother.*

Bien dans ma peau (pages 86–87)

Comment tu **te sens** (aujourd'hui)? — *How do you feel today?*
Comment ça va aujourd'hui? — *How are you today?*
Ça va très bien. — *I am very well.*
Ça ne va pas bien. — *I am not well/not good.*

Qu'est-ce qui ne va pas? — *What's wrong?*
Quel est le problème? — *What's the problem?*
Je **me sens** ... — *I feel ...*
Je suis ... — *I am ...*
un peu / assez / très / vraiment ... — *a bit / quite / very / really ...*

calme / en **colère** — *calm / angry*
*fatigué(e) — *tired*
heureux/heureuse — *happy*
inquiet/inquiète — *worried*
triste — *sad*
stressé(e) — *stressed*

Écoute un peu de musique. — *Listen to some music.*
Fais de la cuisine. — *Do some cooking.*
Parle avec moi. — *Speak to me.*
Sois calme / patient. — *Be calm / patient.*
Va au lit / à un cours de *yoga. — *Go to bed / to a yoga class.*
Va faire une petite *promenade. — *Go for a walk.*
Ne **crie** / pleure / **t'inquiète** pas. — *Don't shout / cry / worry.*
N'oublie pas tes devoirs. — *Don't forget your homework.*
Ne **sois** pas triste. — *Don't be sad.*
Tu dois parler avec quelqu'un. — *You must speak to someone.*
Tu dois **expliquer** le problème à ... — *You have to explain the problem to ...*
Essaye d'en parler avec ... — *Try to speak about it with ...*
Cherche en ligne. — *Search online.*
Tu dois **éviter** de passer trop de temps devant des **écrans**. — *You have to avoid spending too much time in front of screens.*
Ils peuvent te **conseiller**. — *They can advise you.*

Ça ne va pas? (pages 88–89)

le corps **humain** — *the human body*
le bras / le cœur / le dos — *arm / heart / back*
le nez / le pied / le ventre — *nose / foot / stomach*
la bouche / la gorge / la jambe — *mouth / throat / leg*
la main / l'oreille / la tête — *hand / ear / head*
les yeux — *eyes*

*Allô? Je peux vous aider? — *Hello? Can I help you?*
Bonjour. Je voudrais prendre rendez-vous, s'il vous plaît. — *Hello. I would like to make an appointment, please.*
Bien sûr. Quel est le problème? — *Of course. What is the problem?*
J'ai très / vraiment mal au bras et mal à la main / tête. — *I have a very / really sore arm and a sore hand / headache.*
J'ai mal à l'oreille et j'ai de la **fièvre** aussi. — *I have an earache and I also have a fever.*
Vous voulez un rendez-vous pour quand? — *When would you like an appointment?*
Demain après-midi. / Aujourd'hui. — *Tomorrow afternoon. / Today.*
Mercredi, s'il vous plaît. — *Wednesday, please.*
Pas de problème. — *No problem.*
Le rendez-vous est à quelle heure, s'il vous plaît? — *What time is the appointment, please?*
C'est à deux / trois / dix heures. — *It is at two / three / ten o'clock.*
C'est à deux / trois / dix heures trente / et demie. — *It is at half past two / three / ten.*
Quelle est l'adresse, s'il vous plaît? — *What is the address, please?*
C'est dans la rue (du Marché), au numéro dix / quinze / vingt-cinq. — *It is in (Market) Street, at number ten / fifteen / twenty-five.*
Merci. Au revoir. — *Thank you. Goodbye.*

J'ai eu un accident. — *I had an accident.*
Je me suis *cassé le/la ... — *I broke my ...*
Ça s'est passé ... — *It happened ...*

Je change ma vie (pages 90–91)

À l'avenir, qu'est-ce que tu **feras**, pour améliorer ta vie? — *In the future, what will you do to improve your life?*

J'**achèterai** ... — *I will buy ...*
J'**aiderai** les autres / ma mère et mes grands-parents. — *I will help others / my mother and my grandparents.*
J'**aurai** ... — *I will have ...*
plus de *patience avec ma petite sœur. — *more patience with my little sister.*
une meilleure attitude à la maison. — *a better attitude at home.*
J'**écouterai** la prof quand elle parle. — *I will listen to the teacher when she is speaking.*
Je **ferai** plus d'exercice / de vélo. — *I will do more exercise / cycling.*
Je **ferai** plus d'efforts en maths. — *I will make more effort in maths.*
J'**irai** (plus souvent) au centre sportif / à des cours de cuisine / à des cours de danse. — *I will go (more often) to the sports centre / to cookery classes / to dance classes.*
J'**irai** à la piscine au moins deux fois **par** semaine. — *I will go to the swimming pool at least twice a week.*
Je **jouerai** au tennis. — *I will play tennis.*
Je **mangerai** mieux. — *I will eat better.*
Je **mangerai** ... — *I will eat ...*
moins de choses **sucrées** / chocolat. — *fewer sweet things / less chocolate.*
plus de fruits / légumes. — *more fruit / vegetables.*
Je **passerai** moins de temps sur les réseaux sociaux. — *I will spend less time on social media.*
Je **penserai** moins à moi. — *I will think less about myself.*
Je **serai** plus actif/active. — *I will be more active.*
Je **serai** plus *gentil(le) / sympa avec ma petite sœur / mon demi-frère. — *I will be kinder / nicer to my little sister / my half-brother.*
Je **travaillerai** plus sérieusement au collège. — *I will work harder at school.*
Je ne **ferai** pas mes devoirs à la dernière minute! — *I will not do my homework at the last minute!*
Je ne **parlerai** pas en même temps **que** la prof. — *I will not speak at the same time as the teacher.*

Pour / **Afin de/d'** ... — *In order to ...*
être plus en forme / moins *fatigué, ... — *be in better shape / less tired, ...*
réduire le *stress, ... — *reduce stress, ...*

*Au lieu de/d' ... — *Instead of ...*
choisir des frites / écrire des e-mails, ... — *choosing chips / writing emails ...*

Avant d'aller au lit, ... — *Before going to bed, ...*

Mieux vivre (pages 92–93)

Quand tu étais plus jeune, ta vie était comment? — *When you were younger, how was your life?*

Je suis né(e) en *Côte d'Ivoire / France. — *I was born in Côte d'Ivoire / France.*
Ma famille était *modeste. — *My family was modest.*
Quand j'étais jeune, ... — *When I was young, ...*
j'habitais ... — *I lived ...*
je jouais au tennis / au basket. — *I played tennis / basketball.*
je travaillais dans un hôtel. — *I worked in a hotel.*

Maintenant, est-ce que ta vie est meilleure? — *Now, is your life better?*

Maintenant, ... — *Now, ...*
je suis *politicien(ne). — *I am a politician.*
Je suis acteur/actrice. — *I am an actor.*
j'écris des chansons / des *poèmes. — *I write songs / poems.*
je lutte pour les droits des travailleurs. — *I fight for the rights of workers.*

Qu'est-ce que tu **feras** à l'avenir? — *What will you do in the future?*

À l'avenir ... — *In the future, ...*
je **continuerai** à lutter pour la **justice** et l'égalité. — *I will continue to fight for justice and equality.*
je **chanterai**. — *I will sing.*
je **jouerai** dans des films. — *I will act in films.*

Module **5** **Numéro vacances**

Voudrais-tu voyager?

- Talking about holidays and accommodation
- Saying what you would like to do using *je voudrais* and *j'aimerais*

Pourquoi voudrais-tu voyager?

Selon une enquête de jeunes Français, il y a beaucoup de raisons!

12% Pour se reposer: les vacances sont bonnes pour la santé et pour recharger ses batteries.

25% Pour découvrir une culture différente: on comprend un peu mieux le monde.

18% Pour apprendre: une nouvelle langue ou un nouveau sport, par exemple; on apprend à mieux se connaître.

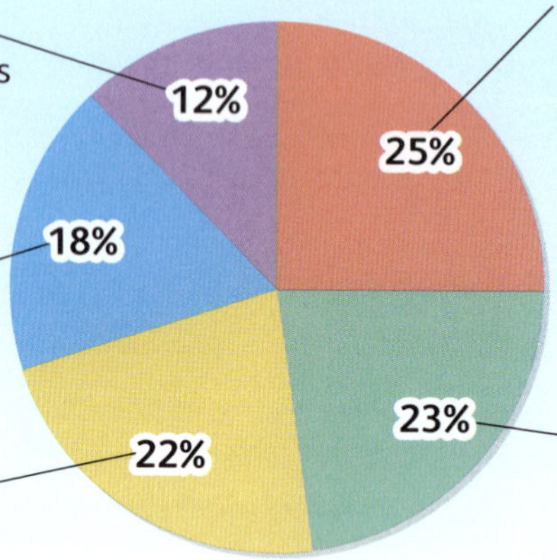

22% Pour se faire de nouveaux amis: des jeunes de la région, d'autres jeunes en vacances, toujours des personnes diverses.

23% Pour sortir de la routine: de temps en temps, le changement est nécessaire.

Lire **1** **Read the results of the survey and answer the questions.**

What percentage of young people would like to travel so they can ...

1 rest?
2 learn something new?
3 change their routine?
4 discover a different culture?
5 make new friends?

Lire **2** **Re-read the survey. Find the French for the phrases below.**

1 you learn to know yourself better
2 change is necessary
3 holidays are good for your health
4 you understand the world a bit better
5 different people

Écouter **3** **Listen to the interviews and note down in English <u>two</u> reasons why each person would like to travel. (1–3)**

The survey has phrases with the reflexive pronoun ***se*** and the possessive pronoun ***ses***.
When you use these phrases to talk about yourself, you need to change *se* to *me* and *ses* to *mes*.
se *faire des amis*
→ *Je voudrais* ***me*** *faire des amis.*
recharger ***ses*** *batteries*
→ *J'aimerais recharger* ***mes*** *batteries.*

G

Both *je voudrais* and *j'aimerais* mean 'I would like' and are in the conditional. Follow them with an <u>infinitive</u> to say what you would like to do.
Je voudrais <u>voyager</u>. I would like to travel.

Use *ce serait* with an adjective to say what something would be like.
Ce serait génial. It would be great.

Pages 108, 109, 118

Parler **4** **In pairs, talk about why you would like to travel.**

- *Pourquoi voudrais-tu voyager?*
- *Je voudrais voyager pour ... et pour ... Ce serait ... Et toi, pourquoi voudrais-tu voyager?*
- *J'aimerais voyager pour ... et ... Ce serait ...*

Je voudrais J'aimerais voyager pour	me reposer. me faire de nouveaux amis. découvrir une nouvelle culture. sortir de la routine. apprendre une nouvelle langue. apprendre un nouveau sport.
Ce serait	(très) intéressant / agréable. amusant.

Logements insolites

Le Village Flottant de Pressac

Où: dans la Vienne
Description: un village calme sur l'eau avec des cabanes flottantes
Équipement: une piscine, des petits bateaux, un grand choix de restaurants
Parfait pour: profiter de la nature, découvrir une belle région

La Troglo à Plumes

Où: dans le Maine-et-Loire
Description: une maison troglodyte historique et confortable
Équipement: trois chambres, une belle vue sur le jardin et la rivière
Parfait pour: vivre une expérience unique, se couper du monde

Le camping Le Haut-Village

Où: en Loire-Atlantique
Description: un camping avec des logements insolites – avion, voitures de train et de métro – à cinq minutes de la côte
Équipement: des aires de jeux pour enfants, des terrains de sport
Parfait pour: s'amuser en famille à la plage, faire du sport

L'Hôtel de la Cité à Carcassonne

Où: dans l'Aude
Description: un hôtel-château au cœur d'une vieille ville
Équipement: des balcons, un grand jardin
Parfait pour: se faire plaisir

insolite	*unusual*
l'aire** (f) **de jeux	*playground*
le balcon	*balcony*
se faire plaisir	*to treat oneself*

L'Aude, la Loire-Atlantique, le Maine-et-Loire and la Vienne are all French *départements*. These are similar to counties in the UK.

Écouter 5 **Read the accommodation listings above. Listen to the conversations. For each place, three things have been added by the speaker. Note the additions in English. (1–4)**

Sometimes you have to work out the meaning of a word.
Can you work out from the photo what *flottant* means (*un village flottant, des cabanes flottantes*)?
You've already met *se couper*, but can you use the rest of the phrase and the context to work out what *se couper du monde* means?

Parler 6 **In pairs, choose one of the places to stay, then make up your own version of the dialogue below, changing the underlined phrases.**

- *Où voudrais-tu passer tes vacances?*
- *Je voudrais passer mes vacances dans le Village Flottant.*
- *C'est où?*
- *C'est dans la Vienne.*
- *Qu'est-ce que c'est?*
- *C'est un village calme sur l'eau avec des cabanes flottantes.*
- *Qu'est-ce qu'il y a là-bas?*
- *Il y a une piscine, des petits bateaux et un grand choix de restaurants.*
- *Qu'est-ce qu'on peut y faire?*
- *On peut profiter de la nature et découvrir une belle région.*

là-bas	*over there*

*Bat**eau**, **au**tre, n**o**s* and *c**ô**te* all contain the same sound. Say this sound with rounded lips and your tongue back.

In French, *h* is always silent.

Listen and repeat these sentences:
Huit hommes heureux habitent dans l'hôtel historique.
Vos châteaux sur l'eau sont près de la côte.

Écrire 7 **Write a description of a holiday accommodation. You can invent your own or choose one of the places from this page. Include the following bullet points:**

- where it is
  La Troglo à Plumes est dans le Maine-et-Loire.
- what it is
  C'est une maison …
- what there is
  Il y a …
- what you can do there.
  On peut …

1 Des vacances de rêve

- Talking about your ideal holiday
- Using the conditional
- Extending spoken and written responses

Écouter 1 **Listen and write down the <u>four</u> correct letters for each speaker. (1–4)**

loger	*to stay*

Quel type de vacances aimerais-tu mieux?

J'aimerais mieux …

a des vacances reposantes.

b des vacances éco-responsables.

c des vacances culturelles.

d des vacances d'aventures.

Où passerais-tu tes vacances idéales?

Je passerais mes vacances …

e à la campagne.

f à la montagne.

g sur une île ou sur la côte.

h en ville.

Comment voyagerais-tu?

Je voyagerais …

i en avion privé.

j en bateau.

k en train à grande vitesse.

l à dos de chameau.

Où logerais-tu?

Je logerais …

m sous une tente.

n dans un hôtel de luxe.

o dans une ferme.

p dans un château.

Écouter 2 **Listen again and note down <u>two</u> extra details for each person in English. (1–4)**

G

The conditional is used to say what you would do, e.g.
je voyagerais I would travel

To form it, take the <u>future stem</u> and add the **imperfect tense endings**.
Note: for regular *-er* verbs, the future tense stem is the infinitive.

je <u>voyager</u>**ais**	nous <u>voyager</u>**ions**
tu <u>voyager</u>**ais**	vous <u>voyager</u>**iez**
il/elle/on <u>voyager</u>**ait**	ils/elles <u>voyager</u>**aient**

Page 118

Parler 3 **In pairs, take turns to ask and answer the four questions from exercise 1.**

- *Quel type de vacances aimerais-tu mieux?*
- *J'aimerais mieux des vacances reposantes. Ce serait exceptionnel. Et toi, quel type de vacances aimerais-tu mieux?*
- *J'aimerais mieux des vacances éco-responsables. Ce serait parfait.*

The *gn* in *montagne* and *campagne* is pronounced a bit like the middle of 'onion' in English. It is made up of two sounds: 'n' and 'yuh'.
Listen to the sound and the words. In pairs, try saying '*montagne, campagne*' repeatedly, getting faster each time. How many sets can you say correctly?

Lire 4 **Read the texts. Is each statement below true or false?**

louer	*to hire, rent*
le lever du soleil	*sunrise*

Reportage spécial vacances: Comment seraient tes vacances idéales?

Je voudrais un peu de tout! J'aimerais des vacances culturelles avec un peu d'aventure. J'irais à Marrakech avec mes copains et nous y louerions une maison marocaine. J'achèterais des vêtements, je visiterais de beaux sites et je mangerais de la nourriture locale délicieuse. Nous ferions aussi un vol en hélicoptère au-dessus du désert – ce serait une expérience exceptionnelle! Pour me reposer, je me relaxerais à la piscine. Ce seraient des vacances inoubliables!

Mehdi

Je ferais un voyage découverte sur une île de Vanuatu. Il y aurait des plages de sable blanc et de l'eau claire, et je regarderais le lever du soleil sur la mer. Je me ferais de nouvelles amies. Ensemble, nous marcherions jusqu'au sommet des volcans. Nous ferions de la natation avec des poissons aux couleurs vives. Je logerais en pleine campagne sous une tente. Comme ça, j'aurais le temps d'admirer le paysage unique autour de moi. Ce serait génial car je serais au cœur de la nature!

Chloé

1 Mehdi n'aimerait que des vacances d'aventures.
2 Il ne ferait pas de shopping.
3 Il aimerait goûter des spécialités régionales.
4 Chloé aimerait passer ses vacances à la mer.
5 Elle explorerait les volcans à vélo.
6 Elle resterait dans une ferme.

Watch out for negatives that completely change the meaning of a phrase, and pay attention to things that are worded differently but that actually express a similar idea, e.g. 'shopping' and 'buying'.

G

These verbs have irregular stems in the future tense and the conditional:

vouloir (to want to)	→	*voudr-*
faire (to do/make)	→	*fer-*
avoir (to have)	→	*aur-*
aller (to go)	→	*ir-*
être (to be)	→	*ser-*

For the conditional, all verbs use the same endings as the imperfect tense, e.g.:

*je fer**ais***	I would do
*j'ir**ais***	I would go

Page 118

Lire 5 **Translate Mehdi's paragraph from exercise 4 into English.**

Écouter 6 **Listen to the podcast about ideal holidays. Write down the letters of the <u>two</u> activities that are <u>not</u> mentioned.**

le saut en parachute	*sky diving*
le sommet	*summit*

a 
b 
c 
d 
e 
f 
g 
h 

Écrire 7 **Write a presentation about your dream holiday. Include the following bullet points:**

- what type of holiday you would prefer
- where you would go
- who you would go with
- what you would do.

Extend your presentation by developing your answer.
- Think of some extra details you could give, such as how you would travel and where you would stay.
- Give opinions and reasons.
- Use the texts in exercise 4 as a source of ideas for new activities and language to borrow, e.g. *pour me reposer* and *comme ça* …

2 On part pour la Corse

- Discussing what you can see and do on holiday
- Forming different types of questions
- Giving advice with *il vaut la peine de* and *il vaut mieux*

Écouter 1 **Listen and write down the letter of the holiday top tip. (1–5)**

Que faire en Corse? Nos meilleurs conseils!

a goûter les plats locaux

b découvrir la culture corse

c faire une visite en bateau

d pratiquer un sport extrême

e prendre le soleil à la plage

Écouter 2 **Listen again and note down in English the extra advice given. (1–5)**

Il vaut la peine de/d' Il vaut mieux Il faut On peut	acheter des souvenirs et des produits typiques. traverser le pont du Vecchio en train. aller au marché. louer une trottinette électrique. monter jusqu'au sommet d'une montagne. réserver toutes les activités. visiter le musée de Bastia.

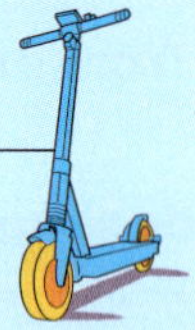

G

To give advice, you can use *il vaut la peine de* (it is worth) and *il vaut mieux* (it is better to) followed by an infinitive.

Il vaut la peine de ***réserver****.*
It is worth booking.
Il vaut mieux ***louer*** *...*
It is better to hire ...

Lire 3 **Translate the text into English.**

Bastia a de nombreux lieux historiques à voir. Il faut visiter la vieille ville pour comprendre l'histoire de la Corse. On peut prendre l'ascenseur, mais il vaut mieux monter à pied. Il vaut la peine de réserver une table à un restaurant pour goûter nos plats traditionnels ou nos gâteaux délicieux. Bon appétit!

de nombreux/nombreuses	*many, numerous*
l'ascenseur *(m)*	*lift*

Parler 4 **In pairs, take turns to read out the text in exercise 3, paying particular attention to your pronunciation of the sound *on/om*.**

Listen and repeat this nasal sound and the words. To make this sound, make your mouth into a round shape and push your lips forward.
on, om
*b**on***   *c**om**prendre*   *n**om**breux*

Écrire 5 **Write a short paragraph about a town you know well. Advise someone about what they can do there.**

Lire 6 **Match the beginnings and endings of questions 1–10. Write the questions out in full in French.**

1 Le musée
2 Le marché commence à
3 L'entrée pour
4 Où est-ce qu'on peut
5 Pouvez-vous me
6 Est-ce que vous
7 Est-ce que le
8 Est-ce que les
9 Peut-on louer
10 Le cinéma, il est

a chiens sont acceptés?
b ouvert le lundi?
c recommander un bon restaurant?
d quelle heure?
e pouvez me donner des renseignements sur les visites en bateau?
f un vélo électrique en ville?
g réserver des billets?
h la piscine coûte combien?
i château est accessible aux personnes handicapées?
j ferme à quelle heure?

G

There are three ways to form questions in French.

		with a question word	without a question word
1	*est-ce que*	*Où* ***est-ce qu'****on peut réserver?*	***Est-ce que*** *les chiens sont acceptés?*
2	inversion of subject and verb	*Où* ***peut-on*** *louer un vélo?*	***Peut-on*** *louer un vélo?*
3	rising intonation with normal sentence structure	***Le musée ferme*** *à quelle heure?*	*Le cinéma,* ***il est ouvert*** *le lundi?*

Page 118

Écouter 7 **Listen and check. Note down the answer to each question in English. (1–10)**

jusqu'à	*until*
les animaux *(m)* ***d'assistance***	*assistance animals*
toutes les (dix) minutes *(f)*	*every (ten) minutes*

Parler 8 **You are in a tourist office in Ajaccio in Corsica. In pairs, choose an attraction from the leaflet below and take part in the conversation. Then choose another attraction and swap roles.**

- *[Say which attraction you would like more information about.]*
- *Oui, bien sûr.*
- *[Ask about times.]*
- *… ouvre / ferme / commencent / finissent à …*
- *[Ask the price.]*
- *L'entrée / La visite coûte …*
- *[Ask where you can buy tickets.]*
- *On peut réserver …*
- *[Ask if dogs are allowed.]*
- *Les chiens sont / ne sont pas acceptés (sauf les animaux d'assistance).*
- *[Ask if the attraction is open on a Monday/Sunday.]*
- *Non, c'est fermé. / Oui, c'est ouvert du … au …*

Découvrez Ajaccio

La Maison Bonaparte

Ouvert tous les jours, sauf le lundi, de 10h à 17h30
Adultes: 7€
Gratuit pour les moins de 26 ans et les personnes handicapées

Le Parc Aventure Petreto

Tous les jours
de 10h à 17h
À partir de 3 ans, 12€
de 8 à 99 ans, 22€

Les visites en bateau Triton

de 9h à 18h, du mercredi au dimanche
Départs toutes les 30 minutes
8€ par adulte / 3€ par enfant

Renseignements et réservations: à l'office de tourisme d'Ajaccio

3 Le monde en fête

- Talking about festivals
- Using the perfect and imperfect tenses together
- Creating more complex sentences using relative pronouns

Les fêtes du monde francophone

Lire 1 **Listen and read. Answer the questions by writing the letter of the festival. Then translate the <u>underlined</u> phrases in the texts into English.**

a

Le carnaval à la Martinique

<u>Le carnaval, qui se passe en février,</u> dure plusieurs jours et nuits! <u>Les parades, que les touristes adorent,</u> attirent de larges foules. C'est un spectacle amusant, et les rues sont pleines de danseurs et d'orchestres.

b

La fête des goyaviers à la Réunion

C'est <u>un événement qui fête la culture</u> de cette île. On y découvre <u>des plats que les chefs préparent</u> avec ce petit fruit rouge qui s'appelle la goyave. Il y a des marchés, des jeux pour les enfants et des concerts qui sont très populaires.

c

Le festival international des Masques et des Arts au Burkina Faso

<u>Les masques que les visiteurs admirent</u> pendant ce festival viennent de divers pays africains. Pendant les parades, on écoute de la musique traditionnelle et on regarde <u>des personnes qui portent des masques colorés</u>. C'est une fête que tout le monde apprécie énormément!

divers *various*

Which festival …

1 celebrates food?
2 has traditional music?
3 lasts several days and nights?
4 features things made in various African countries?
5 attracts large crowds?
6 has games for children?

G

The word for 'in' depends on the country:

au + masculine country — *au Burkina Faso*
en + feminine country — *en France*

Islands are an exception, e.g.
à la Réunion, à la Martinique, à Madagascar

Page 119

G

Relative pronouns are words like 'who', 'which' or 'that'. They refer to a noun and can help you extend your sentences.

Qui is used when 'who', 'which' or 'that' is the <u>subject</u> of the verb:
*Il y a <u>des concerts</u> **qui** sont populaires.*
There are <u>concerts</u> **that** <u>are</u> popular.

Que is used when 'who', 'which' or 'that' is the <u>object</u> of the verb.
*C'est une fête **que** <u>tout le monde adore</u>.*
It's a festival **that** <u>everyone loves</u>.

Page 119

Écouter 2 **Listen and fill in the gaps.**

La Fête du Citron® est un événement populaire **1** a lieu **2** à Menton dans le sud de la France. Il y a une parade que **3** adorent. On voit de très grandes sculptures qu'on fait avec **4** jaunes et oranges. On peut aussi goûter **5** que les chefs préparent avec des citrons, bien sûr!

Écrire 3 **Look at the poster. Write about the sea festival by copying and completing the sentences. Add some of your own ideas.**

La fête de la mer,
qui se passe …, dure …
Il y a …
Pendant la parade, on voit …
C'est une fête …

Fête de la mer

Du 13 au 16 juillet
À Camaret-sur-Mer
Visites en bateau
Jeux pour les enfants
Marchés avec produits de la mer
Parade de bateaux internationaux

Lire 4 **Read the text. Correct the mistake in each of the sentences below.**

En février dernier, pour fêter le carnaval, je suis allée chez mon oncle qui habite dans la capitale de la Martinique. Pendant plusieurs jours, il y avait beaucoup de gens partout dans les rues. Le dimanche, c'était le premier jour officiel. Je prenais mon petit-déjeuner quand j'ai entendu la musique des orchestres. Je suis allée en ville avec mon oncle et nous avons vu de nombreux danseurs. J'ai dansé avec la parade – c'était très amusant!

Un jour, je regardais la parade quand j'ai vu beaucoup de vieilles voitures colorées. Elles étaient très belles. Il y avait un marché où j'ai goûté du sorbet coco qui est comme une glace préparée avec du lait de coco. C'était délicieux! Le mercredi, tout le monde s'est habillé en noir et en blanc. J'ai adoré ma première expérience du carnaval. C'était extraordinaire! **Lola**

1 Last February, Lola went to her friend's house in Martinique.
2 For several days, there were lots of people on the beaches.
3 Lola was having breakfast when she saw the parade.
4 She was watching TV when she saw the cars.
5 She ate biscuits made with coconut milk.
6 On the Wednesday, everyone wore red.

For variety, replace ***des*** (some) with words such as
plusieurs (several)
divers/diverses (various)
de nombreux/nombreuses (many).

G

The **perfect tense** is used to talk about events that happened in the past.
Je suis allé(e) *chez mon oncle.*

One of the uses of the imperfect tense is to describe what something was like.
C'était amusant. Il y avait beaucoup de gens.

You can use both tenses in the same sentence to say what someone was doing (imperfect) when something else **happened** (**perfect**).
Je prenais mon petit-déjeuner quand ***j'ai entendu*** *la musique des orchestres.*
I was having my breakfast when I heard music from the orchestras.

Page 120

Écouter 5 **Listen. Then copy and complete the grid in English. (1–2)**

	Name of festival	What did they see there?	What did they do?
1	Dunkirk Carnival		
2	Winter Festival		

Parler 6 **In pairs, take turns to talk about your experience of a festival. You could talk about a real festival you have been to, use the suggestions below, or make something up!**

Say:
- which festival you went to
- what there was there
- what you did there.

La fête de la mer
Colourful decorated boats
Tasted local dishes

Le carnaval de Nice
Dancers and music
Danced with the parade

Écrire 7 **Translate the text into French.**

Last April, I went to my aunt's house in Madagascar, where we celebrated the Festival of Rice. We were looking at clothes in the market when we heard the music in the street. One evening, we ate a big family meal and I tasted seven dishes with rice. It was delicious!

Use *à* here.
Use *la fête du riz.*
Use the imperfect tense.
Use the perfect tense.

4 Guide de voyage

- Reviewing and booking holiday accommodation
- Using the perfect tense of modal verbs
- Identifying positive and negative opinions

Lire 1 **Read the reviews of the hotel. Write the letters of the two correct pictures for each review.**

Vacances à la cool

Hôtel Bonne Nuit à Cabourg – vos avis

1 J'ai passé une nuit dans cet hôtel. Il est bien situé au centre-ville, mais les chambres sont trop petites. Il n'y avait ni papier toilette ni sèche-cheveux. Je n'ai pas pu utiliser le parking car il était complet. Cependant, j'ai perdu la carte d'accès de ma chambre et le directeur m'a aidée. **Maria**

2 Le mieux, c'était le calme. Le soir, il n'y avait aucun bruit, donc j'ai pu bien dormir et me reposer. Par contre, l'ascenseur ne marchait pas, donc j'ai dû me plaindre à la réception à cause de mes quatre valises! En plus, le wifi était trop lent et comme il n'y avait qu'une petite fenêtre, ma chambre était toujours sombre. **Louis**

3 Un petit-déjeuner savoureux était inclus dans le prix, mais il n'y avait aucune place libre dans le restaurant et j'ai dû attendre. Un jour, j'ai voulu jouer au tennis de table, mais il n'y avait aucun équipement dans la salle de jeux. Le pire? C'est qu'il y avait des insectes dans un coin de ma chambre! **Yasmina**

4 J'aime bien cet hôtel car il est sympa et pratique. J'ai apprécié le bon rapport qualité-prix et ma chambre était très propre. J'ai choisi cet hôtel pour la vue sur la mer et c'était vraiment magnifique. J'aimerais bien retourner à ce bel hôtel un jour. **Théo**

a

b
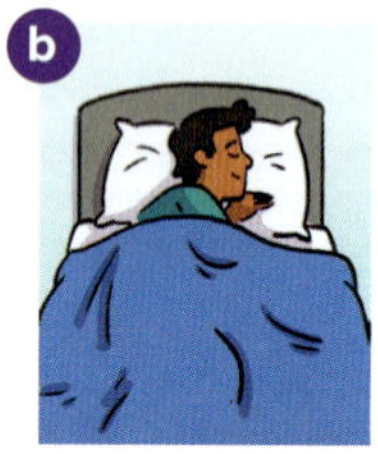
c
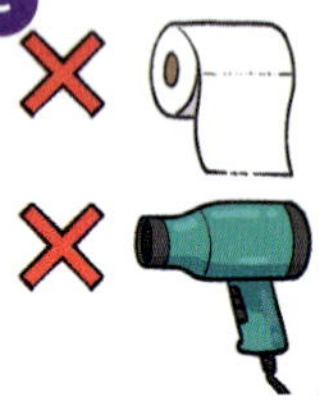
d

e

f

g

h
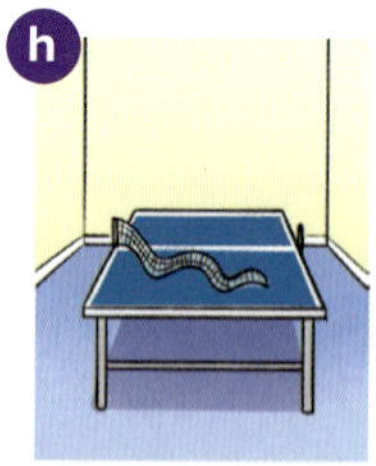

G

In the perfect tense, *vouloir*, *devoir* and *pouvoir* take *avoir* and have irregular past participles.

j'ai ***voulu*** *jouer*	I wanted to play
j'ai ***dû*** *me plaindre*	I had to complain
je n'ai pas ***pu*** *dormir*	I couldn't sleep

Page 119

Lire 2 **Re-read the reviews in exercise 1. Then answer the questions below.**

Who …

1. thinks the hotel is in a good location?
2. had to complain at reception?
3. couldn't find space in the car park?
4. enjoyed the breakfast?
5. thought the wifi was too slow?
6. would like to return to the hotel?
7. couldn't find anywhere to sit in the restaurant at first?
8. thinks the hotel is good value for money?

G

- *ne … aucun(e)* means 'no', 'not any' or 'not a single' and agrees with the noun.
  Il n'y avait aucun bruit. There wasn't any noise.
  Il n'y avait aucune place libre. There wasn't a single free space.
- *ne … ni … ni …* means 'neither … nor …'.
  Il n'y avait ni papier toilette ni sèche-cheveux.
  There was neither toilet paper nor a hairdryer.
- *ne … que* means 'only'.
  Il n'y avait qu'une petite fenêtre.
  There was only a small window.

Écouter 3 **Listen to people talking about their stay in a hotel. For each person, write one positive and one negative thing about their stay. (1–3)**

la cheffe	*chef*
la lampe	*lamp, light*

Use clues to help you identify positive and negative opinions, e.g.
le mieux the best thing
le pire the worst thing
Remember, the following words and phrases are often used to introduce contrasting points of view: ***mais***, ***cependant***, ***par contre*** and ***d'un autre côté***.

Parler 4 **Listen to these sentences. Then practise saying them with a partner.**

Auc**un** ca**m**ping n'était ouvert **en** déc**em**bre.
Les **enfan**ts m**an**gent d**an**s **un** restaur**an**t.

Listen and repeat these two nasal sounds. Try to say them from the back of your throat.
un
en ***an*** ***em*** ***am***

Écrire 5 **Use your imagination to write a review about your stay at this hotel. Include the following bullet points:**

- Give your opinion on the hotel.
- Describe a problem in the hotel …
- … and say what the consequence was.
- Say whether you would like to go back again.

J'aime / Je n'aime pas l'hôtel car	il est … / il n'est pas … il y a … / il n'y a pas de …
Il n'y avait aucun(e) Il n'y avait ni … ni	papier toilette / sèche-cheveux ascenseur / salle de jeux / wifi place dans le parking / restaurant
La chambre / Le lit (n')était (pas) Le restaurant / La piscine était	trop petit(e) / propre. fermé(e).
La lampe / La carte d'accès	ne marchait pas.
J'ai dû	me plaindre. aller en ville.
Je n'ai pas pu	faire de natation. prendre l'ascenseur.
J'aimerais (bien) Je n'aimerais pas	retourner à cet hôtel.

Écouter 6 **Listen and fill in the gaps in French. (1–2)**

régler	*to settle, pay for*
en espèces	*in/by cash*

- *Bonjour. Je peux vous aider?*
- *Bonjour. Nous avons une réservation pour* **1** *pour* **2** .
- *Pas de problème. C'est pour combien de nuits?*
- *C'est pour* **3** .
- *Très bien. Vous avez déjà réglé la réservation en ligne?*
- *Non. Ça coûte combien?*
- *Ça coûte soixante-dix euros par nuit. Vous voulez payer comment?*
- *Je voudrais payer* **4** .
- *Je peux voir vos passeports, s'il vous plaît?*
- *Oui, les voilà. Est-ce qu'il y a* **5** *dans l'hôtel?*
- *Oui, bien sûr. Bonne soirée!*

G The French word for 'in' depends on the context.
- inside something: ***dans*** *ma chambre*, ***dans*** *l'hôtel*
- in a named town: ***à*** *Cabourg*
- in the town centre: ***au*** *centre-ville*
- in town: ***en*** *ville*

Page 119

Parler 7 **In pairs, create two new versions of the dialogue in exercise 6, using the pictures in the boxes.**

a

b

5 Vive les vacances!

- Talking about staycation activities
- Using a range of tenses
- Using *si* + the present tense + the simple future tense

Écouter 1 **Listen to Clément talking about what he will do during his staycation. Write the letter of the activity he will do in each weather condition.**

Ce sera bientôt les vacances! Qu'est-ce qu'on fera?

1 S'il fait beau, 

2 S'il y a du soleil, 

3 S'il fait chaud, 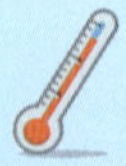

4 S'il y a du vent, 

5 S'il fait mauvais, 

6 S'il fait froid, 

7 S'il pleut, 

a j'enregistrerai une chanson. 

b je louerai un vélo. 

c j'organiserai un concert. 

d j'irai à la plage. 

e je ferai du camping. 

f je participerai à une expérience virtuelle. 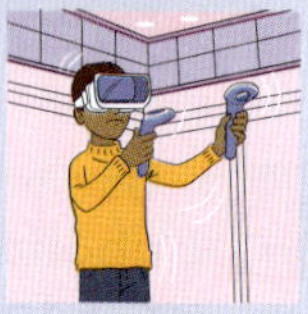

g je ferai une appli. 

G

To say **what you will do** <u>if something happens or is a particular way</u> (for example the weather), use:

<u>*Si* + present tense</u> + **simple future tense**

<u>S'il fait</u> froid,	*je **resterai** chez moi.*
If it's cold,	I will stay at home.

Remember that the simple future is formed by taking the future stem and adding the correct endings. The future stem of regular *-er* verbs is the infinitive. The verbs *être*, *avoir*, *faire* and *aller* have irregular stems.

*j'organiser**ai***	I will organise
*ce ser**a***	it will be

For a full explanation of the simple future tense, see page 90.

Page 120

Lire 2 **Read the text. Answer the questions in English.**

Que feras-tu ce week-end?

S'il fait chaud ce week-end, je ferai du camping à la campagne avec mes copains car on adore ça. Samedi matin, on fera une promenade, et après, on aura du temps pour se reposer ensemble. Même au camping, j'aime manger bien, et donc on fera un pique-nique de luxe avec entrée, plat et dessert! Je préparerai une salade de pâtes, mais le reste sera une surprise! Mathis apportera des articles de table, comme des fourchettes et des cuillères. S'il pleut, j'inviterai mes amis chez moi pour faire un bon repas, mais de toute façon, on s'amusera bien!

Myriam

1 What will Myriam do if the weather is hot this weekend?
2 What will they do on the Saturday morning?
3 Write <u>three things</u> that Myriam says about the picnic.
4 What will Mathis bring?
  a picnic table **b** forks and spoons **c** knives and plates
5 What will happen if it rains?

des articles *(m)*	*items*
de toute façon	*anyway, in any case*

Parler 3 **Read the dialogue with your partner, then create two new dialogues by changing the <u>underlined</u> details.**

- ● *Que feras-tu ce week-end?*
- ■ *<u>Vendredi soir</u>, s'<u>il fait beau</u>, <u>je jouerai au basket</u>.*
- ● *Bonne idée! Et s'<u>il pleut</u>?*
- ■ *<u>J'irai au centre sportif.</u>*
- ● *Et <u>samedi</u>, que feras-tu?*

Lire 4 **Read the texts. Is each statement below true or false?**

Normalement, pendant les grandes vacances, je reste chez moi car mon beau-père doit travailler. L'année dernière, il pleuvait beaucoup alors j'ai passé la plupart de mon temps sur les réseaux sociaux et j'ai trouvé que ce n'était pas bon pour la santé. Cette année, j'aimerais apprendre une nouvelle compétence. Je n'ai pas encore décidé quoi, mais je suis passionné de sport, donc ce sera une activité sportive. J'attends ça avec impatience!

L'été dernier, j'ai passé les meilleures vacances de ma vie! Il faisait mauvais et je ne suis pas partie en vacances, mais mes copains et moi avons fait une soirée pyjama presque tous les soirs! Comme on s'entend bien, c'était génial! Cet été, ma mère veut sortir de la routine. Elle n'est pas encore allée à Paris, donc on ira à la capitale en train. Je ferai le tour des grands musées et on montera à la tour Eiffel s'il fait beau – ce sera amusant!

1. Last year, Dorian spent most of his time working.
2. This year, Dorian would like to learn a new sport.
3. Last summer, Eva had the worst holiday ever.
4. Eva had lots of pyjama parties with her friends.
5. Eva's mum will go to Paris for the first time this summer.

Use *ne ... pas encore* with the perfect tense to talk about something that hasn't happened yet, e.g.
Je ***n'****ai* ***pas encore*** *décidé.* I haven't decided yet.

G When referring to the present, past and future, you need to use several tenses. For the past, use the imperfect tense for descriptions and the perfect tense for single, completed actions.

Page 120

Lire 5 **Find the French for these verbs in the texts in exercise 4.**

Present tense:	Future tense:	Perfect tense:	Imperfect tense:
1 I stay	**3** we will go up	**5** I spent	**7** the weather was bad
2 we get on well	**4** I will do	**6** I found	**8** it was raining

Écouter 6 **Listen. (1–6) Write down:**

- whether they are talking about the weather, activities or travel
- which tense they use (present, imperfect, perfect or simple future).

l'aéroport *(m) airport*

Écrire 7 **Write a text about your holidays in the past, present and future.**

Normalement, D'habitude,	pendant les grandes vacances,	je reste ... / je vais ... il/elle doit ... il/elle veut ...
L'été dernier, L'année dernière,	j'ai passé du temps / mes vacances ... j'ai décidé de ... je suis allé(e) ... il/elle a fait ... / est allé(e) ... nous avons loué ...	
	Il faisait gris. / Il y avait du vent. / Il pleuvait. / C'était ...	
Cet été, S'il fait ..., S'il y a ...,	j'irai ... je ferai ... ce sera ...	

As with the texts in exercise 4, try to extend your answer by:
- recycling structures and vocabulary that you have met in different contexts
- writing about other people as well as yourself.

Grammaire 1

The conditional (Unit 1, pages 108 and 109)

Lire 1 **Read the grammar boxes on the conditional on pages 108 and 109. Then copy out the text, choosing the correct form of each conditional in bold.**

J'**aimerait** / **aimerais** mieux passer des vacances éco-responsables avec ma chanteuse préférée. Nous **passerions** / **passeraient** nos vacances à la campagne. Moi, j'**irais** / **irions** là-bas à vélo, mais elle **voyageraient** / **voyagerait** en train à grande vitesse car elle **aurait** / **aurais** beaucoup à faire. Nous **logerait** / **logerions** dans un château avec ses amies. Elles **jouerait** / **joueraient** de la guitare et nous **chanterions** / **chanteriez** ensemble. Ce **serais** / **serait** parfait! Et toi, qu'est-ce que tu **voudrais** / **voudrait** faire pendant tes vacances idéales?

Écrire 2 **What would you do if you won the lottery? Choose three pictures and write sentences in French, using the *je*-form of the verb. Then predict what your partner would do – choose three pictures for them and write sentences using the *il*/*elle*-form of the verb.**

Moi	Jack
J'irais à la plage ...	Il achèterait une nouvelle voiture ...

The future and conditional stem of *acheter* has a grave accent:

*j'ach**è**terai* I will buy
*j'ach**è**terais* I would buy

Parler 3 **In pairs. Ask your partner what they would do if they won the lottery. Were your predictions in exercise 2 correct?**

- *Qu'est-ce que tu ferais?*
- *J'achèterais une nouvelle voiture.*
  Je ferais de la natation avec des poissons aux couleurs vives.
  Je voyagerais à dos de chameau. Et toi, qu'est-ce que tu ferais?

Il achèterait une nouvelle voiture. ✓
Il ferait de la natation avec des poissons aux couleurs vives. ✓
Il voyagerait en bateau. ✗

Forming questions (Unit 2, page 111)

Écouter 4 **Read the grammar box on the different ways of forming questions on page 111. Then listen. Copy and complete the questions in French. (1–6)**

1 Le marché finit ___?
2 La visite en bateau coûte ___?
3 ___ on peut louer un vélo?
4 ___ les animaux sont acceptés?
5 ___ on peut faire ici?
6 ___ me recommander un marché?

Écrire 5 **Read these answers. Write the question that could have been asked to get each answer.**

1 Le musée est ouvert tous les jours sauf le lundi.
2 L'entrée au parc coûte 5€ pour les adultes.
3 On peut acheter des souvenirs au château.
4 Oui, je peux vous recommander le restaurant Bon Appétit.
5 La visite commence à midi.
6 Oui, on peut réserver des billets ici.

The relative pronouns *qui* and *que* (Unit 3, page 112)

Lire 6 **You've spilled water on your homework! Re-write the sentences, filling the gaps with *qui* or *que*/*qu'*.**

1 Il y a un marché ___ commence à neuf heures.

2 La fête ___ se passe en mars est géniale!

3 C'est une activité ___ j'adore.

4 Ils portent des masques ___ viennent de divers pays.

5 On goûte les plats ___ les chefs préparent.

6 Il y a des jeux ___ les enfants adorent.

The relative pronouns *qui* and *que* refer to a noun that has just been mentioned.
Both *qui* and *que* can be translated as 'who', 'which' or 'that'.

Qui refers to the subject of the verb:
*Il y a un restaurant **qui** s'appelle Bon Appétit.*

Que refers to the object of the verb. It is shortened to ***qu'*** in front of a vowel.
*Il y a un hôtel **que** j'adore.*
*Le plat **qu'**on préfère, c'est le couscous.*

Dont means 'of which' or 'whose' and is also a relative pronoun.
*C'est la cheffe **dont** j'adore les plats.* She's the chef **whose** dishes I love.

Saying 'in' (Unit 3, page 112 and Unit 4, page 115)

Lire 7 **These sentences all contain the incorrect word(s) for 'in'. Copy them out, correcting the mistakes.**

Example: 1 *Ma mère habite à la montagne.*

1 Ma mère habite en montagne.
2 La fête se passe à la ville.
3 Il a fait du vélo au campagne.
4 L'été dernier, j'ai passé mes vacances en Burkina Faso.
5 Il y a un musée à la centre-ville.
6 Le camping est au Algérie.
7 Il habite en Paris.
8 Il y a beaucoup de marchés dans la France.

The word for 'in' depends on where you are talking about:
- inside something: ***dans*** *une chambre*
- in the countryside or mountains: ***à la*** *campagne*, ***à la*** *montagne*
- in the town centre: ***au*** *centre-ville*
- in town: ***en*** *ville*
- in a named town: ***à*** *Paris*
- in a masculine country: ***au*** *Burkina Faso*
- in a feminine country: ***en*** *Algérie*

Modal verbs in the perfect tense (Unit 4, page 114)

In the perfect tense, the modal verbs *vouloir*, *devoir* and *pouvoir* take *avoir* and have **irregular past participles**. They are often followed by infinitives.

Savoir is also a modal verb and means 'to know (something/how to do something)'.

vouloir:	*j'ai **voulu** manger*	I wanted to eat
pouvoir:	*j'ai **pu** dormir*	I could / I was able to sleep
devoir:	*j'ai **dû** acheter*	I had to buy
savoir:	*j'ai **su** jouer*	I knew how to play

Écrire 8 **Complete the text by forming the modal verbs in the perfect tense. If the infinitive has a red cross in front of it ✗, form that verb as a negative.**

J' **1** *(vouloir)* passer une nuit dans cet hôtel. Je **2** ✗ *(pouvoir)* faire de natation car ils **3** *(devoir)* fermer la piscine. J' **4** *(vouloir)* manger au restaurant, mais le chef **5** *(devoir)* rentrer chez lui. Je **6** ✗ *(pouvoir)* utiliser l'ascenseur, alors j' **7** *(devoir)* monter les escaliers. Je **8** ✗ *(pouvoir)* dormir à cause du bruit. Je **9** ✗ *(savoir)* quoi faire – j' **10** *(devoir)* quitter cet hôtel complètement nul!

Grammaire 2

Using the perfect and imperfect tenses together (Unit 3, page 113 and Unit 5, page 117)

Écouter 1 **Listen and complete each sentence, choosing one verb from each box. (1–6)**

1 Il ___ au parc quand il ___ les danseurs.
2 Je ___ la parade quand j'___ l'orchestre.
3 On ___ en ville quand le groupe ___ de jouer.
4 J'___ la foule lorsque j'___ au musée.
5 Elles ___ les voitures quand elles ___.
6 Le groupe ___ quand je ___.

Imperfect tense
allais mangeait arrivait
regardais jouait dansaient

Perfect tense
ont vu a fini a vu suis arrivée
ai entendu ai vu

You can use the perfect and imperfect tenses in the same sentence to say what someone <u>was doing</u> (<u>imperfect</u>) when something else **happened** (**perfect**).

<u>Je dansais</u> en ville quand ***j'ai vu*** *la parade.*
I was dancing in town when I saw the parade.

Lorsque ('when' or 'while') and *quand* ('when') can both be used to connect clauses.

Parler 2 **In pairs. Using the grid, take turns to make up and read aloud a sentence for your partner to translate into English.**

Je mangeais au restaurant Elle marchait en ville Il dansait Elles regardaient les sculptures Ils visitaient le musée	quand	l'orchestre a commencé. la parade a fini de passer. les danseurs sont arrivés.	
		j'ai / il/elle a ils/elles ont	entendu la musique. vu la foule.

Écrire 3 **Copy out the sentences, putting the verbs in brackets into the perfect or imperfect tense.**

1 J'___ au restaurant quand j'___ mon frère. (*aller, voir*)
2 Elle ___ au café lorsque la parade ___. (*manger, commencer*)
3 Il ___ quand on ___ aux cartes. (*arriver, jouer*)
4 Elles ___ la voiture lorsqu'elles ___ la fête. (*entendre, faire*)
5 Quand je ___ au Royaume-Uni, ma famille ___ déjà en vacances. (*arriver, être*)
6 Lorsque mes amis ___ en ville, nous ___ à l'hôtel. (*marcher, arriver*)

le Royaume-Uni *United Kingdom*

Using *si* + the present tense + the simple future tense (Unit 5, page 116)

Écrire 4 **Look at the list of events taking place tomorrow. Write six sentences saying what you will do depending on the different weather conditions.**

Example: S'il fait beau, je louerai un vélo.

Si + weather in the present tense + future tense

Agenda: Que faire?
- Visiter le musée
- Louer un vélo
- Jouer au basket
- Acheter des produits au marché
- S'amuser à la plage
- Faire une visite de l'île en bateau
- Aller au concert au parc

Talking about the present, past and future (Unit 5, page 117)

Écrire 5 **Copy out the text, completing the gaps by translating the verbs in brackets into French.**

Normalement, pendant les grandes vacances, **1** (*I stay*) chez moi. **2** (*I go*) au parc avec mes amis et **3** (*we play*) au football. Cependant, l'année dernière, **4** (*I spent*) du temps avec ma famille à la campagne. Ma tante **5** (*hired*) une tente et **6** (*we slept*) dans le jardin. **7** (*It was*) génial! Cet été, **8** (*I'm going to work*) dans le café de mon ami. **9** (*It will be*) amusant!

When referring to the present, you usually use the **present tense**.
When referring to the future, you can either use the **simple future tense** or the **near future tense** (*aller* + infinitive).
When referring to the past, you need to choose between the **perfect tense** and the **imperfect tense**.

C'est parti!

Parler 6 **In pairs, play 'trapdoor'.**

- Partner A: in secret, write down one of the three options for each of numbers 1 to 9 in the text below.
- Partner B: Your goal is to read out the text from start to finish, filling in gaps 1 to 9 with the options that your partner chose. Start to read out the story. Each time you get to a number, make a choice. If you read out what your partner selected, you can continue with the story. If you don't, Partner A says 'trapdoor!' and you have to go back to the beginning.
- You mustn't write down your partner's answers. Use your memory!
- Then swap roles.

	1		2
Je passerais mes vacances idéales	à la campagne en ville à la montagne	avec mes amis et on	louerait une maison. ferait du sport. visiterait de beaux sites.

	3	
Quand on est en vacances,	il vaut mieux il vaut la peine de il faut	découvrir une culture différente.

	4
L'année dernière, je suis allé(e) à une fête. C'est une fête	qui se passe en mars. que tout le monde adore. qui attire de larges foules.

	5		6	
Je	mangeais au café jouais au foot au parc marchais en ville	quand	la parade la musique la danse	a commencé.

7		8		9	
J'ai voulu Je n'ai pas pu J'ai dû	danser! Cet été, s'il	fait chaud, y a du soleil, pleut,	je	retournerai n'irai pas danserai	à la fête.

Lire 7 **Translate the text from exercise 6 into English, using your own options for each of gaps 1 to 9.**

Contrôle de lecture et d'écoute

Reading

Lire 1

A *disastrous holiday*. Read this review that Axel's parents have written for a website.

Nos vacances ont été une catastrophe du début à la fin. Nous avons **été*** vraiment stressés pendant les quinze jours! Nous étions bien préparés mais l'entreprise de vacances n'a pas fait son travail correctement. Elle n'a pas bien communiqué avec les autres services comme l'hôtel, les taxis, l'aéroport …

Pour commencer, comme le taxi est venu nous chercher à onze heures au lieu de dix heures, quand nous sommes arrivés à l'aéroport, nous avons dû courir pour monter dans l'avion. Une fois en Martinique, nous pensions que tout irait bien … mais non …

été *been (past participle of 'être')*

a What do Axel's parents say about their recent package holiday? Write the letter (A–D) for each of the two correct statements.

A	The whole holiday was a disaster.
B	Axel's family admit they were not well prepared.
C	The taxi was late.
D	They had to run to the airport.

The review continues.

À l'aéroport, en Martinique, nous avons encore dû attendre notre taxi, pas une heure cette fois-ci mais deux! Et quand il est arrivé, il était trop petit pour nous et toutes nos valises! Nous voulions louer une voiture, mais notre **chauffeur*** a appelé un autre taxi. En cinq minutes, il était là!

L'homme était sympa et il nous a fait une visite guidée de la région en voiture jusqu'à l'hôtel. On pensait que le chauffeur faisait cette «visite guidée» par **gentillesse*** et que c'était gratuit … mais non pas du tout… il nous a demandé de payer pour le service!

le chauffeur *driver*
la gentillesse *kindness*

b How did the journey continue? Write down your answers in English. You do not need to write in full sentences.

(i) What the problem was with the taxi at the airport.
(ii) How the problem was resolved.
(iii) What surprised them about the guided tour in the taxi.

First locate where the answers may be. Then read the sentences carefully and fully. Watch out for negatives and connectives that might affect the meaning.

Lire 2 ***A food festival*****.** Translate the following paragraph **into English.**

J'aime bien les vacances culturelles. Les vacances actives ne m'intéressent pas parce que je préfère découvrir la culture d'un pays. L'année dernière, quand nous étions en Algérie, je suis allé à un festival de nourriture. Les plats étaient vraiment délicieux et j'ai apprécié un nouveau type de cuisine! Il faut tout goûter car il vaut mieux dire qu'on n'aime pas plutôt que ne pas essayer.

Think carefully about the translation of impersonal verbs here.

What are the different meanings of *cuisine*? Which one are you going to use here?

Listening

Écouter 3 ***Transport.*** **Yanis, Myriam and Thomas are talking about transport to go on holiday. What do they say? Listen to the recording and for each sentence write down the correct option (A–C).**

1 Yanis's favourite means of transport to go on holiday is ...
A by car. **B** by plane. **C** by train.

2 When he's older, Yanis thinks he will go on holiday ...
A by plane. **B** by car. **C** by train.

Which timeframes do you hear when Yanis talks about his favourite means of transport? Is he just talking about now?

3 According to Myriam, the way she and her family travelled last year was ...
A too expensive. **B** too long. **C** good for the environment.

You are going to hear each adjective, but which one is linked to Myriam's opinion?

4 On holiday, Thomas's mother hired ...
A a car. **B** bikes. **C** a boat.

Écouter 4 ***Weather.*** **You hear this weather report for the region where you are staying on holiday. Listen to the recording and answer the following questions in English. You do not need to write in full sentences.**

a In the north, what has the weather been like this week?
b What will the weather be like in the north today? Mention **one** detail.
c In the south, what weather is forecast for the coast on Tuesday?
d What will the weather be like in the south on Wednesday?

Écouter 5 ***Dictation.*** **You are going to hear someone talking about a campsite they are staying at.**

a Sentences 1–2: write down the missing words. For each gap, you will write one word in French.

1 Au camping, il y a une ____, un ____ et des ____.

2 Il est près du littoral, des ____ et d'un jardin ____.

b Sentences 3–6: write down the full sentences that you hear, in French.

In sentences 3–6, beware of liaisons.

Module 5

Contrôle oral

Read aloud

Parler 1

Look at this task card. With a partner, take turns to read out the four sentences, paying attention to the underlined letters and the highlighted liaisons.

Eva, your Swiss friend, has emailed you to tell you about the type of accommodation she prefers.

Read out the text below to your teacher.

En vacances, j'aime dormir dans un hôtel.

Louer une maison n'est pas toujours une bonne solution.

Quand il fait chaud ou quand il pleut, le camping est une mauvaise décision.

À mon avis, il vaut mieux réserver un lieu où les gens disent qu'ils y étaient heureux.

Take extra care with how you pronounce:

- *o, au*
- *on*.

Remember that an 'h' is silent.

Don't forget to make the liaison between the highlighted sounds.

Écouter 2

Listen and check your pronunciation.

Parler 3

Listen to the teacher asking the two follow-up questions. Translate each question into English and prepare your own answers in French. Then listen again and respond to the teacher.

Role play

Écrire 4

Look at the role-play card and prepare what you are going to say.

Setting: At the campsite

Scenario:

- You are at a campsite in France.
- The teacher will play the part of the employee and will speak first.
- The teacher will ask questions **in French** and you must answer **in French**.
- Say a few words or a short phrase/sentence for each prompt. One-word answers are not sufficient to gain full marks.

Task:

1. Say how many nights you would like to book.
2. Say how many people it is for.
3. Say what you are planning to do in the area.
4. Ask for a recommendation for where to eat.
5. Ask about facilities at the campsite.

e.g. *je voudrais / j'aimerais*

You could use *Est-ce qu'il y a ...*

Use the future tense with *nous* or *on*.

Parler 5

Practise what you have prepared. Then, using your notes, listen and respond to the teacher.

Écouter 6

Now listen to Fathia doing the role-play task. In English, note down (a) how she answers the questions for task prompts 1, 2 and 3, and (b) what questions she asks for task prompts 4 and 5.

Picture task

Écouter 7 **Look at the exam card below and read the first part of the task. Then listen to Camille describing the picture. Answer the questions in English.**

a In Camille's opinion, where are the four people in the picture? Do you agree?
b What does she say about the person in the foregound?
c What does she think the other people are doing? Do you agree?

Describe this picture.

Your description must cover:

- people
- location
- activity.

When you have finished your description, you will be asked **two questions** relating to the picture. Say a short phrase/sentence in response to each question. One-word answers will not be sufficient to gain full marks.

You will then move on to a **conversation** on the broader thematic context of **Travel and tourism**.

During the conversation, you will be asked questions in the present, past and future tenses. Your responses should be as **full and detailed** as possible.

To talk about a group of similar people, you can use prompts to set them apart e.g. *la première fille* (the first girl), *la deuxième fille* (the second girl), *l'autre fille* (the other girl), *la dernière fille* (the last girl).

Parler 8 **Prepare your own description of the picture, mentioning people, location and activity. Then, with a partner, take turns to describe the picture.**

Sur la photo, il y a …

Parler 9 **Read the second part of the task. Then listen to the two follow-up questions and respond to the teacher. Remember: you only need to give a short answer for each one.**

Écouter 10 **Read the third part of the task. The teacher asks Camille: *Qu'est-ce que tu penses des vacances avec des amis?***

Listen and write down in French two advantages and two disadvantages.

Écouter 11 **Listen to Camille answering the question: *Quelles seraient tes vacances idéales?***

Write down in English the answers to the questions.

a Where? **b** Why? **c** Who with? **d** How long?

Listen again and write down three examples where Camille uses the conditional.

Parler 12 **Prepare your own answers to the Module 5 questions on page 227. Then practise with your partner.**

Module 5

Contrôle écrit

130–150 word writing task

Écrire 1

Look at this writing exam task and then, for each bullet point:

1 think about what vocabulary you have learned which you could use in your answer. For example:
- **nouns** and **verbs** to talk about holiday activities and problems
- **verbs of opinion** and **adjectives** to explain your point of view
- language for **narrating a story** about what went wrong
- verbs in the **conditional** to express what your ideal way to spend your summer holiday would be.

2 write down three or four ideas of what you could write about.

3 write down which tenses you will need to use in your answer.

Make sure your ideas are linked and that you write a coherent piece (a piece of writing that makes sense as a whole).

Write about a **disastrous holiday** for an online forum.

You **must** include the following points:
- how you usually spend your summer holiday
- the pros and cons of long school holidays in the summer
- a disaster that happened during your last holiday
- your ideal way to spend your summer holiday.

Write your answer **in French**. You should aim to write between 130 and 150 words.

Lire 2

Read Sarah's answer to the exam task. Answer questions 1–5 in the coloured shapes.

1 Which connective could you use here to form an **extended sentence**? What other connectives does she use?

2 This word shows a **variety of vocabulary**. What does it mean? Find two more examples.

3 How could she **avoid repetition** by using an alternative phrase here?

4 Which **tense** is this? What other examples can you find? Does she use any other tenses?

5 This is an example of **complex language**. What does it mean? Find three more examples.

Salut,

Normalement, l'été, nous restons en Angleterre. Mes parents disent que les vacances à l'étranger coûtent trop chères.

Je pense que les vacances d'été sont trop longues car mes amis partent en vacances donc c'est parfois un peu ennuyeux. Cependant, six semaines sans aller au collège, c'est quand même génial! On peut vraiment se reposer!

Malheureusement, l'été dernier, on a eu un problème. Quand nous sommes arrivés à notre maison, louée pour dix jours, il y avait une autre famille! D'abord, mes parents ont téléphoné à l'entreprise de vacances pour se plaindre. Ensuite, mon père a compris qu'il avait la mauvaise adresse. Finalement, nous sommes partis.

Mes vacances idéales seraient dans un endroit où il fait chaud. Si possible, j'irais dans un pays francophone, par exemple en Afrique ou au Canada, car j'aimerais essayer de parler une autre langue. Je voyagerais surtout pour découvrir de nouvelles cultures, rencontrer des gens intéressants et goûter d'autres cuisines.

Lire 3 **Read Sarah's answer again. Answer the questions in English.**

a Why does Sarah's family normally stay in England in the summer?
b Why does she think the summer break is too long?
c What does she enjoy about the long summer break?
d What disaster happened to Sarah's family on their last holiday?
e What was the outcome?
f Where would Sarah like to spend her ideal holiday and why?
g What other reasons does Sarah give for wanting to travel?

Écrire 4 **Prepare your own answer to the 130–150 word writing task in exercise 1.**

- Think about how you can develop your answer for each bullet point.
- Look back at your notes from exercises 1 and 2.
- Look at the 'Challenge Checklist' and consider how you can show off your French!
- Write a **brief** plan and organise your answer into paragraphs.
- Write your answer and then carefully check the accuracy of what you have written.

Challenge checklist	
	✓ Past, present and future timeframes ✓ Connectives / time phrases / sequencers ✓ Some extended sentences ✓ Different opinion phrases
	✓ A wider range of tenses (e.g. conditional) ✓ Different persons of the verb (e.g. they) ✓ Weather phrases (e.g. *il fait …*) ✓ A wide range of interesting vocabulary (e.g. *location, francophone, à l'étanger*)
	✓ Phrases with more than one tense ✓ Subordination (e.g. *où, que*) ✓ Complex language (e.g. *sans*, reflexive verbs, *dire que*) ✓ Using *nous* and *on* ✓ More varied connectives (*quand même*)

Translation

Écrire 5 **Complete the gaps with a word from the box and translate the whole sentence into English. There are more words than gaps.**

a Dans ma région, il ___ a beaucoup de choses à faire.
b Il vaut ___ réserver plusieurs mois avant les vacances.
c Je n'aime pas aller en vacances quand il ___ froid.
d Mes parents aiment bien ça quand on ___ découvrir la culture d'un pays.
e L'année dernière, dans notre hôtel, il y ___ trop de monde.
f En vacances, il ___ la peine de louer un vélo.

faut vaut mieux peut avait fait y est

Écrire 6 **Translate the paragraph into French.**

Translate 'you' by *tu* or *on*.

This is an impersonal phrase. You won't be using *tu*, but *il faut*.

I love to travel every year. When you book a holiday, you need to do several things. Firstly, it is worth booking at least three months before. It is better to look on the website to see if people have written negative comments. It is also important to check the weather even if you leave in summer.

Impersonal phrases are very useful and it is important that you can recognise them when you translate. How many are there in the text?

Module 5

Vocabulaire

Key:
bold = this word will appear in higher exams only
* = this word is not on the vocabulary list but you may use it in your own sentences

Voudrais-tu voyager? (pages 106–107)

Pourquoi voudrais-tu voyager?	*Why do you want to travel?*
Je voudrais / J'**aimerais** voyager pour ...	*I would like to travel to ...*
me reposer.	*relax.*
me faire de nouveaux amis.	*make new friends.*
découvrir une nouvelle culture.	*discover a new culture.*
sortir de la *routine.	*escape the routine.*
apprendre une nouvelle langue / un nouveau sport.	*learn a new language / sport.*
Ce **serait** (très) agréable.	*It would be (very) nice.*
Où voudrais-tu passer tes vacances?	*Where would you like to spend your holiday?*
Je voudrais passer mes vacances au camping / à l'hôtel / à la maison / dans le village.	*I would like to spend my holiday at a campsite / at a hotel / at home / in the village.*
C'est où?	*Where is it?*
C'est à 5 minutes de la côte.	*It is 5 minutes from the coast.*
Qu'est-ce que c'est?	*What is it?*
C'est ...	*It is ...*
un camping avec logements *insolites.	*a campsite with unusual accommodation.*
un hôtel-château au cœur d'une vieille ville.	*a castle hotel in the heart of an old town.*
un village calme sur l'eau avec des *cabanes *flottantes.	*a quiet village on the water with floating huts.*
une maison *troglodyte historique et confortable.	*a historic and comfortable cave house.*
Qu'est-ce qu'il y a là-bas?	*What is there?*
Il y a ...	*There is ...*
un grand choix de restaurants.	*a large choice of restaurants.*
un grand jardin.	*a big garden.*
une belle vue sur la **rivière** et la campagne / une piscine.	*a beautiful view of the river and the countryside / a swimming pool.*
des *balcons / des jeux pour enfants / des petits bateaux.	*balconies / games for children / small boats.*
des tentes / des terrains de sport / trois chambres.	*tents / sports grounds / three bedrooms.*
Qu'est-ce qu'on peut faire?	*What can you do?*
On peut ...	*You can ...*
découvrir une belle région.	*discover a beautiful region.*
profiter de la nature.	*make the most of nature.*
s'amuser en famille à la plage.	*have fun as a family on the beach.*
se couper du monde.	*switch off from the world.*
se faire plaisir.	*treat yourself.*
vivre une expérience unique.	*have a unique experience.*

Des vacances de rêve (pages 108–109)

Quel type de vacances aimerais-tu mieux?	*What type of holiday would you like best?*
J'**aimerais** mieux ...	*I would prefer ...*
des vacances *reposantes.	*a relaxing holiday.*
des vacances *éco-responsables.	*an eco-friendly holiday.*
des vacances culturelles.	*a cultural holiday.*
des vacances *d'aventure.	*an adventure holiday.*
Où **passerais**-tu tes vacances idéales?	*Where would you spend your ideal holiday?*
Je **passerais** mes vacances ...	*I would spend my holiday ...*
à la montagne.	*in the mountains.*
sur une île ou sur la côte.	*on an island or at the coast.*
en ville.	*in a town.*
Comment **voyagerais**-tu?	*How would you travel?*
Je **voyagerais** ...	*I would travel ...*
en avion privé / en bateau.	*in a private plane / by boat.*
en train à grande *vitesse.	*by high-speed train.*
Où *logerais-tu?	*Where would you stay?*
Je *logerais ...	*I would stay ...*
sous une tente.	*in a tent.*
dans un hôtel de *luxe / une ferme / un château.	*in a luxury hotel / a farm / a castle.*
J'**achèterais** des vêtements.	*I would buy clothes.*
J'**irais** (avec mes **copains**) ...	*I would go (with my friends) ...*
Je **mangerais** de la nourriture locale délicieuse.	*I would eat delicious local food.*
Je **visiterais** de beaux sites.	*I would visit beautiful places.*
Nous **ferions** un **vol** en *hélicoptère au-dessus du *désert.	*We would take a helicopter flight over the desert.*

On part pour la Corse (pages 110–111)

Que faire en *Corse?	*What can you do in Corsica?*
Il vaut la peine de/d'...	*It is worth ...*
Il vaut mieux ...	*It is better to ...*
Il faut ...	*You have to ...*
On peut ...	*You can ...*
goûter les **plats** locaux.	*taste the local dishes.*
découvrir la culture *corse.	*discover Corsican culture.*
faire une visite en bateau.	*go on a boat trip.*
pratiquer un sport extrême.	*practise an extreme sport.*
prendre le soleil à la plage.	*sunbathe at the beach.*
acheter des souvenirs et des **produits** *typiques.	*buy typical souvenirs and products.*
traverser le pont du *Vecchio en train.	*cross the Vecchio bridge by train.*
aller au marché.	*go to the market.*
louer une *trottinette électrique.	*hire an electric scooter.*
monter **jusqu'**au *sommet d'une montagne.	*climb to the summit of a mountain.*
réserver toutes les activités.	*book all the activities.*
visiter le musée de *Bastia.	*visit the Bastia museum.*
Le musée ferme à quelle heure?	*What time does the museum close?*
Le marché commence à quelle heure?	*What time does the market start?*
L'entrée pour la piscine coûte combien?	*How much does entry for the swimming pool cost?*

Où est-ce qu'on peut réserver des billets?	*Where can you book tickets?*
Pouvez-vous me recommander un bon restaurant?	*Can you recommend a good restaurant?*
Est-ce que vous pouvez me donner des **renseignements** sur les visites en bateau?	*Can you give me information on the boat trips?*
Est-ce que le château est *accessible aux personnes handicapées?	*Is the castle accessible for disabled people?*
Est-ce que les chiens sont acceptés?	*Are dogs allowed?*
Peut-on **louer** un vélo électrique en ville?	*Can we hire an electric bike in town?*
Le cinéma, il est ouvert le lundi / le dimanche?	*Is the cinema open on Mondays / on Sundays?*

Le monde en fête (pages 112–113)

La fête de la mer, qui se passe en juillet, dure quatre jours.	*The festival of the sea, which happens in July, lasts four days.*
C'est une fête régionale.	*It is a regional festival.*
Tu es allé(e) à quel *carnaval / festival?	*Which carnival / festival did you go to?*
Je suis allé(e) à la fête / au *carnaval.	*I went to the festival / the carnival.*
Il y avait des bateaux *decorés et *colorés.	*There were colourful decorated boats.*
Il y avait des **danseurs** / de la musique.	*There were dancers. / There was music.*
J'ai **goûté** des **plats** locaux.	*I tasted local dishes.*
J'ai dansé avec la *parade.	*I danced with the parade.*
En avril dernier, je suis allé(e) chez ma tante à Madagascar.	*Last April, I went to my aunt's house in Madagascar.*
On a **fêté** la fête du riz.	*We celebrated the Festival of Rice.*
On a entendu la musique dans la rue.	*We heard the music in the street.*
Un soir, nous avons mangé un grand repas en famille.	*One evening, we ate a big family meal.*
J'ai **goûté** sept **plats** avec du riz.	*I tasted seven dishes with rice.*

Guide de voyage (pages 114–115)

J'aime / Je n'aime pas l'hôtel car ...	*I like / don't like this hotel because ...*
il est ... / il n'est pas ...	*it is / it isn't ...*
il y a ... / il n'y a pas ...	*there is / there isn't ...*
À ton avis, comment était l'hôtel?	*In your opinion, what was the hotel like?*
Il **n'**y avait **aucun(e)** ...	*There was no ...*
Il n'y avait ni ... ni ...	*There was neither ... nor ...*
ascenseur / papier toilette.	*lift / toilet paper.*
salle de jeux / place dans le *parking / restaurant.	*games room / space in the car park / restaurant.*
Il **n'**y avait **qu'**une petite fenêtre.	*There was only a small window.*
La chambre / Le lit était ...	*The bedroom / bed was ...*
Le restaurant / La piscine était ...	*The restaurant / swimming pool was ...*
fermé(e) / propre.	*closed / clean.*
La *lampe / La carte d'**accès** ne marchait pas.	*The lamp / access card didn't work.*
J'ai **dû me plaindre** / aller en ville.	*I had to complain / go into town.*
Je n'ai pas **pu** faire de natation.	*I was not able to go swimming.*
J'**aimerais** (bien) / Je n'**aimerais** pas retourner à cet hôtel.	*I would (really) like / I would not like to go back to this hotel.*
Je peux vous aider?	*How can I help you?*
Nous avons une réservation pour une chambre pour deux personnes.	*We have a reservation for one room for two people.*
C'est pour combien de nuits?	*How many nights is it for?*
C'est pour une / trois nuit(s).	*It is for one / three night(s).*
Vous avez déjà **réglé** la réservation en ligne?	*Have you already paid for the booking online?*
Ça coûte combien?	*How much is it?*
Ça coûte soixante-dix euros **par** nuit.	*It is seventy euros per night.*
Vous voulez payer comment?	*How would you like to pay?*
Je voudrais payer en **espèces** / **par** carte.	*I would like to pay in cash / by card.*
Est-ce qu'il y a une vue sur la mer / une piscine dans l'hôtel?	*Is there a sea view / a swimming pool in the hotel?*
Oui, bien sûr.	*Yes, of course.*
Bonne **soirée**!	*Have a good evening!*

Vive les vacances! (pages 116–117)

Qu'est-ce qu'on **fera**? — *What will we do?*

Ce **sera** bientôt les vacances!	*It's almost the holidays!*
S'il fait beau / chaud, ...	*If it's nice / hot weather, ...*
S'il fait froid / mauvais, ...	*If it's cold / bad weather, ...*
S'il y a du soleil / du vent, ...	*If it's sunny / windy, ...*
S'il pleut, ...	*If it rains, ...*
Que feras-tu ce week-end?	*What will you do this weekend?*
Vendredi soir, / Samedi, ...	*On Friday evening, / On Saturday, ...*
J'**enregistrerai** une chanson.	*I will record a song.*
Je **louerai** un vélo.	*I will hire a bike.*
J'**organiserai** un concert.	*I will organise a concert.*
J'**irai** à la plage.	*I will go to the beach.*
Je **ferai** du camping / une *promenade.	*I will go camping / for a walk.*
Je **participerai** à une expérience **virtuelle**.	*I will take part in a virtual experience.*
Je **ferai** une appli.	*I will make an application.*
Normalement, / **D'habitude**, ...	*Normally, / Usually, ...*
Pendant les grandes vacances, ...	*During the summer holidays, ...*
je reste ... / je vais ...	*I stay ... / I go ...*
il/elle doit ... / il/elle veut ...	*he/she must ... / he/she wants (to) ...*
L'été dernier, ...	*Last summer, ...*
L'année dernière, ...	*Last year, ...*
j'ai passé du temps / mes vacances ...	*I spent time / my holiday ...*
j'ai décidé de ...	*I decided to ...*
je suis allé(e) ...	*I went ...*
il/elle a **loué** ... / a fait ...	*he/she hired ... / did ...*
nous avons **loué** ...	*we rented ...*
il faisait gris ... / il y avait du vent ... / il *pleuvait.	*it was grey / windy / rainy.*
Cet été, j'**irai** ... / je **ferai** ... / ce **sera** ...	*This summer, I will go ... / I will do ... / it will be ...*

Modules 1–5

Révisions de grammaire 1

Using different articles (Pages 58, 84 and 94)

Écrire **1** **Copy and complete the sentences with the correct article (definite, indefinite or partitive).**

Example: 1 *Elle joue au basket dans l'équipe du collège.*

1 Elle joue au basket dans ___ équipe du collège.
2 Sur ___ photo, il y a ___ maison et des arbres.
3 À l'avenir, je ferai ___ sport chaque jour.
4 Quand j'étais jeune, mes matières préférées étaient ___ anglais et ___ maths.
5 ___ vendredi, il y a ___ poisson à la cantine.
6 Il y aurait ___ plages de sable blanc et ___ eau claire.
7 Mon prof de maths est ___ seul que j'aime bien.
8 Il n'y avait pas beaucoup d'activités pour ___ jeunes.

Comparative and superlative adjectives (Pages 60, 65, 70 and 72)

Lire **2** **Read each sentence and decide which are comparative (C) and which are superlative (S). Then translate them into English.**

1 C'est la meilleure appli sur mon portable.
2 Ma sœur est plus intelligente que mes frères.
3 Le lit de l'hôtel était moins confortable que mon lit à la maison.
4 À mon avis, la cathédrale de Reims est la plus belle.
5 À l'école primaire, l'anglais était la matière la moins intéressante.
6 Le déjeuner est aussi important que le petit-déjeuner.

Écrire **3** **Translate the sentences into French.**

1 Instagram is more interesting than Snapchat.
2 In my opinion, Tiktok is the most useful app.
3 I think that English is less important than history.
4 Swimming is the most fun sport.
5 I think doing my homework is worse than playing tennis.

Indefinite adjectives

Écrire **4** **Copy and complete the sentences with the indefinite adjectives given in brackets.**

1 Il a ___ copains aux États-Unis. (*some, a few*)
2 Nous avons une heure de devoirs dans ___ matière. (*each, every*)
3 Le couscous est bon, mais les ___ plats sont plus savoureux. (*other*)
4 ___ les fêtes sont très amusantes pour ma famille. (*all*)
5 Je la suis sur Instagram depuis ___ mois. (*several, a number of*)
6 Elle va ___ le temps à la plage avec son chien. (*all*)
7 Pendant les grandes vacances, je vais à la piscine ___ jour. (*each, every*)
8 Je fais ___ activités physiques pour me relaxer. (*several, a number of*)

Indefinite adjectives talk about people or things in a general way, without being specific.

autre(s)	other
chaque	each, every
plusieurs	several, a number of
quelque(s)	some, a few
tout/toute/tous/toutes	all, the whole

They need to agree with the noun in number and gender, just like all adjectives. There are two exceptions: *chaque* and *plusieurs*.

Direct object pronouns, indirect object pronouns and *en* (Pages 67, 73, 84 and 94)

Lire 5 **Copy out the sentences, circle the object pronoun, and write if it is a direct (D) or indirect (I) object pronoun.**

Example: 1 *Je (la) regarde tous les soirs.* → *D*

1 Je la regarde tous les soirs.
2 Nous en avons mangé ce matin.
3 Il ne lui envoie pas de carte d'anniversaire.
4 La femme nous donne des renseignements sur les visites en bus.
5 Elles ne me parlent que très rarement.
6 Il va les voir en concert demain soir.
7 Je t'ai vue au centre commercial.
8 Ma tante lui a demandé de rester chez elle.

Object pronouns go before the verb.

In the perfect tense, they go **before** the auxiliary verb (*avoir* or *être*).

With modal verbs and the near future tense, they go **before** the infinitive.

Écrire 6 **Re-write these sentences, replacing the underlined phrase with an object pronoun. Make sure you put it in the correct position in the sentence.**

1 Vous cherchez <u>la salle de classe</u>?
2 Je vais regarder <u>les informations</u>.
3 Il donne des cartes <u>aux enfants</u>.
4 Elle ne veut pas attendre <u>le bus</u>.
5 Nous avons fêté <u>l'anniversaire de ma mère</u>.
6 Je vais acheter <u>la voiture</u>.
7 J'aimais beaucoup <u>mes professeurs</u>.
8 Tu ne vas plus parler <u>à ton copain</u>?

Lire 7 **Translate the sentences into English.**

1 Tu as vu les pizzas? J'en ai mangé deux!
2 J'aime faire de la gymnastique. Tu en fais aussi?
3 Vous allez lire les articles? Moi, j'en ai lu trois.
4 Tu faisais du cyclisme hier? J'en faisais aussi!

Expressions with *avoir* (Page 88)

Lire 8 **Translate the sentences into English.**

1 Quand il neige, j'ai froid.
2 La nuit, il a souvent peur.
3 Il y a du soleil et j'ai besoin de mon chapeau.
4 Nous avons très faim en ce moment.
5 Pourquoi as-tu mal à la tête?
6 J'avais très soif après notre match de tennis.

Écrire 9 **Translate the sentences into French using the correct part of *avoir* from the box.**

Example: 1 *J'ai froid et ...*

1 I'm cold and I need a jacket.
2 Yesterday she was very hungry.
3 We are going to be very thirsty.
4 They will have sore legs tomorrow.
5 You aren't hot anymore.
6 I wasn't afraid of the horses!

avait ai allons avoir avais auront ai as

There are lots of useful expressions using *avoir* in French, some of which are the equivalent of 'to be' expressions in English.

avoir besoin de	to need
avoir chaud	to be hot
avoir froid	to be cold
avoir faim	to be hungry
avoir mal	to hurt
avoir soif	to be thirsty
avoir peur	to be afraid

Révisions de grammaire 2

Modal verbs in the present tense (Pages 87 and 95)

Lire 1 **Separate out the words to make accurate sentences. Then translate them into English.**

1 tupeuxfairetesdevoirsplustard
2 ellenesaitpasnager
3 jeneveuxplusallerauconcert
4 nousdevonssortircesoir
5 ildoitparleràsongrandpère
6 voussavezdanserensemble

Modal verbs in French include:

pouvoir (*to be able to*)	**vouloir** (*to want (to)*)	**devoir** (*to have to*)
je peux	je veux	je dois

savoir (*to know (how to)*)
je sais tu sais il/elle/on sait nous savons vous savez ils/elles savent

Écrire 2 **Copy and complete the sentences with the correct form of the verb in brackets.**

1 Tu ___ écrire un article pour un magazine de musique. (*pouvoir*)
2 On ___ voyager en avion ou en ferry. (*vouloir*)
3 Un bon ami ___ être gentil et honnête. (*devoir*)
4 Est-ce que tu ___ faire du judo? (*savoir*)
5 Demain, nous ___ aller à New York. (*vouloir*)
6 Nous ne ___ pas acheter la maison. (*pouvoir*)
7 Mes frères ___ chanter. (*savoir*)
8 Quand est-ce que vous ___ faire vos devoirs? (*devoir*)

Impersonal verbs (Pages 62 and 70)

Écrire 3 **Choose one option from each column to make at least five logical sentences. Write your sentences in French and then translate them into English.**

Example: *Il vaut mieux boire de l'eau. - It is better to drink water.*

Il faut	aller	les profs
Il ne faut pas	boire	les devoirs.
Il est interdit de/d'	écouter	au collège.
Il est essentiel de/d'	faire	de l'eau.
Il vaut mieux	jouer	en train.
Il vaut la peine de/d'	voyager	du piano.

Écrire 4 **Translate the sentences into French.**

Example: 1 *Il ne faut pas passer trop de temps sur les réseaux sociaux.*

1 You must not spend too much time on social media.
2 It's better to watch a film at the cinema.
3 It's worth going to the beach when the weather is nice.
4 It's essential to drink a lot of water.
5 It is forbidden to swim in the lake.
6 It's better to travel by train than by plane.

Talking about the past (Pages 71, 72, 89 and 96)

Lire 5

Read the sentences. For each one, write 'perfect' (P) or 'imperfect' (I). Then translate them into English.

1 J'ai lu un très bon livre sur l'amitié.
2 Elle a déjà acheté sa robe pour la fête.
3 Nous allions à l'école primaire à pied.
4 J'étais très stressé à cause de mon travail scolaire.
5 Elles ont dormi sous une tente en pleine forêt.
6 Malheureusement, l'ascenseur ne marchait pas.
7 Tu gagnais souvent les matchs de tennis.
8 J'ai voulu voyager en train car c'est plus rapide.

Remember that reflexive verbs in the perfect tense use *être* as the auxiliary verb, not *avoir*. The past participle also needs to agree with the subject of the verb. See full details in the grammar boxes on pages 89 and 96.

Écrire 6

Re-write these sentences, changing the subject to the one given in brackets.

1 Je me suis habillée très tôt ce matin. (*Tu*)
2 Ils se sont promenés au bord de la mer. (*Elle*)
3 Elle s'est brûlée dans la cuisine. (*Ils*)
4 Mon frère ne s'est pas douché hier. (*Vous*)
5 Vous vous êtes bien amusés. (*Je*)
6 Ils se sont reposés pendant trois heures. (*Nous*)

Using a range of tenses (Pages 71, 97, 120 and 121)

Lire 7

In each set of verbs, one is in a different tense to the other three. Write down (a) the odd one out, and (b) the tense of the other three.

1 nous mangeons | il y a | j'ai acheté | ils travaillent
2 je jouais | tu as étudié | c'était | on regardait
3 nous resterons | je voyagerai | il ira | vous faisiez
4 je ferai | tu vas boire | ils vont aller | on va faire
5 ce sera | j'aurai | nous mangerons | c'est
6 nous avons lu | elle a fait | elle fait | ils ont fini

Écrire 8

Write a sentence using the verb and the tense given.

Example: 1 *Nous allons manger au restaurant ce soir.*

1 manger – *near future tense*
2 regarder – *imperfect tense*
3 jouer – *present tense*
4 aller – *perfect tense*
5 finir – *simple future tense*
6 boire – *perfect tense*
7 faire – *imperfect tense*
8 être – *simple future tense*

Écrire 9

Translate the sentences into French.

1 Tomorrow I will be very tired, so we will stay at home.
2 It was quite cold yesterday when I fell over.
3 We are going to travel to Portugal. It will be great.
4 I didn't use to like cheese, but now I love it!
5 I admire her because she fought against sexism.

Think about whether the two verbs are in the same tense and whether they need to be translated into the same tense in French.

Module 6

Notre planète

Madagascar: miroir du monde?

- Understanding infographics about the environment
- Practising numbers and percentages

A

L'écologie à Madagascar

À ton avis, est-ce que l'écologie est importante?

Oui	Plutôt, oui	Pas trop	Pas du tout
87%	**11%**	**1%**	**1%**

À ton avis, l'écologie est importante pour ...

La santé	La protection de l'environnement	L'avenir et nos enfants	L'économie
36%	**29%**	**18%**	**17%**

Es-tu concerné(e) par la planète?

Très concerné(e)	Assez concerné(e)	Peu concerné(e)	Pas du tout concerné(e)
61%	**34%**	**3%**	**2%**

Est-ce que tu aides à protéger l'environnement?

Oui, chaque jour	Oui, souvent	De temps en temps	Rarement	Non
40%	**26%**	**26%**	**7%**	**1%**

Madagascar is a large island located to the southeast of Africa.

The main languages spoken there are Malagasy and French.

There are more unique species of plants and animals living in Madagascar than on the entire African continent.

More than 80 per cent of its species can be found nowhere else on Earth.

Source: https://www.usaid.gov/madagascar/environment-and-climate-change

plutôt	*rather*
plutôt, oui	*mostly yes*

B

L'énergie à Madagascar

Quelles énergies vertes est-ce qu'on utilise à Madagascar?

l'énergie hydroélectrique	75%
l'énergie solaire	23%
l'énergie éolienne	1%
l'énergie géothermique	1%

Tu connais quelles énergies vertes?

l'énergie solaire	38%
l'énergie hydroélectrique	37%
l'énergie éolienne	19%
l'énergie géothermique	4%

C

Les problèmes environnementaux à Madagascar

Quel est le plus grand problème à Madagascar, à ton avis?

23%

14%

12%

10%

9%

8%

8%

Lire 1 **Read infographic A and answer the questions.**

What percentage of respondents …

1 think that ecology is mostly important?
2 think it is important for our health?
3 think it is important for the future and our children?
4 are very concerned for the planet?
5 often help to protect the environment?
6 rarely help to protect the environment?

The information on page 134 contains lots of cognates such as *l'économie* (economy) and *géothermique* (geothermal). Can you spot five more?

Did you notice that:

- the equivalent of words that end in '*ie*' in French often end in 'y' in English?
- the equivalent of words that end in '*tion*' in French often also end in 'tion' in English?
- French words ending in '*ique*' are often adjectives? The English sometimes ends in 'ic'.

Écrire 2 **Write the following numbers as words in French and read them out. Then listen and check.**

28 31 49 52
65 76 81 93
354 1 695

20	vingt	**61**	soixante-et-un
30	trente	**64**	soixante-quatre
40	quarante	**71**	soixante-et-onze
50	cinquante	**86**	quatre-vingt-six
60	soixante	**98**	quatre-vingt-dix-huit
70	soixante-dix		
80	quatre-vingts		
90	quatre-vingt-dix		
100	cent		
200	deux-cents		
1000	mille		

Parler 3 **Read infographic B and listen. Then create six incorrect sentences by changing the underlined details below. In pairs, take turns to read out your sentences. Your partner corrects your mistakes.**

pour cent	*per cent*
vingt-deux pour cent	*twenty-two per cent*

- *La proportion <u>d'énergie solaire</u> utilisée à Madagascar, c'est <u>25%</u>.*
- *Faux. C'est <u>23%</u>.*
- *La proportion de jeunes qui connaissent <u>l'énergie hydroélectrique</u>, c'est <u>5%</u>.*
- *Faux. C'est <u>37%</u>.*

Écouter 4 **Look at infographic C, which is incomplete. Listen and write down the correct environmental issue for each percentage in the infographic.**

L'**utilisation** des ressources naturelles
Les déchets industriels
La **pollution**
L'**extinction** des espèces
Les effets du changement climatique
La **déforestation**
Les déchets personnels

les déchets *(m)* *rubbish, waste*

The sound -*tion* is pronounced a bit like 'ss-ee-on'.

Listen and repeat the words.

*utilisa**tion***
*pollu**tion***
*extinc**tion***
*déforesta**tion***

Note that all nouns ending in -*tion* are feminine!

Parler 5 **Conduct a survey. Ask the question below to at least eight people in your class. Keep a tally of your results.**

- *Quel est le plus grand problème, à ton avis?*
- *À mon avis, le plus grand problème, c'est <u>l'extinction des espèces</u>. Et pour toi, quel est le plus grand problème?*
- *Je pense que le plus grand problème, c'est <u>la pollution</u>.*

Écrire 6 **Summarise the findings from your survey.**

Une personne pense que le plus grand problème, c'est …
(Cinq) personnes pensent que …

1 Notre monde est beau

- Talking about geography and the climate
- Using comparatives and superlatives
- Learning about francophone countries

Lire 1 **Read the cards. Is each statement below true or false? Write *vrai* or *faux*. Then listen and check. (1–8)**

La France

Population	68 000 000
Capitale	Paris
La plus longue rivière	la Loire, 1 012 km
La plus haute montagne	le mont Blanc, 4 808 m
La plus grande forêt	la forêt d'Orléans, 350 km^2

La République démocratique du Congo (RDC)

Population	103 500 000
Capitale	Kinshasa
La plus longue rivière	le Congo, 4 700 km
La plus haute montagne	le pic Marguerite, 5 109 m
La plus grande forêt	la forêt tropicale congolaise, 154 135 km^2

La Suisse

Population	8 700 000
Capitale	Bern
La plus longue rivière	le Rhin, 375 km
La plus haute montagne	la pointe Dufour, 4 634 m
La plus grande forêt	la forêt Sihlwald, 11 km^2

Le Canada

Population	38 750 000
Capitale	Ottawa
La plus longue rivière	le Mackenzie, 1 738 km
La plus haute montagne	le mont Logan, 5 950 m
La plus grande forêt	la forêt boréale canadienne, 3 000 000 km^2

1 Le pays avec la plus grande population, c'est le Canada.
2 Le mont Logan est plus haut que le mont Blanc.
3 La capitale du Canada, c'est Montréal.
4 La forêt Sihlwald est moins grande que la forêt d'Orléans.
5 Les plus longues rivières sont le Congo et le Mackenzie.
6 La plus haute montagne, c'est la pointe Dufour.
7 Les pays avec les moins grandes populations sont la Suisse et la France.
8 La plus grande forêt est la forêt boréale canadienne.

G

The comparative is used to make comparisons:
***La** forêt tropicale congolaise est plus grand**e** que la forêt Sihlwald.*
***Le** Rhin est moins long que le Mackenzie.*

The superlative is used to say something is 'the most ...', 'the least ...', 'the biggest', 'the longest', etc.:
les** problèmes **les** plus important**s
***la** plus grand**e** forêt*

Page 146

Écrire 2 **Using the information in the cards in exercise 1, write your own 'true or false' quiz. Write six statements. Include some comparatives and superlatives.**

Parler 3 **In pairs, take turns to quiz your partner, using your own statements from exercise 2.**

- *La moins grande forêt est la forêt Sihlwald.*
- *C'est faux.*
- *Tu as tort. C'est vrai.*

✓	✗
Tu as raison. *You are right.*	Tu as tort. *You are wrong.*
C'est vrai. *That's true/right.*	C'est faux. *That's wrong.*

Lire 4 **Read the texts. Find the French for the phrases below.**

Notre monde est *beau*

Le Canada est bien connu pour son beau paysage. Le Québec, dans l'est du pays, par exemple, est plein de forêts, de longues rivières, de lacs et de montagnes. On dit que la forêt boréale canadienne est la meilleure forêt du monde! Au Canada, il y a une diversité d'animaux, y inclus des ours noirs et des ours polaires qui peuvent quelquefois être très dangereux.

En hiver et au printemps, il fait très froid et le paysage est plein de neige. Par contre, en été, il fait très chaud. En moyenne, il pleut sept jours par mois. Janvier est le mois le plus froid avec une couverture complète de neige.

En République démocratique du Congo, les paysages sont également magnifiques. Il y a de tout: des montagnes, des villes, des lacs et des vallées. Le Nyiragongo est un volcan très célèbre, mais l'odeur – c'est le pire! La plus longue rivière, c'est le Congo. Le pays est aussi connu pour ses nombreuses espèces animales.

Le pays est très grand. En général, il fait très chaud pendant toute l'année et il fait souvent humide. Les températures sont hautes. Dans le nord, il pleut beaucoup en automne, mais dans le sud, il pleut souvent au printemps. Le soir, il y a souvent du brouillard.

***l'ours** (m)*	*bear*
la vallée	*valley*

1 its beautiful landscape
2 including
3 the countryside is full of snow
4 on average
5 the coldest month
6 it is often humid
7 temperatures are high
8 in the evening, there is often fog

Lire 5 **Re-read the texts. Are the statements below true of Canada (write 'C'), Democratic Republic of the Congo (write 'DRC') or both (write 'both')?**

1 The scenery is beautiful.
2 There is a famous volcano.
3 The best forest in the world is said to be here.
4 It is very hot in summer.
5 In the south, it rains in spring.

au printemps	*in spring*
en été	*in summer*
en automne	*in autumn*
en hiver	*in winter*

Lire 6 **Translate the last paragraph of the texts in exercise 4 into English.**

Écouter 7 **Listen and answer the questions in English.**

1 What three things is Switzerland well known for?
2 Why do many people visit?
3 What is the weather like in winter?
4 In both spring and autumn, what is it like?
5 In summer, what is the weather like in the mountainous areas?

Écrire 8 **Write a short text about the geographical features and climate of a country you know well. Include:**

- what the country is well known for
- the longest river, the highest mountain or the biggest forest
- what the weather is like in different seasons.

2 Planète en danger

- Talking about environmental problems
- Understanding the present tense of the passive voice
- Pronouncing the 'open *o*'

Lire 1 **Read the sentences. Write the letter of the correct photo for each one.**

Quelles sont les plus grandes menaces pour l'environnement?

1 Les poissons sont menacés par la pollution.

2 Notre climat est touché par la circulation et le taux de carbone présent dans l'air.

3 Les espèces animales sont menacées par la destruction des forêts.

4 Notre environnement est amélioré par la protection des fleurs, des forêts et de la mer.

5 La planète est menacée par le changement climatique.

6 La population humaine est menacée par la faim et la guerre.

7 Le monde naturel est protégé par nos petits gestes, comme par exemple le recyclage.

8 Les humains sont menacés par les inondations et le niveau de la mer qui augmente.

a

b

c

d

e

f

g

h

G

The present tense of the passive voice is used to talk about things that **are done**. To form it, use the present tense of *être* followed by a past participle. The past participle must agree with the subject. The examples on this page use ***par*** (by). How many examples can you identify in exercise 1?

masculine singular	***Le*** *climat* The climate	*est touché* is affected	*par la circulation.* by traffic.
feminine singular	***La*** *planète* The planet	*est menacé**e*** is threatened	*par le changement climatique.* by climate change.
masculine plural	***Les*** *animaux* Animals	*sont protégé**s*** are protected	*par nos petits gestes.* by our small actions.
feminine plural	***Les*** *espèces* Species	*sont menacé**es*** are threatened	*par la destruction des forêts.* by the destruction of the forests.

Page 147

Écouter 2 **Listen. What are these students talking about? Write down the letter of the correct photo from exercise 1. (1–5)**

Lire 3 **Translate the text into English.**

La planète est en danger. Le changement climatique est le problème le plus important. Les animaux sont menacés par la destruction des forêts et les poissons sont menacés par la pollution. Nous, les humains, sommes touchés par le niveau de la mer qui augmente. Il y a tellement de problèmes et c'est très inquiétant. Mais je veux être un bon citoyen et je suis positif – on peut trouver des solutions!

inquiétant(e)	*worrying*
le citoyen/la citoyenne	*citizen*

Parler 4 **Listen and repeat the following words. Then in pairs, take turns to read out the text in exercise 3, paying particular attention to the underlined words.**

protéger notre pollution forêt améliorer

The French **o** is an open sound in these words.

Écouter 5 **Look at the map and listen to what the weather will be like. Write the letter of the correct city. (1–6)**

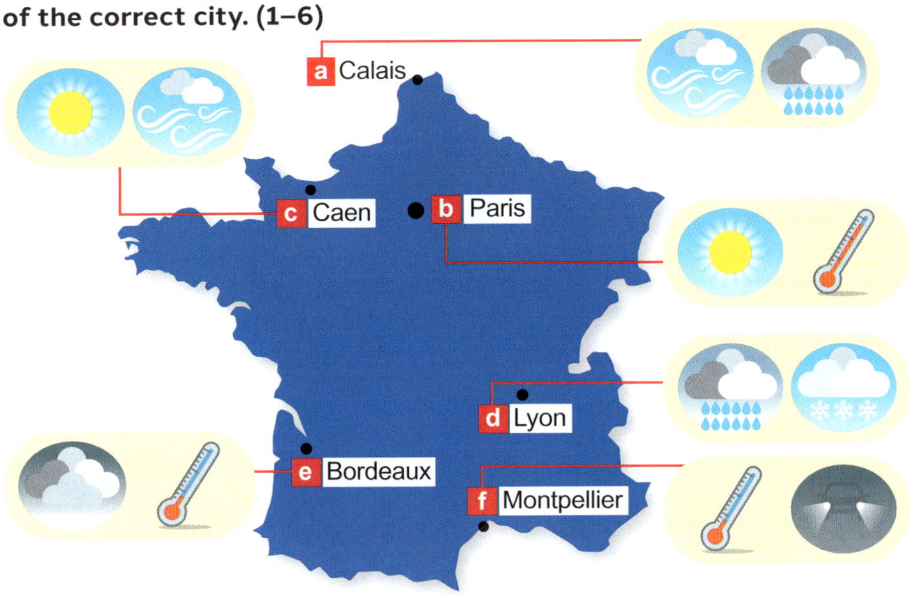

Quel temps fera-t-il?	
Il fera	beau / chaud. froid / mauvais.
Il y aura	du soleil / du vent. du brouillard.
Il pleuvra.	
Il neigera.	

G

You use the simple future tense to say someone 'will' do something.

To form the simple future of regular *-er* verbs, take the infinitive (e.g. *neiger*) and add the correct endings.

Some weather expressions are irregular:

il fait (beau) – il fera (beau)
il y a (du vent) – il y aura (du vent)
il pleut – il pleuvra

Parler 6 **In pairs, talk about what the weather will be like in each of the places on the map in exercise 5.**

- *Quel temps fera-t-il à Calais?*
- *Il y aura … et il …*

Lire 7 **Read the text. Match each underlined phrase to one of the pictures below.**

le réchauffement	*warming*

Le climat en 2050? Le choix est à nous!

On lutte pour limiter le réchauffement de la planète à 1,5°C. Voici deux scénarios possibles …

Scénario A ✓

Les températures augmenteront partout dans le monde. Mais **1** les nouvelles technologies, comme les voitures électriques par exemple, limiteront le danger. On arrêtera l'augmentation du niveau de la mer et le nombre d'inondations.

2 On limitera le réchauffement de la planète. Les pays seront plus froids ou plus chauds, mais les effets seront moins extrêmes.
3 On sauvera les espèces menacées et les habitats des animaux.

Scénario B ✗

4 Les températures augmenteront très vite partout dans le monde. Le réchauffement de la planète continuera à cause de la pollution.
5 Le niveau de la mer augmentera et des millions de personnes traverseront des frontières et partiront vers d'autres pays.
Le climat sera plus extrême. Il fera beaucoup plus chaud et il y aura plus d'inondations.

Les effets du changement climatique auront un impact terrible sur les animaux.

Si on commence à faire des petits et des grands gestes dès aujourd'hui, on sauvera la planète!

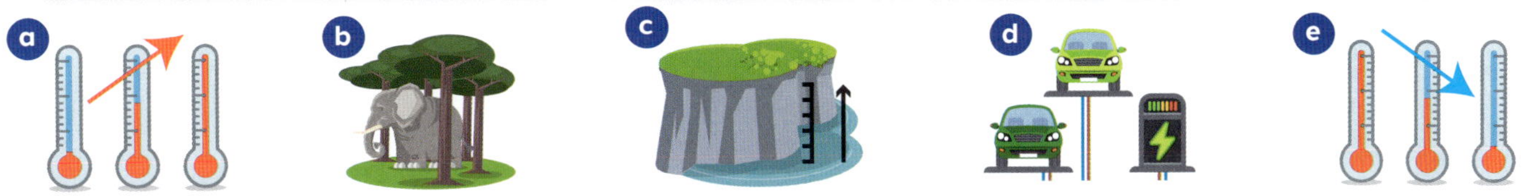

Lire 8 **Re-read the text. Copy and complete the sentences about scenario B in English.**

1 Global warming will continue …
2 Millions of people will …
3 The climate will be …
4 It will be much hotter and …
5 The effects of climate change will have a terrible …

Écrire 9 **Write a weather prediction for 2050 for one of the cities in exercise 5. Use the key language from exercise 5 and some of the ideas in exercise 7.**

3 Des grands gestes

- Discussing how we can work together to protect the environment
- Using the *nous*-form imperative
- Expressing opinions in a variety of ways

Écouter 1 **Listen and write down the correct letter. (1–7)**

Quelle est la chose la plus importante à faire pour protéger l'environnement?

le/la bénévole	*volunteer*

a 

Il faut manifester pour des organisations vertes.

b 

Il faut participer aux élections et aux débats politiques.

c 

Il faut développer la coopération globale.

d 

Il faut être bénévole pour des projets verts.

e 

Il faut arrêter de créer des produits en plastique.

f 

Il faut voter pour un gouvernement qui finance la recherche en énergies vertes.

g 

Il faut organiser des manifestations pour la protection des espèces.

Écouter 2 **Listen again. What is the last thing that each speaker says? Copy and complete the sentences with the missing words in French. (1–7)**

1 Travaillons …!
2 Respectons …!
3 Protégeons notre …!
4 Sauvons …!
5 Partageons nos …!
6 Soyons …!
7 Faisons un …!

G

The *nous*-form imperative is translated as 'let's' in English, as in *sauvons* (let's save), *travaillons* (let's work) or *faisons* (let's do).

It is formed using the *nous* form of the verb in the present tense.

The verb *être* is irregular: *soyons* (let's be).

Page 147

Parler 3 **Conduct a survey. Ask the question below to six people in the class.**

- *À ton avis, quelle est la chose la plus importante à faire pour protéger l'environnement?*
- *À mon avis, il faut …*

You can vary your language by using different phrases to introduce your opinions:

À mon avis, … *Je crois que …*
En ce qui me concerne, … *Je trouve que …*
Je pense que …

Écrire 4 **Write a new version of this poster, using some of the ideas on the right to change the underlined words.**

Sauvons la planète!

Il faut manifester contre <u>le réchauffement de la planète</u>.

Il faut participer aux manifestations pour <u>la protection de la mer</u>.

Participons aussi <u>aux débats politiques</u>!

Protégeons <u>la nature</u>!

le recyclage
la destruction des forêts
les humains
la pollution
les espèces
aux élections
le changement climatique

Lire 5 **Read the article. Then answer the questions below by writing 'Victor', 'Youna' or 'both'.**

Les éco-activistes

Le changement climatique est un immense problème. Est-ce qu'une seule personne peut faire une grande différence? Voici deux jeunes avec une passion pour l'environnement.

Victor Noël est français. Il a toujours été intéressé par le monde naturel. À l'âge de 14 ans, il a organisé une manifestation pour la protection de la planète. Plus de 79 organisations vertes sont venues. Il écrit régulièrement aux politiciens et il participe à des débats politiques. En France, il est le porte-parole des jeunes pour la lutte contre l'extinction des espèces. À l'avenir, il veut être photographe animalier et il a déjà écrit deux livres. Suivons son exemple: rien n'arrête Victor!

Youna Marette est belge. Elle sait que la planète est menacée par le changement climatique. Elle participe aux élections et à des débats politiques, mais elle pense aussi qu'il faut manifester et s'organiser. Elle a parlé à des conférences et elle fait partie de Génération Climat. Chaque jeudi, pendant les heures de cours, elle a organisé des manifestations – cela a causé une véritable controverse. Mais personne ne doute de sa passion. Protégeons la planète ensemble!

le/la porte-parole	*spokesperson*
la lutte	*fight, struggle*
le/la photographe	*photographer*
la controverse	*controversy*

1 Who engages with politics?
2 Who has spoken at conferences?
3 Who has a specific interest in animals?
4 Whose activism has broken rules?
5 Who organised a particularly large protest?
6 Whose future plans are mentioned?

G

Personne and *rien* can both be used as the subject of a sentence and are followed by *ne*.

***Personne ne** doute de sa passion.* No one doubts her passion.
***Rien n'**arrête Victor.* Nothing stops Victor.

Page 147

Écouter 6 **Listen to the podcast where the speaker talks about what he has done in the past and what he does now. Copy and complete the grid with the correct letters.**

past	present

a participating in protests
b speaking at a conference
c volunteering
d writing to politicians
e being a spokesperson for animal protection

Remember:

present tense	Je participe Il/Elle participe	à des manifestations.
perfect tense	J'ai participé Il/Elle a participé	

Écrire 7 **Write a short text about this eco-activist, using the prompts below.**

- Thinks we need to develop global cooperation
- Thinks we need to stop making products from plastic

- Participates in political debates
- Is a spokesperson for protecting species

- Has spoken at conferences
- Has organised a protest against climate change

Think about how you could improve your text.
You could try:
- varying the phrases you use to introduce what the activist thinks, e.g. *il trouve que …* *il croit que …*
- using adverbs of frequency (e.g. *régulièrement*), time markers (e.g. *l'année dernière*) and connectives (e.g. *En plus*).
- giving your own opinion on what we should do to help the environment, e.g. *Protégeons notre …*

4 Des petits gestes

- Talking about day-to-day actions to protect the environment
- Using *en* + the present participle
- Understanding when to use the imperfect and perfect tenses

Lire 1 **Read about what these people do to protect the environment. Write the letters of the <u>two</u> correct pictures for each person. You will need to use some pictures more than once.**

Qu'est-ce que tu fais pour protéger l'environnement?

Adaline

<u>Je fais un effort pour protéger l'environnement en allant au collège à vélo</u> et non pas en voiture, par exemple. En plus, chaque jour, je me douche au lieu de prendre un bain.

Zachary

La situation actuelle est inquiétante. Moi, <u>je trie mes déchets, en séparant le plastique, le verre et le papier</u>. De plus, j'utilise du papier recyclé.

Lucas

Pour moi, ce qui est important, c'est le monde naturel. Je lutte pour les droits des animaux. <u>En étant végétarien, je respecte les animaux</u> – je ne mange jamais de viande. De plus, je recycle toujours le plastique.

Khalida

Pour lutter contre le changement climatique, je fais chaque jour des petits gestes. Par exemple, <u>je protège l'environnement en achetant du papier recyclé</u>. Quand je peux, je vais en ville à pied ou à vélo.

Amélie

La planète est en danger! <u>Je protège notre environnement en réutilisant les sacs en plastique</u>. Je trie aussi mes déchets, bien sûr.

a

e

b

f

c

g

d

Lire 2 **Translate the <u>underlined</u> sentences in exercise 1 into English.**

G

Use *en* + the present participle to say 'by' doing something. To form the present participle, use the *nous* form of the present tense. Remove the *-ons* and add *-ant*. For example:

nous jouons → *en jou**ant*** by playing

nous finissons → *en finiss**ant*** by finishing

Some verbs are irregular: *en **ayant*** (*avoir*) and *en **étant*** (*être*).

Page 148

Écouter 3 **Listen. What positive actions do the speakers take to protect the environment? Which of their actions are less positive? Copy and complete the grid in English. (1–4)**

	positive	less positive
1	buys recycled paper, …	doesn't often separate …

Parler 4 **Play a memory game. Work in groups of four. Each person has to repeat what the preceding person said and add something new!**

Qu'est-ce que tu fais pour protéger l'environnement?

- ● *J'utilise du papier recyclé.*
- ■ *J'utilise du papier recyclé et je trie mes déchets.*
- ▲ *J'utilise du papier recyclé et je trie mes déchets en séparant le plastique, le papier et le verre.*
- ◆ *J'utilise du papier recyclé, je trie mes déchets en séparant le plastique, le papier et le verre et je …*

Lire 5 **Listen and read. Then answer the questions in English.**

Ma visite au Québec

Quand j'étais plus jeune, je ne m'intéressais pas beaucoup à l'environnement. Je passais mon temps libre devant un écran ou à jouer au foot avec mes amies. Mes parents achetaient des produits verts, mais dans ma famille, personne ne pensait vraiment au réchauffement de la planète.

L'année dernière, j'ai eu l'occasion de visiter le Québec avec mes grands-parents. Là-bas, j'ai vu les effets du changement climatique: la température en hausse et le niveau de la mer qui augmente.

Maintenant, j'ai complètement changé d'avis. Je comprends l'importance des petits gestes et j'ai décidé de faire de mon mieux. J'ai commencé à utiliser du papier recyclé. Maintenant, je choisis la marche à pied quand je peux. De plus, je protège l'environnement en mangeant moins de viande. Hier soir, j'ai encore choisi un plat végétarien.

Mes parents font plus aussi. Ils ont acheté une voiture électrique. Cependant, pour les petits voyages, ils prennent les transports en commun au lieu de la voiture.

On sait que la planète est menacée par la pollution. Nous avons tous une responsabilité. Travaillons ensemble! **Rosalie**

en hausse *rising*

1. How did Rosalie spend her free time when she was younger? Give two details.
2. What did her parents use to do to help protect the environment?
3. Name two effects of climate change that Rosalie saw when visiting Quebec.
4. What does she now do to help mitigate the effects of climate change? Give at least two details.
5. What have her parents done recently to help?

Lire 6 **Re-read the text in exercise 5. Find the French for the phrases below.**

1. I wasn't very interested in the environment.
2. I saw the effects of climate change.
3. I have completely changed my opinion.
4. I decided to do my best.
5. I choose to walk when I can.
6. They use public transport instead of the car.

G

The **perfect tense** is used to talk about **single events or actions that happened in the past**, e.g. *ils ont acheté* (they bought – on one occasion).

The **imperfect tense** is used to talk about **what happened in the past over a period of time** (what used to happen) rather than one single event, e.g. *mes parents achetaient* (my parents used to buy – repeatedly).

Page 148

Écouter 7 **Listen. Then copy and complete the grid in English. (1–3)**

	What did they use to do?	What do they now do?	What have they done recently?
1			

imperfect	present	perfect
j'utilisais	*j'utilise*	*j'ai utilisé*
je faisais	*je fais*	*j'ai fait*
je prenais	*je prends*	*j'ai pris*
j'allais	*je vais*	*je suis allé(e)*

Parler 8 **In pairs, take turns to ask and answer these questions.**

- Quand tu étais plus jeune, qu'est-ce que tu faisais pour protéger l'environnement?
- Et maintenant, qu'est-ce que tu fais pour protéger l'environnement?
- Et la semaine dernière, qu'est-ce que tu as fait?

Écrire 9 **Write an article for your school website on how to protect the environment. Include:**

- what some of the problems are
- what you used to do (or not do) when you were younger
- what you do now to help
- some examples of what you have done recently to protect the environment.

5 Innovation verte

- Discussing new technologies
- Using *être en train de* and *venir de*
- Identifying correct statements about a text

Écouter 1 **Listen and read. With a partner, discuss what the sentences mean and translate them into English. (1–6)**

Qu'est-ce qu'on doit faire pour développer de nouvelles technologies?

1 On doit améliorer la qualité des transports électriques.

2 On doit utiliser plus d'énergie solaire.

3 On doit développer l'énergie hydroélectrique.

4 On doit rechercher des technologies pour purifier l'air.

5 On doit apprendre comment mieux utiliser l'énergie éolienne.

6 On doit développer les voitures à pile à hydrogène.

la pile à hydrogène *hydrogen battery*

Lire 2 **Read this introduction to an interview and the five questions. Which tense is each question in? Write 'present', 'perfect', 'imperfect' or 'simple future'.**

Pour Lilli, la protection de l'environnement, c'est son métier et sa passion.

1 Qu'est-ce que vous faites comme métier?
2 Quand vous étiez jeune, qu'est-ce que vous faisiez pour protéger l'environnement?
3 À votre avis, qu'est-ce qu'il faut faire pour lutter contre le réchauffement de la planète?
4 Qu'est-ce que vous avez fait pour l'innovation verte?
5 À l'avenir, qu'est-ce que vous ferez pour protéger l'environnement?

Lire 3 **Match each question from exercise 2 to an answer below. Then listen and check.**

a À mon avis, il faut organiser des manifestations contre la pollution.
b J'ai recherché des technologies pour purifier l'air et je viens de développer les piles à hydrogène.
c Je triais mes déchets et j'achetais des produits verts.
d Je continuerai à rechercher les nouvelles technologies. J'améliorerai la qualité des transports électriques, par exemple.
e Je suis ingénieure. Je recherche de nouvelles technologies. Je suis en train de développer l'énergie éolienne.

G

Use the present tense of ***être*** + ***en train de*** + **an infinitive** to say what someone **is in the middle of doing**:
Je suis en train de développer ... I am in the middle of developing ...

Use the present tense of ***venir*** + ***de*** + **an infinitive** to say what someone **has just done**:
Elle vient de rechercher ... She has just researched ...

Page 149

le métier *job, occupation*

Écouter 4 **Listen to some answers. Which of the questions below is each answer in response to? Write the correct letter. (1–6)**

a Qu'est-ce que vous faisiez pour protéger l'environnement?

b Qu'est-ce que vous avez fait pour l'innovation verte?

c À l'avenir, qu'est-ce que vous ferez pour protéger l'environnement?

Parler 5 **In pairs, take turns to read out the matched answers and questions from exercises 2 and 3 to recreate the interview. Focus on good pronunciation.**

Before reading aloud, look at the interview and discuss with your partner how to pronounce:
- the question words
- the verbs in different tenses
- the French words that look similar to English words. How many of these can you find?

Lire 6 **Read the article. Write the letters of the three correct statements.**

Sac à dos électrique: le transport vert du futur?

Amir est né à Bordeaux, en France, en 1995. Quand il était jeune, il s'intéressait beaucoup à l'environnement, et il organisait même de petites manifestations contre la pollution.

Aujourd'hui, Amir est ingénieur et il est très connu dans sa profession. Lutter contre le réchauffement de la planète, c'est son métier. L'année dernière, il a recherché l'énergie solaire, et maintenant, il est en train de développer des transports verts.

Il vient de finir son plus grand projet: le sac à dos électrique, le transport vert du futur qui pourrait remplacer la voiture. Le sac à dos n'utilise pas d'essence. Il utilise des piles à hydrogène. Il est pratique et facile à conduire.

C'est une innovation positive pour réduire les émissions de carbone, mais la technologie coûte très cher.

À l'avenir, Amir continuera à rechercher de nouvelles technologies.

l'ingénieur(e)	*engineer*
le sac à dos	*backpack*
l'essence *(f)*	*petrol*
conduire	*to drive*

a When he was younger, Amir was active in standing up for the environment.
b Amir is well known in his profession.
c Amir has done research into wind energy.
d In the future, Amir will work on an electric backpack.
e The backpack is solar-powered.
f The backpack is practical but expensive to produce.

To identify if a statement is correct, ask yourself:
- Does it express an idea that is conveyed by the text, even if the words used are not a direct translation of those in the text?
- Are all of the details correct, or only some of them?
- Does it reference something from the text, but in a different tense?

Écrire 7 **Translate the text into French.**

In my opinion, we must improve the quality of electric transport and we must use more wind energy. Recently, I organised a protest. I am an engineer and I am in the middle of researching hydroelectric energy. I have just spoken at a conference. In the future, I will develop green transport.

'Transport' is plural in French.

Look at exercise 1.

Use the perfect tense.

Do you remember how to say 'in the middle of' doing something?

You don't need the word for 'a' in French. Look at the interview on page 144 and at the text about Amir.

Take care here. You don't need the perfect tense. Look at the grammar box on page 144.

Grammaire 1

The comparative and the superlative (Unit 1, page 136)

You use **comparative** adjectives to compare things:

- *plus* + adjective + *que*
  more + adjective + than
- *moins* + adjective + *que*
  less + adjective + than
- *aussi* + adjective + *que*
  as + adjective + as

The adjective must agree (in gender and number) with the first noun.

***La** voiture est aussi polluant**e** que l'avion.*
The car is as polluting as the aeroplane.

The superlative is used to say that something is 'the longest', 'the least tall', 'the worst' and so on. *Le/la/les* agrees with the noun. The adjective must also agree.

- the most ... *le/la/les plus* + adjective
- the least ... *le/la/les moins* + adjective

***Le** moyen de transport **le** plus polluant, c'est l'avion.*
The most polluting mode of transport is the aeroplane.

Just like in English, 'good' and 'bad' are irregular in French.

*bon(**ne**)(**s**)* (good)	*meilleur(**e**)(**s**)* (better)	*le/la/les meilleur(**e**)(**s**)* (the best)
*mauvais(**e**)(**s**)* (bad)	*pire(**s**)* (worse)	*le/la/les pire(**s**)* (the worst)

Écouter **1** **Listen to people comparing modes of transport. For each person, write the letters of the <u>two</u> modes of transport and the comparison made in English. (1–7)**

Example: 1 *b, c – b faster than c*

a 
b 
c 
d 
e 
f 

rapide	*fast*
propre	*clean*
polluant(e)	*polluting*
pratique	*practical*
facile	*easy*
bon(ne)(s) pour l'environnement	*good for the environment*
mauvais(e)(s) pour l'environnement	*bad for the environment*

Lire **2** **Copy and complete the sentences below with the correct word from the box. Then translate the sentences into English.**

1. En Suisse, janvier est le mois le plus ___.
2. La plus ___ rivière, c'est le Congo.
3. Les températures (*f*) les plus ___ sont dans le sud de la Tunisie.
4. En France, les mois (*m*) les plus ___ sont juillet et août.
5. On dit que la forêt boréale canadienne est la ___ forêt du monde.
6. Le pays avec la plus ___ population, c'est la Chine.

long froid chauds meilleure grands hautes
longue froids hausse chaud meilleur grande

la Chine *China*

Écrire **3** **Translate the sentences into English.**

1. Zoë prend le bus plus souvent que ses parents, mais moins souvent que sa sœur.
2. Dans leur classe, c'est Philippe qui court le moins vite et c'est Aurore qui court le plus vite.
3. Marc conduit lentement, Jess conduit plus lentement, mais c'est Lucie qui conduit le plus lentement.
4. Zahid parle bien, Francine parle mieux, mais c'est Inès qui parle le mieux.
5. Les manifestations peuvent se terminer mal.

The comparative and superlative of adverbs are formed in a similar way but do not agree, as <u>adverbs are invariable</u>. They are placed after the verb.

Céline recycle plus régulièrement que son frère.
Céline recycles more regularly than her brother.

Note these irregular forms:

bien (well)	*mieux* (better)	*le/la mieux* (the best)
mal (badly)	*pire* (worse)	*le/la pire* (the worst)

The passive voice (using *par*) (Unit 2, page 138)

Lire 4 **Read the grammar box on the passive voice on page 138. Match the sentence beginnings to the correct endings and write the sentences out in full. Then translate them into English.**

1	Les poissons	**a**	est touché par le taux de carbone dans l'air.
2	La planète	**b**	sont menacées par la destruction des forêts.
3	Notre climat	**c**	est protégée par nos petits gestes.
4	Les espèces	**d**	sont menacés par la pollution.

Écrire 5 **Rewrite these sentences, making them passive using *par*. Start with the underlined words each time.**

1 Le changement climatique menace la planète.
2 Les forêts et les fleurs améliorent notre environnement.
3 La pollution menace les humains.
4 Nos petits gestes protègent le monde naturel.
5 La protection de la mer améliore notre climat.

If your sentence starts with a singular noun, use *est*, but if it starts with a plural noun, use *sont*. You need to make the past participle agree with the subject as well.
La guerre menace la population humaine. →
***La** population humaine est menacé**e** par la guerre.*

The *nous*-form imperative (Unit 3, page 140)

Parler 6 **Read the grammar box on the imperative on page 140. Then in pairs, take turns to make these sentences into protest slogans, using the *nous*-form imperative. Chant your answers aloud!**

1 Il faut respecter la nature.
2 Il faut être actif et positif.
3 Il faut travailler ensemble pour lutter contre la pollution.
4 Il faut participer aux manifestations.
5 Il faut protéger la mer.
6 Il faut partager les ressources de la planète.

Remember that sometimes an 'e' is needed to keep a consonant soft before the -*ons* ending, e.g. *protég**e**ons*.

Using the negatives *personne* and *rien* as the subject of a sentence (Unit 3, page 141)

Lire 7 **Read the grammar box on page 141. Write out the jumbled words and phrases in the correct order to translate the English sentences.**

Example: 1 *Personne ne vient aujourd'hui.*

1 No one is coming today. ne | vient | personne | aujourd'hui

2 Nothing is impossible!
est | n' | impossible | rien

3 No one likes doing their homework.
faire | devoirs | personne | aime | ses | n'

4 Nothing is more important than my friends.
amis | important | est | n' | que | rien | mes | plus

5 No one eats meat in my family, even the dog!
ne | le chien | de viande | personne | même | dans | mange | ma famille

6 No one goes to school by bike when it's snowing.
va | au collège | neige | personne | à vélo | il | ne | quand

Grammaire 2

En + the present participle (Unit 4, page 142)

To form the present participle (-ing form), use the *nous*-form of the present tense. Take off the *-ons* and add *-ant*.
nous recyclons → *recycl**ant*** recycling   nous choisissons → *choisiss**ant*** choosing

Some verbs are irregular, e.g. ***ayant*** *(avoir)* and ***étant*** *(être)*.

When the present participle follows *en*, it can mean 'by doing' or 'while doing' something.
En séparant *le plastique, j'aide à protéger l'environnement.*
By separating plastic, I help to protect the environment.

Je fais mes devoirs ***en écoutant*** *de la musique.*
I do my homework **while listening** to music.

The present participle (without *en*) can sometimes be used as an adjective, e.g. *un être vivant* (a living being); *une expérience surprenante* (a surprising experience).

Écouter 1 **Listen and fill in the gaps in French with the missing present participles. Then translate the text into English.**

Example: 1 *séparant*

Pour protéger l'environnement, je trie mes déchets, en **1** le plastique, le verre et le papier. Je fais de mon mieux en **2** les transports en commun et en **3** de me doucher au lieu de prendre un bain. Je respecte les animaux en **4** végétarienne. En **5** aux manifestations et en **6** la nature, j'aide aussi à combattre le changement climatique.

Écrire 2 **Look at the pictures and write <u>six</u> sentences about what you do to protect the environment.**

Je fais de mon mieux pour la planète en ...

Choosing between the imperfect and perfect tenses (Unit 4, page 143)

Lire 3 **Read the grammar box on page 143. Copy and complete the sentences, choosing the correct form of the verb from the options in bold.**

1 Quand j'étais petit, **je suis allée / j'allais** tous les jours à l'école à pied.
2 Le week-end dernier, **j'ai pris / je prenais** l'autobus et non pas la voiture.
3 Hier, **j'ai trié / je triais** mes déchets, en séparant le plastique, le verre et le papier.
4 Quand j'étais au collège, **j'ai participé / je participais** régulièrement à des manifestations contre la pollution.
5 Samedi dernier, au restaurant, **j'ai choisi / je choisissais** un plat végétarien.

Être en train de and *venir de* (Unit 5, page 144)

Remember that although *venir* is used in the present tense in these phrases in French, we translate *venir de* + an infinitive using a past tense in English.

Parler 4 **Read the grammar box on page 144. Take turns at building sentences containing one element from each column of the grid. Take care with your pronunciation! Your partner then translates your sentence into English.**

Je suis Il/Elle est	en train de/d'	développer rechercher inventer	des chaussures électriques. du papier réutilisable. un vélo volant. un nouveau produit vert.
Je viens Il/Elle vient	de/d'		

voler *to fly*

C'est parti!

Parler 5 **In pairs. Partner A reads out one of the answers below. Partner B then asks the question that would have triggered the answer. Then swap roles!**

Je mangerai moins de viande.

Je triais mes déchets.

J'ai voyagé en bateau au lieu de prendre l'avion.

Je lutte pour les droits des animaux.

Je me douche au lieu de prendre un bain.

J'ai recyclé des bouteilles en plastique.

Je participerai à une manifestation contre la pollution.

Je réutiliserai les sacs en plastique.

J'achetais des produits verts.

Je vais au collège à vélo et non pas en voiture.

Qu'est-ce que tu faisais avant pour protéger l'environnement?

Qu'est-ce que tu fais pour protéger l'environnement?

Qu'est-ce que tu as fait récemment pour protéger l'environnement?

À l'avenir, qu'est-ce que tu feras pour protéger l'environnement?

Écrire 6 **Read the English text. Which structures do you need to use in order to translate the highlighted sections into French? Match each highlighted section to one of the hints below. Then translate the whole text into French.**

The planet is threatened by climate change (1). In my opinion, small actions are the most important (2). I sort my rubbish, by separating (3) plastic, glass and paper. In my family, no one travels (4) by car. I have just watched (5) a programme about Greta Thunberg. Let's save (6) the planet!

a Remember to use the present tense of *venir* + *de* + an infinitive.
b Use the *nous*-form imperative.
c Start with *personne*. What comes immediately after this?
d Use the superlative. Note that this is the plural, so take care with the agreement!
e You need the passive voice. The past participle must agree with the subject.
f Use *en* + the present participle. Do you remember how to form it?

Module 6 Contrôle de lecture et d'écoute

Reading

Lire 1

***Where I live.* Clément writes a blog.**

Salut tout le monde!

Malheureusement, là où j'habite, nous avons quelques problèmes. Le bruit causé par la circulation n'est pas agréable. Avant, c'était plus calme ici! On trouve souvent des bouteilles et des sacs en plastique dans notre parc. Nous avons pourtant assez de **poubelles***! Cependant, le problème le plus grave, c'est que l'eau de la rivière est moins saine qu'avant. C'est triste.

***la poubelle** *bin*

a Complete the gap in each sentence using a word from the box. There are more words than gaps.

(i) There was ___ noise in his town before.
(ii) Clément thinks there ___ enough bins in his local park.
(iii) The river is ___.

less aren't more are polluted healthy were

For each gap, there are two or three possible answers. Identify which ones they are for each gap.

The blog continues.

Il y a quelques semaines, un groupe d'élèves de mon lycée a commencé un projet pour améliorer les conditions de vie dans notre ville. Tous les jours, ils vont au parc pour mettre les déchets dans les poubelles et demandent aux gens de ne pas jeter leurs déchets **par terre***. Selon eux, vivre dans une ville saine et propre est vraiment important pour notre avenir, sans oublier notre santé mentale.

***par terre** *on the ground*

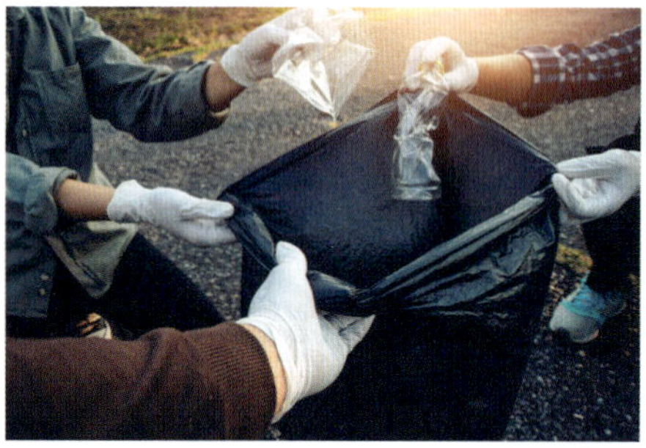

b Complete the sentences below. Write the correct letter (A–C) for each question.

(i) To improve living conditions in Clément's town, a group of students ...
A started to act last year. **B** have already started to act. **C** will launch a project in a few weeks.

(ii) Every day they ...
A clean the park. **B** watch people in the park. **C** empty the bins.

c Answer the following questions in English. You do not need to write in full sentences.

(i) What do the students ask the people to do?
(ii) According to the students, why is living in a clean environment important? Give one detail.

Lire 2

***Eco-friendly.* Translate the following paragraph into English.**

Think about how you are going to translate these prepositions.

Chez moi, je fais beaucoup pour protéger la planète. Ma sœur et moi, nous limitons la quantité d'eau que nous utilisons. En faisant tous des petites choses, on peut améliorer notre environnement. Nous avons demandé à nos parents d'acheter une voiture électrique car nous pensons que c'est mieux pour lutter contre la pollution.

Think about how you are going to translate this structure.

Listening

Écouter 3

A weather forecast. **You are listening to tomorrow's weather forecast in France. Write down the word for the gap in each sentence using a word from the box. There are more words than gaps.**

a In the south, it will be quite ___.

b In the north, the weather will be ___ and the temperatures will be ___ than today.

c In Paris, it is going to ___ during the day.

d Motorists will be driving in ___ later on at night.

Focus on what the weather will be like tomorrow.

Beware of negatives and pay attention to other details in the sentence that might help you.

good hotter rain fog
hot bad colder freezing
windy snow cold

Écouter 4

Town life. **Inès, Jules and Luis are talking about the advantages and disadvantages of living in town. What do they say?**

Listen to the podcast, then copy and complete the following table in English. You do not need to write in full sentences.

	Inès	Jules	Luis
Advantage			
Disadvantage			

You won't hear the French words *avantages* and *inconvénients*. You need to concentrate on positive and negative aspects, and focus on key words or phrases such as 'however', 'it worries me', 'unfortunately'.

Écouter 5

Dictation. **You are going to hear someone talking about where they live.**

a Sentences 1–2: write down the missing words. For each gap, you will write one word in French.

1 Il y a une ___, une ___ et des ___.

2 Dans les ___, il y a des ___ et des ___.

Listen carefully to these words as you may never have seen them before.

b Sentences 3–6: write down the full sentences that you hear, in French.

Contrôle oral

Read aloud

Parler 1 **Look at this task card. With a partner, take turns to read out the four sentences, paying attention to the underlined letters and the highlighted cognates.**

Medhi, your Belgian friend, has emailed you to tell you about the environment.

Read out the text below to your teacher.

> Je fais beaucoup pour notre environnement.
>
> Chez moi, je suis très prudent avec ma consommation d'énergie.
>
> La pollution m'inquiète et c'est le plus grand problème qui menace notre planète.
>
> À mon avis, il faut réduire la circulation dans toutes les villes et encourager les gens à utiliser les transports en commun.

Take extra care with how you pronounce the underlined sounds:

- *a, o, un*
- *ir, or, er*
- *-tion* sounds like 'ss-ee-on'
- *u* and *ou* will sound differently.

Take extra care with how you pronounce cognates. The underlined letters will be pronounced very differently than in English.

Écouter 2 **Listen and check your pronunciation.**

Remember that all the final s in this text are silent.

Parler 3 **Listen to the teacher asking the two follow-up questions. Translate each question into English and prepare your own answers in French. Then listen again and respond to the teacher.**

A few words or a short phrase or sentences are enough. Try to avoid one-word answers.

Role play

Parler 4 **Look at the role-play card and prepare what you are going to say.**

Setting: At the tourist information office

Scenario:

- You are with your family at a tourist information office in France.
- The teacher will play the part of the employee and will speak first.
- The teacher will ask questions **in French** and you must answer **in French**.
- Say a few words or a short phrase/sentence for each prompt. One-word answers are not sufficient to gain full marks.

Task:

1 Say what you want to visit in the region.
2 Say when you want to go there.
3 Ask a question about transport.
4 Ask a question about the weather.
5 Say when you are planning to leave the region.

Here you can say that you want to go to the river, the forest, the mountains, the forest ...

You could ask if there is a bus or a train.

You could ask if it is normally hot or cold, raining or sunny. Use the present tense.

Use the near future tense.

Parler 5 **Practise what you have prepared. Then, using your notes, listen and respond to the teacher.**

Écouter 6 **Now listen to Gabriel doing the role-play task. In English, note down (a) how he answers the questions for task prompts 1, 2 and 5, and (b) what questions he asks for task prompts 3 and 4.**

Picture task

Écouter 7 **Look at the exam card below and read the first part of the task. Then listen to Morgane describing the picture. Answer the questions in English.**

a What does Morgane say about the people in the picture?
b Who does she describe in the most detail and what does she mention?
c In Morgane's opinion, where are the four people in the picture? Do you agree?
d What does she say about the man in the background?

Describe this picture.

Your description must cover:

- people
- location
- activity.

When you have finished your description, you will be asked **two questions** relating to the picture. Say a short phrase/sentence in response to each question. One-word answers will not be sufficient to gain full marks.

You will then move on to a **conversation** on the broader thematic context of **My neighbourhood**.

During the conversation, you will be asked questions in the present, past and future tenses. Your responses should be as **full and detailed** as possible.

To talk about the people, you can use *assis* (sitting), *debout* (standing) and prepositions like *devant* (in front) and *derrière* (behind).

Parler 8 **Prepare your own description of the picture, mentioning people, location and activity. Then, with a partner, take turns to describe the picture.**

Sur la photo, il y a ...

Parler 9 **Read the second part of the task. Then listen to the two follow-up questions and respond to the teacher. Remember: you only need to give a short answer to each one.**

Écouter 10 **Read the third part of the task. The teacher asks Morgane: *Qu'est-ce que tu fais pour protéger la planète?***

Listen and write down all the verbs that you can hear.

Écouter 11 **Listen to Morgane answering the question: *Qu'est-ce que tu penses des voitures?***

Write down (a) <u>one</u> advantage and (b) <u>one</u> disadvantage that she mentions.

Parler 12 **Prepare your own answers to the Module 6 questions on page 227. Then practise with a partner.**

Remember to use opinion phrases, time phrases, connectives and a range of verbs in the present, past and future tenses for yourself and other people.

Contrôle écrit

130–150 word writing task

Écrire 1

Look at this writing exam task and then, <u>for each bullet point</u>:

1 think about what vocabulary you have learned which you could use in your answer. For example:
- **nouns** and **verbs** to talk about the environment and problems
- **verbs of opinion** and **adjectives** to explain your points of view
- language for **narrating a story** about what you did recently to encourage pupils at your school to be more respectful of the environment
- how to explain what your plans are at school to promote an eco-friendly school.

2 write down <u>three or four</u> ideas of what you could write about

3 write down which tenses you will need to use in your answer.

Look at the vocabulary you have noted to help you think of ideas of what to write.

Write about being eco-friendly at school for your school blog.

You **must** include the following points:
- what you do at school to help the environment
- the reasons why it is important to be respectful of the environment
- something you have done recently to encourage other pupils to help protect the environment
- what you would like to do more of at school to help protect the environment.

Write your answer **in French**. You should aim to write between 130 and 150 words.

Lire 2

Read Chloé's answer to the exam task. Answer questions 1–5 in the coloured shapes.

Salut,

Au collège, il est facile de faire des choses pour l'environnement. Je mets mes déchets dans les poubelles, je fais attention quand j'utilise du papier, j'apporte mon déjeuner dans une boîte au lieu d'acheter un sandwich dans du plastique.

Il est essentiel de protéger notre planète car on voit de plus en plus de pollution et il faut penser à l'avenir. Je veux vivre dans un environnement sain quand je serai adulte!

Récemment, avec mes amis, j'ai créé un club. Il s'appelle «Soyons verts!» pour montrer l'exemple. Nous avons fait une présentation devant tous les élèves et nous avons parlé à nos professeurs.

Au lycée, on aimerait avoir plus de boîtes «vertes» dans les classes pour recycler le papier, et des boîtes d'une autre couleur pour jeter les autres choses. En essayant de parler aux élèves plus régulièrement, je pense qu'on changera leur comportement.

Chloé

1 This word shows a **variety of vocabulary**. What does it mean? Find <u>two</u> more examples.

2 Which **tense** is this? What other examples of this tense can you find? Does she use any other tenses?

3 How can you form an **extended sentence**? What other extended sentences does she use?

4 This is an example of **complex language**. What does it mean? Find <u>three</u> more examples.

5 How could she avoid **repetition** by using another word?

Lire 3

Read Chloé's answer again. Make notes in English about the following points:

a What Chloé says she does to help the environment
b One reason why it is important to protect the environment
c Two details about what Chloé has done at school
d What does she want to do with other pupils at school?

Écrire 4

Prepare your own answer to the 130–150 word writing task in exercise 1.

- Think about how you can develop your answer for each bullet point.
- Look back at your notes from exercises 1 and 2.
- Look at the 'Challenge checklist' and consider how you can show off your French!
- Write a **brief** plan and organise your answer into paragraphs.
- Write your answer and then carefully check the accuracy of what you have written.

Challenge checklist

	✓ Past, present and future timeframes ✓ Connectives / time phrases / sequencers ✓ Some extended sentences ✓ Different opinion phrases
	✓ A wide range of tenses ✓ Different persons of the verb ✓ A variety of opinions ✓ Conjunctions (e.g. which, when) ✓ A wide range of interesting vocabulary
	✓ Phrases with more than one tense ✓ Infinitive phrases (e.g. *on doit, on peut, il faut*) ✓ Complex language (e.g. *en faisant* (by doing)) ✓ Comparatives and superlatives ✓ A variety of connectives

Translation

Lire 5

Write the correct letter (a–f) to match the English to the French.

1 en utilisant
2 on doit changer
3 je viens de regarder
4 je suis en train de lire
5 au lieu d'acheter
6 pour réduire

a I have just watched
b in order to reduce
c instead of buying
d by using
e we have to change
f I am reading

Écrire 6

Translate the paragraph into French.

Look out for complex grammatical structures such as 'by doing', 'I have just', 'we must'.

We must change how we do things. I have just started to buy local products. I used to throw away my rubbish but now I recycle it. By using less plastic and less paper, we can make a difference. In order to protect the planet, I will start protesting if necessary.

Remember to use *il faut*.

Use *je viens de* + infinitive.

'Rubbish' is a plural word in French so think carefully!

You need to use *en -ant*.

Use *pour* + infinitive.

Module 6

Vocabulaire

Key:
bold = this word will appear in higher exams only
* = this word is not on the vocabulary list but you may use it in your own sentences

Madagascar: miroir du monde? (pages 134–135)

Les nombres	*Numbers*
vingt, vingt-huit	*twenty, twenty-eight*
trente, trente-et-un	*thirty, thirty-one*
quarante, quarante-neuf	*forty, forty-nine*
cinquante, cinquante-deux	*fifty, fifty-two*
soixante, soixante-et-un, soixante-quatre, soixante-cinq	*sixty, sixty-one, sixty-four, sixty-five*
soixante-dix, soixante-et-onze, soixante-seize	*seventy, seventy-one, seventy-six*
quatre-vingts, quatre-vingt-un, quatre-vingt-six	*eighty, eighty-one, eighty-six*
quatre-vingt-dix, quatre-vingt-treize, quatre-vingt-dix-huit	*ninety, ninety-three, ninety-eight*
trois-cent-cinquante-quatre	*354*
mille-six-cent-quatre-vingt-quinze	*1695*
pour cent	*per cent*
vingt-deux pour cent	*twenty-two per cent*
La *proportion d'énergie *solaire utilisée à Madagascar, c'est ...	*The proportion of solar power used in Madagascar is ...*
La *proportion de jeunes qui connaissent l'énergie *hydroélectrique, c'est ...	*The proportion of young people who know about hydroelectric power is ...*

Quel est le plus grand problème, à ton avis?	*Which is the biggest problem, in your opinion?*
Et pour toi, quel est le plus grand problème?	*And for you, which is the biggest problem?*
À mon avis, le plus grand problème, c'est ...	*In my opinion, the biggest problem is ...*
Je pense que le plus grand problème, c'est ...	*I think that the biggest problem is ...*
Une personne pense que le plus grand problème, c'est ...	*One person thinks that the biggest problem is ...*
Cinq personnes pensent que c'est ...	*Five people think that it is ....*
la *déforestation.	*deforestation.*
la pollution.	*pollution.*
*l'extinction des **espèces**.	*extinction of species.*
l'utilisation des ressources naturelles.	*the use of natural resources.*
les **déchets** *industriels / personnels.	*industrial / personal waste.*
les effets du changement **climatique**.	*the effects of climate change.*

Notre monde est beau (pages 136–137)

La moins grande forêt est la forêt *Sihlwald.	*The smallest forest is the Sihlwald forest.*
La forêt *tropicale *congolaise est plus grande que la forêt *Sihlwald.	*The tropical Congolese forest is bigger than the Sihlwald forest.*
Le *Rhin est moins long que le *Mackenzie.	*The Rhine is not as long as the Mackenzie.*
la capitale	*capital city*
la population	*population*
la plus grande forêt	*the biggest forest*
la plus haute montagne	*the highest mountain*
la plus longue **rivière**	*the longest river*
Tu as raison / tort.	*You are right / wrong.*
C'est vrai / faux.	*It is true / false.*
au printemps	*in spring*
en été	*in summer*
en automne	*in autumn*
en hiver	*in winter*
il fait chaud / froid / **humide**	*it is hot / cold / humid*
il pleut	*it is rainy/raining*
il y a du brouillard	*it is foggy*

Planète en danger (pages 138–139)

Le *climat / Le monde naturel / L'environnement ...	*The climate / The natural world / The environment ...*
La planète / La population **humaine** ...	*The planet / The human population ...*
Les animaux / Les **espèces** ...	*Animals / Species ...*
Les humains / Les poissons ...	*Humans / Fish ...*
est/sont amélioré(e)(s) **par** ...	*is/are improved by ...*
est/sont **menacé**(e)(s) **par** ...	*is/are threatened by ...*
est/sont protégé(e)(s) **par** ...	*is/are protected by ...*
est/sont **touché**(e)(s) **par** ...	*is/are affected by ...*
le changement **climatique** / le *réchauffement de la planète	*climate change / global warming*
le niveau de la mer / le **taux** de *carbone	*the sea level / the carbon level*
la **circulation** / la destruction	*traffic / destruction*
la faim / la pollution	*hunger / pollution*
les **fleurs** / les forêts / les **inondations**	*flowers / forests / floods*
Quel temps **fera**-t-il à ...?	*What will the weather be like in ...?*
Il **fera** beau / chaud.	*It will be nice / hot weather.*
Il **fera** froid / mauvais.	*It will be cold / bad weather.*
Il y **aura** du soleil / du vent / du brouillard.	*It will be sunny / windy / foggy.*
Il **pleuvra**.	*It will rain.*
Il **neigera**.	*It will snow.*

Des grands gestes (pages 140–141)

Quelle est la chose la plus importante à faire pour protéger l'environnement?	*What is the most important thing to do to protect the environment?*
Il faut …	*We must …*
manifester pour des organisations vertes.	*demonstrate for green organisations.*
manifester contre …	*protest against …*
participer aux *élections / aux *débats *politiques / aux **manifestations** pour …	*participate in elections / in political debates / in demonstrations for …*
développer la *coopération globale.	*develop global cooperation.*
être *bénévole pour des projets verts.	*volunteer for green projects.*
arrêter de **créer** des **produits** en plastique.	*stop creating plastic products.*
voter pour un **gouvernement** qui *finance des recherches en énergies vertes.	*vote for a government which funds research into green energy.*
organiser des **manifestations** pour la protection des **espèces**.	*organise demonstrations for the protection of species.*
la nature	*nature*
le recyclage	*recycling*
la destruction des forêts	*destruction of forests*
la protection de la mer	*protection of the sea*
aux *élections	*at elections*
Il est *porte-parole pour la **lutte** contre *l'extinction des **espèces**.	*He is a spokesperson for the fight against the extinction of species.*
Elle a parlé à des *conférences.	*She has spoken at conferences.*
il trouve que / il croit que …	*he finds that / he thinks that …*
régulièrement / l'année dernière	*regularly / last year*
*en plus	*also*

Des petits gestes (pages 142–143)

Qu'est-ce que tu fais pour protéger l'environnement?	*What do you do to protect the environment?*
J'utilise du papier recyclé.	*I use recycled paper.*
Je *trie mes **déchets**.	*I sort my rubbish.*
Je me *douche *au lieu de prendre un bain.	*I take a shower instead of having a bath.*
Je ne mange jamais de viande.	*I never eat meat.*
Je recycle le plastique.	*I recycle plastic.*
Je fais des petits *gestes.	*I take small actions.*
en achetant du papier recyclé	*by buying recycled paper*
en étant végétarien	*by being a vegetarian*
en mangeant moins de viande	*by eating less meat*
en recyclant	*by recycling*
en réutilisant les sacs en plastiques	*by reusing plastic bags*
en séparant le plastique, le papier et le **verre**	*by separating plastic, paper and glass*
Quand tu étais plus jeune, qu'est-ce que tu faisais pour protéger l'environnement?	*When you were younger, what did you do to protect the environment?*
Quand j'étais plus jeune, … j'utilisais / je faisais / je prenais / j'allais …	*When I was younger, … I used / I did / I took / I went …*
Et maintenant, qu'est-ce que tu fais pour protéger l'environnement?	*And now, what do you do to protect the environment?*
Maintenant, j'utilise / je fais / je prends / je vais …	*Now, I use / I do / I take / I go …*
Et la semaine dernière, qu'est-ce que tu as fait?	*And last week, what did you do?*
La semaine dernière, j'ai utilisé / j'ai fait / j'ai pris / je suis allé(e) …	*Last week, I used / I did / I took / I went …*

Innovation verte (pages 144–145)

Qu'est-ce que vous faites comme **métier**?	*What job do you do?*
Je suis *ingénieur(e).	*I am an engineer.*
Je suis **en train de** rechercher l'énergie *hydroélectrique.	*I am researching hydroelectric energy.*
Je recherche des nouvelles technologies.	*I research new technologies.*
Je suis **en train de développer** l'énergie *éolienne.	*I am developing wind power.*
Quand vous étiez jeune, qu'est-ce que vous faisiez pour protéger l'environnement?	*When you were yound, what did you do to protect the environment?*
Je *triais mes **déchets**.	*I sorted my rubbish.*
J'achetais des **produits** verts.	*I bought green products.*
Qu'est-ce qu'il faut faire pour lutter contre le *réchauffement de la planète?	*What do we need to do to fight against global warming?*
Il faut organiser des **manifestations** contre la pollution.	*We need to organise protests against pollution.*
Qu'est-ce que vous avez fait pour *l'innovation verte?	*What have you done for green innovation?*
J'ai recherché des technologies pour *purifier l'air.	*I have researched technologies to purify the air.*
Je **viens de développer** les *piles à *hydrogène.	*I have just developed hydrogen batteries.*
À l'avenir, qu'est-ce que vous **ferez** pour protéger l'environnement?	*In the future, what will you do to protect the environment?*
Je **continuerai** à rechercher les nouvelles technologies.	*I will continue to research new technologies.*
J'**améliorerai** la qualité des transports électriques.	*I will improve the quality of electric transport.*
On doit améliorer la qualité des transports électriques.	*We need to improve the quality of electric transport.*
On doit utiliser plus d'énergie *éolienne.	*We need to use more wind power.*
Récemment, j'ai organisé une **manifestation**.	*Recently, I organised a demonstration.*
Je **viens de** parler à une *conférence.	*I just spoke at a conference.*
À l'avenir, je **développerai** les transports verts.	*In the future, I will develop green transport.*

Module 7

Mon petit monde à moi

À louer, à vendre

- Understanding adverts
- Using demonstrative adjectives (*ce, cet, cette, ces*)

Appartements à louer

A

Appartement 650€ / mois
ROUEN 2 pièces

B

Appartement 1 030€ / mois
DIEPPE 5 pièces
2

C

Appartement 800€ / mois
DEAUVILLE 3 pièces
1

Clé des symboles

chambre(s)
douche
salle de bains
cuisine équipée
entrée
ascenseur
balcon
jardin
avec accès pour les personnes handicapées

(bien) équipé(e) *(well-)equipped*

Écouter 1 **Look at the adverts and listen. Write the letter of the flat these people are talking about. (1–2)**
Listen again and note down the advantages and disadvantages mentioned for each flat.

Parler 2 **How do you pronounce these words? Read them out, then listen and check.**

accès pour les personnes h**a**ndic**a**pées **a**dresse **a**pp**a**rtement **a**scenseur b**a**lcon entrée chambre cuisine équipée pièce s**a**lle de bains

Notice the difference between the bold ***a*** sound and the underlined nasal sounds.

Parler 3 **In pairs, talk about the third advert above. Describe the flat and give your opinion.**

- *Qu'est-ce que tu penses de cet appartement?*
- *Il y a combien de pièces?*
- *Il y a ...*
- *Est-ce qu'il y a un/une ...?*
- *Oui, il y a un/une ... / Non, il n'y a pas de/d' ...*
- *À mon avis, c'est assez / très / trop / un peu ...*

Not sure whether to use *un* or *une* in exercise 3?
Many (but not all) nouns that end in a consonant are masculine (e.g. ***un*** *appartement*).
Many (but not all) nouns that end in *-e* are feminine (e.g. ***une*** *cuisine*).

Remember, *un* and *une* change to ***de***/***d'*** after a negative:
Il n'y a pas ***de*** *jardin. Il n'y a pas* ***d'****ascenseur.*

Tendance mode

l'imprimé *(m)*	*print*
le col	*collar*

A

Chapeau marron en laine
Maintenant 12,50€

B

Chemise bleue à col grand-père
Maintenant 13,00€

C

Tee-shirt unisexe gris, style skateur, avec imprimé au dos
22,99€

D

Robe mi-longue à fleurs
Maintenant 14,50€

E

Pantalon de jogging noir en coton
39,99€

F

Chaussures noires à plateforme
34,99€

Écouter 4 **Look at the adverts and listen. Write the letter(s) of the items of clothing they are talking about. Then note down (a) if they are going to buy them, and (b) why / why not. (1–3)**

G

The demonstrative adjective 'this' varies in French according to gender.

masculine singular	**feminine singular**	**plural**
ce *chapeau* (this hat)	***cette*** *robe* (this dress)	***ces*** *baskets* (these trainers)

Note: Before a masculine noun that starts with a vowel or a mute '*h*', you use ***cet***. This creates a liaison to make the pronunciation easier: *cet appartement* (this flat).

Page 170

Parler 5 **In pairs, make up a dialogue using one of the other adverts above.**

- *Qu'est-ce que tu vas acheter / porter pour aller … ?*
- *Je pense que je vais acheter / porter ce/cette/ces …*

Qu'est-ce que tu vas acheter / porter pour aller	à la fête / au bal de fin d'année?	
Je pense que je vais acheter / porter J'aimerais acheter	ce	tee-shirt / pantalon / chapeau …
	cette	chemise / robe …
	ces	baskets / chaussures …
… mais	c'est trop cher pour moi. je n'ai pas assez d'argent sur moi.	

Écrire 6 **Write a message to a French friend about what you are thinking of wearing or buying for a birthday party this weekend. Ask their opinion.**

Example: Pour aller à la fête d'anniversaire ce week-end, je pense que je vais acheter / porter … avec …
Qu'est-ce que tu en penses?

Remember, adjectives of colour go after the noun in French and must agree with the noun:
ce *chapeau vert* ***cette*** *chemise vert**e*** ***ces*** *baskets vert**es***

Blanc (white) is irregular in the feminine form: *blan**che(s)***.

Marron (brown) is invariable (it does not agree).

1 Là où j'habite

- Describing your town or village
- Using the pronoun *y*
- Translating phrases with *depuis*

Écouter 1 **Listen and read. Then copy and complete the sentences in English.**

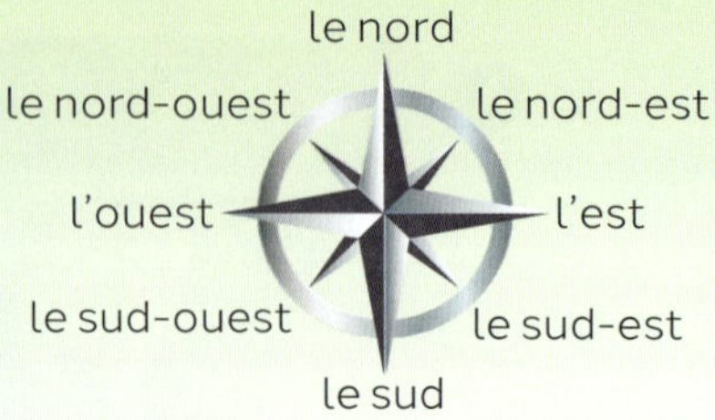

J'habite en Algérie depuis dix ans, dans un petit village près de la capitale, Alger. J'y habite avec mes grands-parents. Alger se situe dans le nord du pays, sur la côte méditerranéenne. La partie ancienne de la ville s'appelle la médina. On y trouve de petites rues étroites, avec beaucoup de beaux bâtiments blancs et la Grande Mosquée qui date du 17e siècle. Vivre à la campagne est assez ennuyeux, car il y a peu de choses à faire. Je n'aime pas y habiter. J'aimerais mieux habiter en ville.

Ma famille et moi habitons à Rouen depuis toujours. C'est une grande ville dans le nord-ouest de la France. J'y suis né. D'un côté de la rivière, c'est une vieille ville historique, pleine de vieux bâtiments, de magasins et de musées. De l'autre côté, c'est une ville moderne et industrielle où se trouvent de nombreux bureaux. Beaucoup d'habitants de la ville y travaillent. Vivre ici est parfait pour moi parce que je peux y faire les magasins ou sortir avec mes amis.

étroit(e)	*narrow*
la mosquée	*mosque*
le siècle	*century*
se trouver / se situer	*to be located/situated*

1 Fathia has lived in Algeria for ... She lives in a ..., near to ...
2 Algiers is in the ... of Algeria, on the ... The ancient part of the town has lots of ... buildings and the Great Mosque, which dates from the ...
3 Fathia thinks living in the ... is ..., because ... She would prefer to live ...
4 Sofiane was born in Rouen, which is a ... in the ... On one side of the river, it's a ... town, full of old ..., shops and ...
5 On the other side of the river, it's a ..., where there are ...
6 He thinks it's the perfect place to live, because he can ...

The verbs *habiter* and *vivre* both mean 'to live'.
Vivre is an irregular verb.
E.g. present tense forms:
je vis, il/elle/on vit, nous vivons.

Lire 2 **Find and translate six phrases in exercise 1 which use *y*.**

Lire 3 **Translate the sentences into English.**

1 Mon ami habite en France depuis huit ans.
2 Nous vivons à Paris depuis 2018 et nous aimons y habiter.
3 Mes grands-parents vivent depuis toujours dans le nord-est du pays.
4 Ils adorent y vivre car on peut y faire des promenades à la campagne.
5 Tu aimes habiter à Londres? Tu y habites depuis combien de temps? Qu'est-ce qu'on peut y faire?

G

The pronoun *y* means 'there'. It replaces *à* + a noun, and goes in front of the verb:

*J'**y** habite avec ma famille.*	I live **there** with my family.
*On **y** trouve de beaux bâtiments.*	You find beautiful buildings **there**.

If the verb is followed by an infinitive, *y* goes in front of the infinitive:

*On peut **y** voir un vieux pont.*	You can see an old bridge **there**.

In the perfect tense, *y* goes in front of the auxiliary verb:

*J'**y** suis allé(e) avec ma famille.*	I went **there** with my family.

Page 170

G

You use *depuis* with the present tense in French to say how long you have been doing or have done something for:

*J'y habite **depuis** cinq mois.*	I have been living there for five months.
*Nous vivons ici **depuis** 2020.*	We have lived here since 2020.

Page 171

Écouter 4

Listen to the interviews. Then copy and complete the grid in English. (1–2)

- Est-ce que tu habites dans une ville ou un village?
- Où se trouve ta ville / ton village?
- Tu y habites depuis quand / combien de temps?
- Ta ville / Ton village est comment?
- Tu aimes y habiter? Pourquoi (pas)?

	Town / Village	Country	Location details	Lived there how long?	Size and description	Opinion and reason
1	Town (Dakar)					

Parler 5

In pairs, take turns to ask and answer the questions from exercise 4.

la frontière	*border*
suisse	*Swiss*
le bruit	*noise*

- *Est-ce que tu habites dans une ville ou un village?*
- *J'habite dans une petite ville.*
- *Où se trouve ta ville?*
- *Elle se trouve dans le nord-est de l'Angleterre.*

Y and i are pronounced 'ee'. *Je* shortens to *j'* before *y*. Listen and repeat the sentences.

*J'**y** habite depuis sept ans.*
*Il aime **y** habiter.*

Lire 6

Read the text. Then answer the questions in English.

J'habite à Montréal qui est une des plus grandes villes au Canada et la plus grande du Québec. J'y suis né et j'adore y vivre parce qu'il y a toujours quelque chose à faire.

Montréal est jumelée avec la ville de Lyon qui se situe dans le sud-est de la France et l'année dernière, j'y suis allé en vacances. J'ai remarqué que certaines parties de Lyon ressemblaient à des quartiers de Montréal, avec de nombreux bâtiments modernes. Pourtant, Lyon est plus ancienne que Montréal – le nom de la ville date du 13e siècle et il y a même un énorme amphithéâtre romain que nous avons visité.

Je suis fier d'être citoyen de Montréal et je suis très content d'y habiter. Malgré cela, j'aimerais bien passer plus de temps à Lyon un jour, peut-être pour y continuer mes études.

Hugo

jumelé(e)	*twinned*
remarquer	*to notice/remark*
le quartier	*district*
romain(e)	*Roman*

1 How long has Hugo lived in Montreal?
2 Why does he love living there?
3 According to Hugo, in what way is Lyon similar to Montreal?
4 In what way does he say Lyon is different from Montreal? (Give two details.)
5 How does Hugo feel about being a citizen of Montreal?
6 What would he like to do one day and why?

Écrire 7

Translate the paragraph into French.

I live in Dinan, in the west of France. I have lived there for nine years, and I love living there. Last year, I visited York, in England. I went there with my parents. It is an ancient town with many old buildings. One day, I would like to live in Paris.

Make sure you use the correct word for 'in'.

dans + point of compass	**dans** *le sud-est*
à + name of town/village	**à** *Londres*
en + feminine country	**en** *France*
au + masculine country	**au** *Portugal*

2 Sur la bonne route

- Asking for and understanding directions
- Using *à* and *de* with the definite article
- Transcribing unfamiliar words

Écouter 1 **Listen to the people talking about where they want to go, and the directions. Write the letter of the correct place and the letter of the correct map. (1–4)**

a 
b 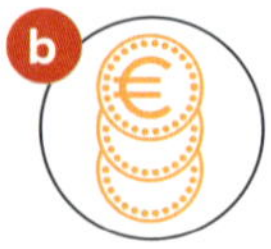
c 
d 

e 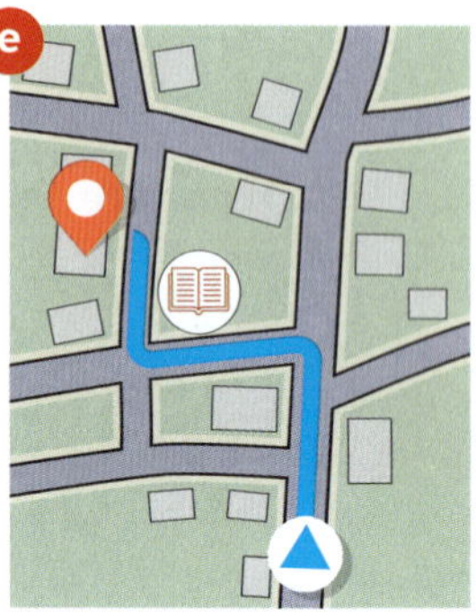
f 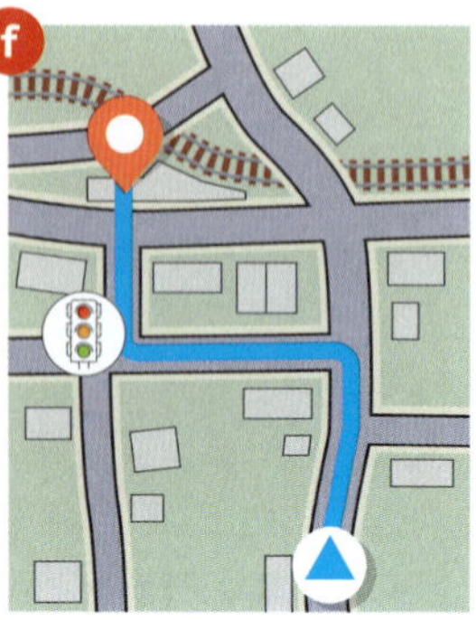
g 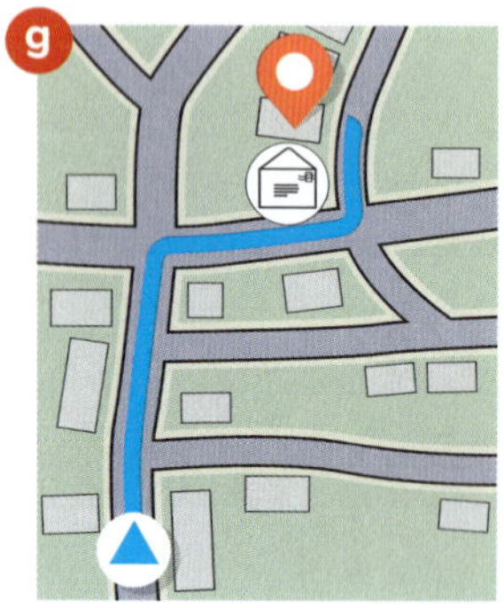
h 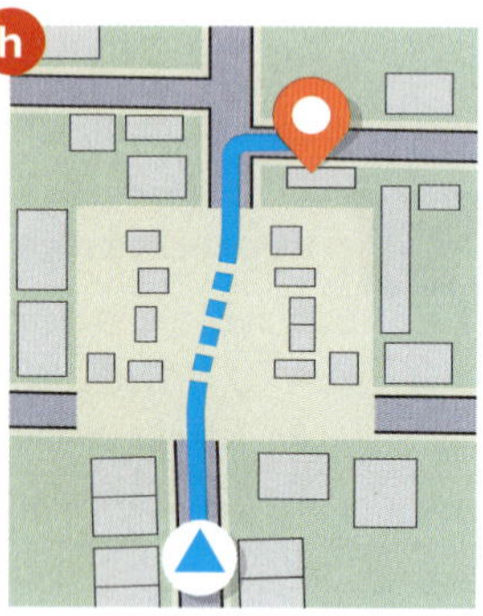

Allez / Continuez	tout droit.
Tournez	à gauche / à droite.
Traversez	la place / le pont / aux feux.
Prenez	la première / deuxième / troisième rue à gauche / à droite.
C'est loin / près d'ici?	

la gare	*station*
les feux *(m pl)*	*traffic lights*
la place	*square*
la bibliothèque	*library*

Lire 2 **Copy and complete the text with the correct word or phrase from the boxes below. There are three words/phrases you don't need. Then listen and check. Use the leftover words to write three sentences.**

G The prepositions *à* and *de* merge with ***le*** and ***les*** to form new words:

		le	*la*	*l'*	*les*
à	*pour aller …*	***au*** *parc?*	*à la gare?*	*à l'hôpital?*	***aux*** *magasins?*
de	*à côté …*	***du*** *musée*	*de la poste*	*de l'hôtel*	***des*** *toilettes*

Page 171

Pour aller **1** musée, allez tout droit et tournez à gauche **2** feux. Traversez le pont, puis tournez à droite au coin **3** rue. Le musée est sur la place, près **4** jardin public, à côté **5** Hôtel Bellevue.

de la | aux | à la | du | des | à l' | au | de l'

le coin *corner*

Parler 3 **In pairs, make up two dialogues, using the maps on the right. Then create two more dialogues and note down the directions your partner gives you.**

- *Pour aller à la bibliothèque, s'il vous plaît?*
- *Prenez …, puis traversez …*
- *C'est loin?*
- *Oui, … / Non, …*

Pronounce the letter *r* as a raspy sound in the back of your throat.

The letters *th* are always pronounced 't' in French.

Listen and repeat the sentence.

*Tou**r**nez à d**r**oite ent**r**e la biblio**th**èque et le **th**éât**r**e.*

A la bibliothèque
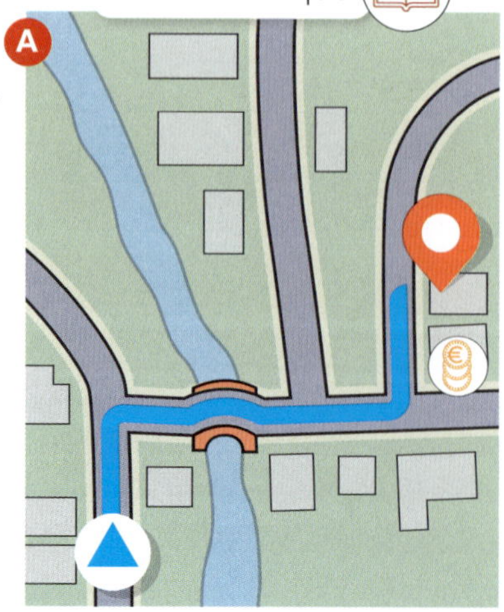

B la boulangerie
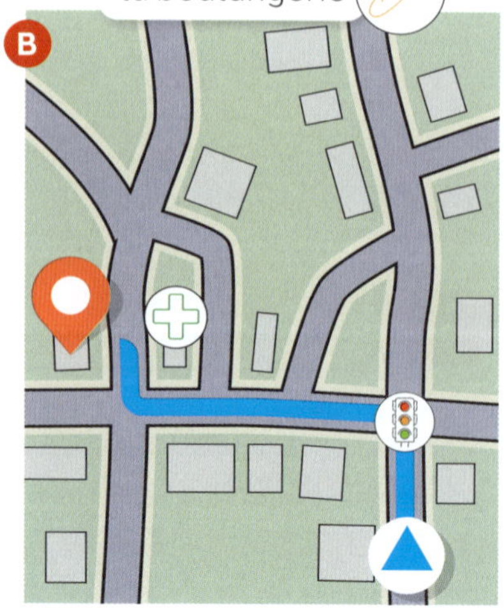

Écouter **4** **Read the sentences. Then listen and fill in the gaps.**

1 Dans mon village, on peut acheter de la viande à la …
2 À Paris, il faut visiter la … Notre-Dame parce qu'elle est magnifique.
3 Là où j'habite, il n'y a pas de gare, mais il y a une station de …
4 Au centre de ma ville, il y a une … qui vend de délicieux gâteaux.

When transcribing unfamiliar words, use the context to help you understand meaning, and your knowledge of French sounds to predict the spelling.

Écouter **5** **Listen and read. Then answer the questions in English.**

Quels sont les avantages et les inconvénients de l'endroit où tu habites?

La parole aux jeunes Belges!

Enzo

Il n'y a rien dans mon village et il n'y a personne de mon âge. Cependant, je suis content d'y habiter, puisque c'est un endroit calme.

Nadia

J'habite au centre-ville et près de chez moi, il y a plusieurs cafés et une bibliothèque. Il y a même un hôpital en face de notre maison. Malheureusement, il n'y a plus de cinéma.

Ahmed

Dans le quartier où j'habite, il n'y a ni gare ni station de métro. En plus, les bus sont rares, donc c'est difficile de se déplacer.

Zoé

Devant notre appartement, il y a une grande route et ce n'est jamais calme. Le bruit de la circulation est terrible. En plus, il y a beaucoup de pollution.

Maxime

Sur la place où j'habite, il n'y a que quelques petits magasins. Cependant, c'est pratique pour faire les courses, au lieu d'aller au supermarché. Il y a aussi une pharmacie derrière la maison.

Lola

Dans ma banlieue, il n'y a aucun espace vert. On a besoin d'un terrain de sport ou d'un jardin public – il manque un endroit où les enfants peuvent jouer.

G

The following prepositions are followed by *de*:

près de	near to
loin de	far from
à côté de	next to
en face de	opposite

The following phrases are used on their own:

devant	in front of
derrière	behind
entre	between

Page 171

se déplacer	*to get around*
la banlieue	*suburbs*
il manque …	*… is missing*
faire les courses	*to go food shopping*

Who lives …

1 close to a busy, noisy road?
2 somewhere with no green spaces?
3 somewhere with plenty of facilities?
4 in a handy location for food shopping?
5 somewhere very quiet?
6 in an area with poor travel facilities?

Lire **6** **Translate the negative phrases that are underlined from exercise 5 into English.**

Écrire **7** **Write a paragraph about the place where you live. Include:**

- where exactly your town or village is
- what it is like (e.g. big, small, old, modern, pretty …)
- how long you have lived there
- what there is and is not in your town/village/district
- whether you like living there and why/why not.

Include at least two negative expressions in your writing.

G

Like most negatives, the following go around the verb:

ne … plus	no longer, no more
ne … personne	nobody, no one

For a reminder about other negative expressions, see page 68.

Page 172

3 Tendances et shopping

- Talking about shopping for clothes
- Using *de* to indicate possession
- Practising shopping role plays

Écouter 1 **Listen and read. Then translate the sentences in bold into English.**

@Mohammed

J'ai acheté **ce beau tee-shirt blanc avec un imprimé** dans un magasin d'entraide et je l'ai mis pour aller à la fête de mon meilleur copain le week-end dernier. Je l'ai porté avec **mon pantalon bleu et mes chaussures noires**. Il n'a pas coûté cher et chaque fois que je le mets, je me sens vraiment cool! 😎

#teeshirtcool

@Jade

J'ai vu **cette jolie jupe verte et grise** dans un magasin de mode hier, mais ils n'avaient pas ma taille! J'ai cherché partout dans les autres magasins du centre commercial sans succès. Puis j'ai décidé de regarder en ligne et j'ai trouvé! Elle va super bien avec **ma chemise blanche et rose**, et en plus, c'est une bonne marque. Je la porterai pour sortir samedi prochain, avec le chapeau gris de ma sœur!

#manouvellejupe

@Gabriel

Ouais! J'ai vendu mes vieilles baskets sur Vinted pour un très bon prix! Avec l'argent que j'ai gagné, j'ai acheté **cette cravate jaune et bleue** et **trois paires de chaussettes noires, orange et violettes** pour l'anniversaire de mon père. C'était un beau cadeau et Papa a beaucoup ri quand il a ouvert le paquet. Il a dit qu'il allait les mettre pour aller au bureau la semaine prochaine! 😆

#cadeaudanniversaire

le magasin d'entraide	*charity shop*
mettre	*to put on (**j'ai mis** I put on (past))*
la taille	*size*

Lire 2 **Re-read the posts in exercise 1. Is each statement below true or false?**

1 Mohammed bought something in a charity shop.
2 He wore it to celebrate his birthday last weekend.
3 Jade found her new skirt in the shopping centre.
4 She is going to wear it with something of her sister's.
5 Gabriel sold something online to buy a birthday present.
6 His dad is going to wear the tie and socks to go to work.

G

In English, an apostrophe is used to indicate possession:
my best friend**'**s birthday; my brother**'**s shoes

In French, you use *de* (of):
*l'anniversaire **de** ma meilleure amie* ('the birthday of my best friend')
*les chaussures **de** mon frère* ('the shoes of my brother').

Page 172

Lire 3 **Find, copy out and translate <u>three</u> phrases in exercise 1 which use *de* to indicate possession. Then make up three new sentences using the same structure.**

Écouter 4 **Listen to the teenagers talking about their clothes shopping. Copy and complete the grid in English. (1–3)**

	What did they buy? (item(s) and colour)	Where did they buy it/them?	How much did it/they cost?	When will they wear it/them?
1				

neuf/neuve	*brand new*
en vente	*for sale*
bon marché	*good value, a bargain*

Parler 5 **In pairs, take turns to read out Jade's text from exercise 1. Give feedback on each other's pronunciation.**

Écouter 6 **Listen and read. Then find the French for the English phrases.**

> If you add **-*e*** or **-*es*** to *vert* or *gris*, you pronounce the final consonant.
>
> Listen and repeat the words.
>
> *vert* *verte*
>
> *gris* *grises*

A

B

1 It's for me.
2 How much does it cost?
3 Can I pay by card?
4 The checkout is over there.
5 I'd like to exchange ...
6 Unfortunately, it's too small.
7 Do you have the same thing in ...?
8 Can I try it on, please?

Parler 7 **In pairs, create two new shopping dialogues using the ones above as a model. Change as many details as possible, e.g. clothing, colours, prices, sizes.**

- *Vous cherchez quelque chose en particulier?*
- *Je cherche un pantalon noir ou gris.*

Écrire 8 **Write a social media post about an item of clothing you bought online that wasn't quite right.**

- Describe what item you bought ...
- ... and for what special occasion you bought it.
- Mention where you found/saw it/them ...
- ... and how much it/they cost.
- Mention a problem (too small, too big, not like in the photo).
- Explain what you will do differently next time.

J'ai acheté ce/cette/ces ... (+ *colour*)	pour la fête de ... pour l'anniversaire de ...
J'ai trouvé / vu ça ...	
Il/Elle a coûté ... / Ils/Elles ont coûté ...	
Malheureusement, il/elle est ... / ils/elles sont ...	
La prochaine fois, j'achèterai / j'essayerai / je choisirai / j'irai ...	

4 La maison de mes rêves

- Describing your ideal home
- Using *si* clauses
- Working out the meaning of unfamiliar words

Écouter 1 **Listen and read. Then note down the quiz answers for Lucie and Thomas. (1–4)**

Example: 1 *Lucie b, Thomas …*

Comment serait ta maison idéale?

1 Si j'avais le choix, j'aimerais habiter dans …

a un château ancien à la campagne.
b un petit chalet en bois à la montagne.
c un bel appartement tout neuf.
d une maison hantée, comme dans un film d'horreur!

2 La chose la plus importante pour moi serait d'avoir …

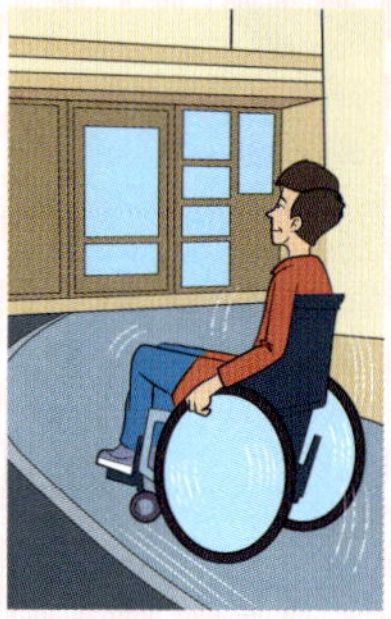

a une cuisine propre, moderne et bien équipée.
b un bon accès pour les personnes handicapées en fauteuil roulant.
c ma propre chambre, calme et confortable.
d de grandes fenêtres, pour profiter de la lumière naturelle.

3 Le moins important pour moi serait d'avoir …

a de nombreuses pièces, avec beaucoup d'espace.
b un ascenseur au lieu d'un escalier.
c un joli jardin plein de fleurs et d'arbres.
d de bons voisins avec qui je peux parler et rire.

4 Si j'étais riche, mon rêve serait d'avoir chez moi …

a une télévision à grand écran à chaque étage.
b un cinéma privé pour voir les derniers films.
c une piscine intérieure pour moi seul(e).
d un sauna ou un jacuzzi dehors.

le bois	*wood*
hanté(e)	*haunted*
l'étage *(m)*	*floor (e.g.* ***le premier étage*** *first floor)*
dehors	*outside*

Parler 2 **In pairs, do the quiz.**

- *Question numéro un: Si j'avais le choix, j'aimerais habiter dans un bel appartement tout neuf. Et toi?*
- *Moi, si j'avais le choix, j'aimerais habiter …*

Lire 3 **Re-read the quiz. Find and note down in French:**

- three phrases with an adjective/adjectives after the noun only
- three phrases with an adjective/adjectives before the noun only
- two phrases with adjectives before and after the noun.

Most adjectives (including colours) go after the noun.
However, the following usually go in front of the noun: *grand, petit, joli, beau, vieux*.
A noun can have adjectives before and after it, e.g. *une grande et belle maison moderne*.

Lire 4 **In pairs, take turns to choose a number (1–4) and a letter (a–d) from the quiz, and to translate the full sentence.**

- *2d*
- *The most important thing for me would be to have big windows, to make the most of the natural light.*

G

Some adjectives have a different meaning before and after the noun.

une maison ancienne	an ancient/old house
une ancienne amie	a former friend
une chambre propre	a clean bedroom
ma propre chambre	my own bedroom
un appartement cher	an expensive flat
un cher oncle	a dear uncle.

Page 173

Écouter 5 **Listen and write down in English what each person's dream or wish is. (1–6)**

Example: 1 *a brand new flat in the town centre*

G You can use *si* ('if') with a verb in the imperfect tense, followed by a verb in the **conditional**, to express dreams and wishes:

*Si j'étais riche, j'**habiterais** dans une grande maison.*

If I were rich, I **would live** in a big house.

Page 172

Lire 6 **Read the text. Work out the meaning of the seven words or phrases in blue.**

J'habite avec ma mère et ma sœur dans un tout petit appartement. Nous avons seulement quatre pièces. C'est moderne et confortable, mais il y a peu d'espace et je dois partager ma chambre avec ma sœur. Si j'avais le choix, j'habiterais dans une grande maison et j'aurais ma propre chambre.

En face de notre appart, il y a un vieux bâtiment à quatre étages. C'est **un ancien commissariat de police** et personne n'y habite – le bâtiment est **vide**. Si j'étais riche, j'achèterais ce grand bâtiment, je le transformerais et j'y habiterais!

Au premier étage, j'aurais **un grand salon** où je regarderais la télé. Ma chambre serait au deuxième étage avec une belle vue sur la ville entière. **Au troisième étage**, il y aurait les chambres de ma mère, de ma sœur et **une chambre d'amis**.

Au rez-de-chaussée, il y aurait la cuisine et **une salle à manger** où je mangerais avec ma famille et nos invités. Au sous-sol, j'aimerais installer **une salle de jeux** où je jouerais au tennis de table et au billard avec mes amis.

Ce serait mon rêve d'habiter dans une maison comme ça!

Éva

Sometimes you can work out the meaning of unfamiliar words from the context. What do you think the missing word is in the English translation?

Personne n'y habite – le bâtiment est vide.

No one lives there – the building is ...

Compound words can also give you clues. What do you think this word could mean?

la salle = room

manger = to eat

la salle à manger = ...

le rez-de-chaussée	*ground floor*
le sous-sol	*basement*
le billard	*snooker*

Lire 7 **Re-read the text and answer the questions in English.**

1 What is Éva's flat like? Give three details.
2 What is the main thing she dislikes about living there?
3 How does she describe the building opposite? Give three details.
4 In the building opposite, where would Éva's bedroom be and why?
5 Which two rooms would be on the ground floor?
6 What would she use the basement for?

Écrire 8 **Write a description of your ideal or fantasy home. Include:**

- what type of building it would be and the location
- how many rooms and floors it would have
- what rooms you would have on each floor and what you would use them for.

Include at least one *si* clause (*Si* + imperfect tense + conditional).

5 As-tu déjà visité Paris?

- Talking about visiting another town or city
- Translating questions in different tenses
- Spotting different tenses from verb endings

Lire 1 **Read the questions. Then write the tense: present, perfect, future or conditional. Translate each question into English.**

a Quand est-ce que tu iras à Londres?

b As-tu déjà visité le Royaume-Uni ou un autre pays d'Europe?

c Pourquoi veux-tu y aller?

d Comment est-ce que tu voyageras et avec qui?

e Quel pays ou quelle ville voudrais-tu visiter un jour?

f Qu'est-ce que tu feras pendant ta visite?

To spot tenses, look at the verb endings:

Future stem + *-ai*, *-as* = simple future tense

Future stem + *-ais* = conditional

The perfect tense is in two parts: *tu as visité; tu es allé(e)*

autre	*other*

Lire 2 **Read the interview. Write the letter of the correct question from exercise 1 for each gap.**

Le voyage de mes rêves!

Bonjour, Raphaël. Je crois que tu as reçu de bonnes nouvelles?

Oui, j'ai gagné un concours et j'irai bientôt à Londres!

1

Non, je n'y suis jamais allé, mais j'ai toujours voulu visiter le Royaume-Uni. J'ai fait une visite virtuelle de Londres sur mon ordinateur et j'ai adoré!

2

Je veux y aller parce que c'est une belle ville historique et culturelle. J'ai envie de voir tous les monuments célèbres et de visiter quelques musées – et bien sûr, je veux prendre beaucoup de photos pour mon compte Instagram!

3

J'irai le week-end prochain!

4

Je traverserai la Manche en bateau. Ensuite, j'irai en train jusqu'à la capitale. Je ferai le voyage avec mon père.

5

Je visiterai la Tour de Londres et le musée de Madame Tussaud. Je ferai un tour guidé de la capitale en bus de tourisme. Le samedi soir, j'irai au théâtre pour voir une comédie musicale. Ce sera vraiment génial!

6

Si j'avais de l'argent, j'aimerais aller en Amérique du Nord. Je voudrais visiter New York, ou peut-être le Canada.

The word '*tour*' has two meanings, depending on the gender:

***le** tour*	tour
***la** tour*	tower

***les nouvelles** (f)*	*news*
la Manche	*English Channel*
avoir envie de	*to want to*

Écouter 3 **Listen and check. In pairs, take turns to read Raphaël's answers out. Give feedback on each other's pronunciation.**

Lire 4 **Re-read the interview and answer the questions in English.**

1. What good news has Raphaël received?
2. What does he say about whether he has been to the UK before?
3. Give <u>three</u> reasons why he wants to visit London.
4. When will he go to London and how will he get there?
5. Name <u>three</u> things he will do in London.
6. Where would he like to go one day?

Écouter 5 **Listen to the questions and note down the tense. (1–6) Then listen again and choose the correct answer (a or b) for each question.**

1 **a** Je voudrais aller en France. **b** Je ne suis jamais allé en France.
2 **a** J'ai envie de visiter la tour Eiffel. **b** J'ai visité la tour Eiffel.
3 **a** J'irai le week-end prochain. **b** J'y suis allé avec mes parents.
4 **a** J'ai visité des musées. **b** Je ferai un tour guidé en bateau-mouche.
5 **a** Je suis allé en Angleterre. **b** Je voyagerai en avion.
6 **a** J'ai visité New York. **b** Un jour, je voudrais bien aller à Montréal.

Écrire 6 **Translate the questions into French. There may be more than one way of writing some of the questions.**

1. Have you ever been to France?
2. Why do you want to visit Paris?
3. When will you go to Paris and how will you travel?
4. What will you do during your visit to Paris?
5. Which other town would you like to visit one day?

G

The simplest way to ask a question in any tense is to use <u>est-ce que</u> …?
<u>Est-ce que</u> tu es déjà allé(e) en Angleterre?

Or you can use <u>inversion</u>:
<u>Es-tu</u> déjà allé(e) en Angleterre?

The following question words can be used with *est-ce que …* or with inversion:
Avec qui? Comment? Quand? Où? Pourquoi?
e.g. *Où est-ce que tu es allé(e)? / Où es-tu allé(e)?*

Qu'est-ce que …? <u>cannot</u> be used with inversion.

Quel/Quelle/Quels/Quelles are adjectives and must agree with the noun.

Page 173

Parler 7 **Look at the advert with your partner. Imagine that one of you has won the competition. Make notes and record a podcast, like the one in exercise 2.**

- *Je crois que tu as reçu de bonnes nouvelles?*
- *Oui! J'ai gagné un concours et j'irai bientôt à Paris!*
- *Es-tu déjà allé(e) …?*

Use or adapt the questions you wrote in exercise 6.

Use information from the advert and make up any additional information (e.g. what other town you would like to visit).

Make sure you answer in the correct tense!

Gagnez un week-end à Paris

- Deux nuits (pour deux personnes) dans un hôtel de luxe
- Voyage aller-retour en avion ou en train (première classe)
- Tour de la ville en bateau-mouche sur la Seine
- Visite guidée de la tour Eiffel et du musée du Louvre
- Samedi soir: spectacle son et lumière devant la cathédrale Notre-Dame de Paris

Grammaire 1

Demonstrative adjectives (Culture, page 159)

Écrire 1

Re-read the grammar box on page 159. Copy out the sentences, filling in the gaps with the correct form of the demonstrative adjective (*ce/cet/cette/ces*).

1 Qu'est-ce que tu penses de ___ chaussures?
2 J'ai acheté ___ robe pour aller à la fête ___ soir.
3 ___ week-end, je vais porter ___ chemise.
4 J'ai trouvé ___ baskets dans ___ magasin.
5 ___ chambre est jolie, mais je préfère ___ jardin.
6 Tu vas mettre ___ chapeau pour sortir ___ après-midi?

If you are not sure which demonstrative adjective to use, check whether the noun after each gap is masculine or feminine, singular or plural.

Parler 2

In pairs, talk about how to pronounce each *c* or *ç* in the sentences. Take turns to read the sentences out. Then listen and check.

1 Dans cet appartement, il y a combien de pièces?
2 Il y a une cuisine, un ascenseur et un bon accès pour les personnes handicapées.
3 Mon cousin français, Camille, est un garçon agaçant.
4 - Tu as reçu mon cadeau d'anniversaire?
- Oui, il est ici, merci.
5 - Comment ça va, ce matin?
- Comme ci, comme ça, merci.

The letter **c** is pronounced as a soft sound ('ss') rather than a hard sound ('k')

- before *e* and *i*
- when it has a cedilla (*ç*).

Listen and repeat the words.

***c**'est* *i**c**i* ***ç**a va*

The pronoun *y* (Unit 1, page 160)

Écrire 3

Re-read the grammar box about *y* on page 160. Then copy out the passage, replacing *à* + noun with *y*. There are six phrases to replace.

Example: … Ma famille et moi ***y*** *habitons depuis dix ans. …*

Je vais vous parler de ma ville, Rouen. Ma famille et moi habitons à Rouen depuis dix ans.

À Rouen, on peut trouver de jolies rues anciennes avec beaucoup de magasins.

Manchester, c'est comment? Est-ce que tu aimes habiter à Manchester?

Ma ville préférée, c'est Paris. Je suis allé à Paris l'année dernière. Est-ce que tu es déjà allée à Paris en vacances?

J'ai lu que Londres est une belle ville. Un jour, je voudrais aller à Londres avec ma famille.

Using a pronoun such as *y* helps you to avoid repeating something you have already mentioned:

J'habite à Paris. J'aime habiter à Paris.
→ *J'habite à Paris. J'aime y habiter.*

Depuis with the present tense (Unit 1, page 160)

Écouter 4

Re-read the grammar box about *depuis* on page 160. Then listen to Clara and note down the six verbs in the present tense she uses with *depuis* to say how long she has been doing something.

Example: j'habite

You use the present tense with *depuis*, because you are still doing it!
Je joue au basket depuis trois ans.
(Literally: I play basketball since three years.)

Écrire 5

Alex has applied for a summer job in a children's holiday camp. Look at the information on Alex's form and answer the questions. Use the verbs from exercise 4 to help you.

Example: 1 *J'habite à Paris … / J'y habite …*

1. Tu habites à Paris depuis quand?
2. Tu vas au collège Victor-Hugo depuis combien de temps?
3. Quels sports fais-tu et depuis combien de temps?
4. Quels sont tes autres passe-temps? Tu fais ça depuis quand?

Nom: Alex Lepelletier
Âge: 15 ans
Ville de résidence: Paris (depuis 7 ans)
Éducation: collège Victor-Hugo (depuis 4 ans)
Sports: tennis (3 ans); natation (5 ans)
Autres passe-temps: guitare (1 an); club de théâtre (6 mois)

Using *à* and *de* with the definite article (Unit 2, pages 162–163)

Écrire 6

Re-read the grammar boxes on page 162, page 163 and the box on the right. Then translate the following sentences into French.

1. To get to the stadium, turn left at the traffic lights.
2. Are you going to the park? No, I am going to the museum.
3. The bank is on the corner of the street, opposite the café.
4. Do you want to go to the sports centre? We are going to play basketball.
5. My brother is going to play the piano at the theatre today.
6. Sometimes, I like to go cycling or to do the cooking.

Remember:
à + *le* = ***au*** *à* + *les* = ***aux***
de + *le* = ***du*** *de* + *les* = ***des***

à can mean 'at' or 'to':
Rendez-vous au musée. (Let's meet at the museum.)

de often means 'of' or 'from', but this doesn't always translate into English, e.g. *loin de* = far from; *près de* = near to; *en face de* = opposite.

Remember, *à* and *de* are also used with *jouer* and *faire* to refer to sports, musical instruments and other activities:
*jouer **au** football / jouer **de la** guitare*
*faire **du** vélo / faire **de la** cuisine / faire **des** promenades*

Grammaire 2

Negatives (Unit 2, page 163)

Écouter **1** **Look at the gapped sentences. Predict the second part of each negative expression. Then listen and fill in the gaps.**

1 Dans ma rue, il n'y a ___ des maisons et une banque.
2 Dans le quartier où j'habite, il n'y a ___ de poste.
3 Dans ma banlieue, il n'y a ___ magasin.
4 Le soir, dans mon village, il n'y a ___ dans les rues.
5 Je ne vais ___ en ville, car il n'y a ___ pour les jeunes.
6 Sur la place où on habite, il n'y a ___ boulangerie ___ pharmacie.

Écrire **2** **Translate the following passage into French.**

I never go shopping in my area, because there is not a single supermarket. There is only a bakery and a post office. In my town, there is no longer a library. There is neither a cinema nor a theatre. There is no one of my age in town, because there is nothing for young people. It's really rubbish!

The following negatives are in two parts that go **around** the verb:

ne ... rien	nothing
ne ... jamais	never
ne ... personne	nobody
ne ... plus	no longer
ne ... que	only

ne ... aucun (no, not any, not a single) agrees with the noun.

ne ... ni ... ni ... (neither ... nor ...) is in three parts: put a noun after each ***ni***.

Remember that *ne* shortens to *n'* and *que* shortens to *qu'* before a vowel.

Using *de* to indicate possession (Unit 3, page 164)

Parler **3** **Read the tip on the right. Then, in pairs, take turns to ask and answer the questions below using the information in brackets.**

Example: 1

- *C'est ton tee-shirt?*
- *Non, c'est <u>le tee-shirt de mon père</u>.*

1 C'est ton tee-shirt? (mon père)
2 C'est ton chapeau? (ma sœur)
3 Ce sont tes baskets? (mon meilleur ami)
4 C'est ton appartement? (mes grands-parents)
5 C'est ton anniversaire demain? (ma mère)
6 Le gâteau, c'est pour ta fête? (mes voisins)

Remember, you cannot say 'my brother's shirt' in French. You have to say, 'the shirt of my brother' (*la chemise de mon frère*).

Si clauses (Unit 4, page 167)

Lire **4** **Re-read the grammar box about *si* clauses on page 167. Then write these sentences adding the correct spaces and a comma after the first part of each sentence, and translate them into English.**

1 Sij'avaislechoixj'habiteraisdansunevieillemaisonsurlacôte.
2 Sij'étaisrichej'achèteraisunbelappartementaucentre-ville.
3 Sij'avaisletempsjeferaisdelanatationtouslesjours.
4 SijegagnaisunconcoursmonrêveseraitdallerenAfrique.
5 Sij'étaiscélèbrej'auraisuncinémaprivédansmamaison.
6 Sij'allaisenFrancej'iraisdabordàPariscarj'aimeraisvisiterlatourEiffel.

Adjectives which can go before or after the noun (Unit 4, page 166)

Some adjectives can have different meanings depending on whether they are before or after the noun.

Adjective	Meaning before the noun	Meaning after the noun
ancien/ancienne	former	ancient/old
cher/chère	dear (beloved)	expensive
grand/grande	big, great	tall
propre	own	clean
seul/seule	only	alone, lonely

Lire 5 **Translate the sentences into English, choosing the correct translation of each underlined adjective from the grammar box.**

1. Ma <u>chère</u> tante habite dans le quartier <u>ancien</u> de la ville.
2. Regarde la <u>grande</u> maison à gauche! C'est notre <u>ancienne</u> maison.
3. Il est important pour moi d'avoir une chambre <u>propre</u>.
4. Ma sœur a son <u>propre</u> appartement dans une rue <u>chère</u> de Paris.
5. Tu vois cet homme <u>grand</u> avec les cheveux noirs? C'est notre <u>seul</u> voisin.

Forming questions in different tenses (Unit 5, page 169)

Écrire 6 **Re-read the grammar box on page 169 about forming questions in different tenses. Then copy and complete the question you would need to ask to get each answer. Make sure you match the tense of each question to the tense in each answer.**

Example: 1 *Pourquoi veux-tu aller à Paris?*

1. Pourquoi ___ aller à Paris? — Je veux y aller parce que c'est une belle ville.
2. ___ déjà ___ la France? — Non, mais j'ai toujours voulu visiter la France.
3. Quand ___ à Paris et avec qui? — J'irai le week-end prochain avec ma famille.
4. Qu'est-ce que ___ à Paris? — Je visiterai des monuments et j'achèterai des souvenirs.
5. Quels autres pays ___ un jour? — Je voudrais visiter le Royaume-Uni et le Canada.

C'est parti!

Parler 7 **In pairs, take turns to read the text out. Give feedback on each other's pronunciation. Then listen and check.**

J'habite dans une vieille ville dans le sud-ouest du pays. J'y habite depuis toujours, car j'y suis née. Ma famille et moi vivons dans un bel appartement de cinq pièces. Si j'avais le choix, j'aimerais mieux habiter dans une jolie petite maison à la campagne. Dans ma ville, il n'y a rien pour les jeunes, sauf un terrain de sport à côté du musée. Il n'y a plus de théâtre et il n'y a aucun magasin de mode. Pour aller à la fête d'anniversaire de ma meilleure amie, je pense que je vais mettre cette chemise verte et ce pantalon noir avec ces chaussures grises. Qu'est-ce que tu en penses?

Contrôle de lecture et d'écoute

Reading

Lire 1 ***My ideal place to live.*** **Read Alessandro's blog.**

Salut, tout le monde!

L'endroit où j'aimerais habiter ne serait ni en Europe ni en Amérique du Nord puisque j'aimerais découvrir une culture complètement différente. Alors peut-être en Asie ou en Afrique, je pense.

Ensuite, j'habiterais dans une région où il ne fait pas trop chaud et où il ne pleut pas tout le temps! J'ai horreur du temps humide car on ne peut rien faire dehors. Je n'aime pas du tout être ***mouillé***! Et toujours sortir avec un **parapluie***, ce n'est pas mon truc!

le parapluie *umbrella*

Find all the negatives in the text. They are going to be useful to work out the answers.

a Answer the following questions in English. You do not need to write in full sentences.

(i) On which continent would Alessandro like to live? Give one detail.

(ii) What type of weather would he like? Give one detail.

You only need to give one detail. For each question there might be two possible answers.

b Which of these is the best translation of the word *mouillé*? Write down A, B or C.

A wet **B** exhausted **C** very hot

To work out the meaning, look at the vocabulary in the sentences around that word.

Lire 2 ***My ideal home.*** **Translate the following paragraph into English.**

Don't forget to translate these important words.

Nous habitons dans un appartement assez ancien. Les logements modernes ne m'attirent pas du tout. En général, je suis très content de mon quartier et je ne voudrais pas vivre ailleurs. Si j'avais le choix, j'aurais ma propre piscine dehors, dans mon jardin. Un jour, j'achèterai une maison avec beaucoup d'espace, près de la campagne.

If you don't know these adjectives yet, can you make an intelligent guess?

How will you translate this verb in the conditional?

Take extra care translating this word. What do we use in English?

Think about how you are going to translate this structure.

Listening

Écouter 3

Buying presents. **Marie and Louis are talking about buying presents. What do they say? Listen to the recordings and complete each sentence by writing down the correct letter (A–C).**

1 Marie

(i) Marie is likely to get a present on ...
A Sunday. **B** Tuesday. **C** Wednesday.

> You are going to hear each day mentioned. Concentrate on when she is going to go.

(ii) She is going shopping ...
A where she lives. **B** in a new shopping centre.
C in the nearest town.

(iii) Marie is going to buy her brother ...
A a phone. **B** a book. **C** a game.

2 Louis

> Beware of negatives!

(i) Louis bought something for his dad for ...
A a special occasion. **B** his birthday. **C** no particular occasion.

(ii) Louis decided on a ... shirt for his dad.
A white **B** blue **C** brown

(iii) When he was at the till to pay, Louis realised that ...
A he didn't have money. **B** the shirt was too expensive. **C** his card didn't work.

Écouter 4

My ideal house. **Listen to Fatima talking about her ideal house. What does she say? Write the letter (A–F) for each of the three correct options.**

A	Her ideal home would be in town.
B	She would like to live somewhere quiet.
C	A big garden is essential for her.
D	She isn't interested in a big house.
E	She would like to have a swimming pool.
F	The most important thing for her is to be happy.

Écouter 5

Living in the countryside. **Listen to Axel talking about living in the countryside. What does he say? Listen to the recording and make notes in English under the following headings. You do not need to write in full sentences.**

a where he currently lives
b what he thinks about living in the countryside (give one detail)
c the description of his house when he was younger (give one detail)
d one advantage of his house when he was younger
e where he would like to live in the future.

> What tense is needed here? Listen carefully for the answer in the right tense.

Écouter 6

Dictation. **You are going to hear someone talking about their bedroom.**

a Sentences 1–2: write down the missing words. For each gap, you will write one word in French.

1 J'ai un petit ___, un ___ et un ___.
2 Je voudrais une ___, un ___ et un ___.

b Sentences 3–6: write down the full sentences that you hear, in French.

> When listening to the full sentences, think about the meaning as well as the sounds.

Contrôle oral

Read aloud

Parler 1 **Look at this task card. With a partner, take turns to read out the four sentences, paying attention to the underlined letters and the highlighted liaisons and cognates.**

Jules, your French friend, has emailed you to tell you about his town.

Read out the text below to your teacher.

> J'habite dans cette ville depuis cinq ans.
>
> Elle se situe dans une région qui attire beaucoup de touristes.
>
> On y trouve de nombreux hôtels, un théâtre et beaucoup de bâtiments anciens pour ceux qui aiment l'histoire!
>
> À mon avis, il faut encourager les gens à visiter la région où nous vivons pour améliorer l'économie.

Take extra care with how you pronounce the underlined sounds:
- *r* sounds like a raspy sound in the back of your throat
- *i* and *y* sound the same, similar to 'ee' in bee
- *h* is silent.

Remember your liaisons!

Take extra care with how you pronounce cognates.

Écouter 2 **Listen and check your pronunciation.**

Parler 3 **Listen to the teacher asking the two follow-up questions. Translate each question into English and prepare your own answers in French. Then listen again and respond to the teacher.**

These two questions will ask for your opinion on subjects that relate to the text you have just read aloud.

Role play

Parler 4 **Look at the role-play card and prepare what you are going to say.**

Setting: At the café

Scenario:
- You are at a café in France with a friend and you speak to the waiter.
- The teacher will play the part of the waiter and will speak first.
- The teacher will ask questions **in French**, and you must answer **in French**.
- Say a few words or a short phrase/sentence for each prompt. One-word answers are not sufficient to gain full marks.

Task:
1. Say what you would like to order.
2. Ask for a recommendation for where to shop.
3. Ask for directions.
4. Say why you are in France.
5. Say what you are going to buy.

Ask for either a drink or some food, e.g. a coffee, an ice cream or some chips.

You could ask 'is there a good market near here?'.

Start with *pour aller* or *où*.

What is the simplest reason to give?

Parler 5 **Practise what you have prepared. Then, using your notes, listen and respond to the teacher.**

Écouter 6 **Now listen to Toni doing the role-play task. In English, note down (a) how she answers the questions for task prompts 1, 4 and 5, and (b) what questions she asks for task prompts 2 and 3.**

Picture task

Écouter 7 **Look at the exam card below and read the first part of the task. Then listen to Zoë describing the picture. Answer the questions in English.**

a What does Zoë say about the people in the picture? Do you agree?
b Who does she describe in the most detail and what does she mention?
c What does she say about the location? Do you agree?

Describe this picture.

Your description must cover:

- people
- location
- activity.

When you have finished your description, you will be asked **two questions** relating to the picture. Say a short phrase/sentence in response to each question. One-word answers will not be sufficient to gain full marks.

You will then move on to a **conversation** on the broader thematic context of **My neighbourhood**.

During the conversation, you will be asked questions in the present, past and future tenses. Your responses should be as **full and detailed** as possible.

To talk about the people, you can use **prepositions** such as *près de* (near to), *loin de* (far from), *à côté de* (next to) or *en face de* (opposite).

Parler 8 **Prepare your own description of the picture, mentioning people, location and activity. Then, with a partner, take turns to describe the picture.**

Sur la photo, il y a ...

Parler 9 **Read the second part of the task. Then listen to the two follow-up questions and respond to the teacher. Remember: you only need to give a short answer to each one.**

Écouter 10 **Read the third part of the task. The teacher asks Zoë: *Le week-end, qu'est-ce que tu fais dans ta ville ou ton village?* Listen to her answer. Copy and complete the table below in English.**

What activity	Weather

Écouter 11 **Listen to Zoë answering the question: *Dans quelle région du monde est-ce que tu voudrais habiter plus tard et pourquoi?* Listen and write down all the *si* clauses you hear. Translate the clauses into English.**

Parler 12 **Prepare your own answers to the Module 7 questions on page 227. Your responses should be as full and detailed as possible. Then practise with a partner.**

Remember to try to use subordinate clauses (e.g. clauses starting with *si*, *quand* or *où*) to improve your answers.

Contrôle écrit

130–150 word writing task

Écrire 1

Look at this writing exam task and then, for each bullet point:

1 think about what vocabulary you have learned which you could use in your answer. For example:
- **nouns** and **verbs** to talk about where you live
- **verbs of opinion** and **adjectives** to explain your points of view
- language for **narrating a story** about what you did recently in your area
- how to explain where you would ideally live in the future.

2 write down three or four ideas for what you could write about

3 write down which tense(s) you will need to use in your answer.

Look at the vocabulary you have noted to help you think of ideas for what to write.

Write about where you live for an online magazine.

You **must** include the following points:
- a description of where you live
- the pros and cons of living where you live
- something you have done recently where you live
- where you would ideally live in the future.

Write your answer **in French**. You should aim to write between 130 and 150 words.

Lire 2

Read Gabriel's answer to the exam task. Answer questions 1–5 in the coloured shapes.

Salut!

Mon village se situe dans le sud et j'y habite depuis le divorce de mes parents. Avant, je vivais dans une ville. Mon village est médiéval et on y trouve des rues très étroites et des bâtiments anciens.

D'un côté, mon village est assez joli. C'est agréable. On est loin des problèmes de la ville mais d'un autre côté, il faut dire qu'il manque beaucoup de choses, surtout pour les jeunes. Il n'y a ni centre sportif ni cinéma.

Récemment, je suis allé dans la ville voisine pour acheter un cadeau pour l'anniversaire de ma grand-mère. J'ai passé des heures à chercher et j'ai finalement trouvé quelque chose qui va lui plaire. Ensuite, j'ai décidé d'essayer le restaurant qui vient d'ouvrir.

Quand je travaillerai, je voudrais vivre dans un endroit calme. Si je pouvais, je voudrais posséder ma propre maison avec un jardin pour avoir des légumes quand je veux! Si possible, je voudrais rester ici, pas trop loin de ma famille.

Gabriel

1 This is an example of **complex language**. What does it mean? Find three more examples from the text.

2 Which **tense** is this? What other examples of this tense can you find? What other tenses does he use?

3 This word shows a **variety of vocabulary**. What does it mean? Find two more examples.

4 How could you form an **extended sentence**? What other extended sentences does he use?

5 How could he **avoid repetition** by using another word or phrase?

Lire **3** **Read Gabriel's answer again. Make notes in English about the following points:**

a since when Gabriel has lived where he is now
b one characteristic of his village
c one positive aspect of his village and one negative aspect
d where he would like to live in the future and why.

Écrire **4** **Prepare your own answer to the 130–150 word writing task in exercise 1.**

- Think about how you can develop your answer for each bullet point.
- Look back at your notes from exercises 1 and 2.
- Look at the 'Challenge checklist' and consider how you can show off your French!
- Write a **brief** plan and organise your answer into paragraphs.
- Write your answer and then carefully check the accuracy of what you have written.

Challenge checklist	
	✓ Past, present and future timeframes ✓ Connectives, time phrases and sequencers ✓ Some extended sentences ✓ Different opinion phrases
	✓ A wide range of tenses ✓ Different persons of the verb (e.g. *nous*) ✓ A variety of adjectives ✓ A wide range of interesting vocabulary
	✓ Phrases with more than one tense ✓ Impersonal phrases (e.g. *il manque, on trouve, il faut*) ✓ Complex language (e.g. *depuis*, subordination, *si* phrases) ✓ More complex negatives (e.g. *ne... ni... ni*) ✓ A variety of connectives

Translation

Lire **5** **Read Gabriel's text again. Find the French for the following words or phrases.**

a is located
b I have lived here since
c before, I used to live
d one/you can find there
e a lot of things are missing
f neighbouring town
g that has just opened
h if I could

Écrire **6** **Translate the paragraph into French.**

I have lived here for three years. I like living where I live because there is neither traffic nor crime. There are a lot of things for young people to do, but it is missing a swimming pool. Before, when we lived in a village, we had a bigger house. In the future, if I were rich, I would like to buy a castle.

Remember to use the present tense with *depuis*.

Remember to use the infinitive form after 'I like'.

What negative is this?

Do you remember this structure? Have a look again at Gabriel's text.

What tense will you need to use?

Remember to use the imperfect tense after *si*.

Remember to spot complex grammatical structures such as different tenses, impersonal structures or negatives.

Module

7 Vocabulaire

Key:
bold = this word will appear in higher exams only
* = this word is not on the vocabulary list but you may use it in your own sentences

À louer, à vendre (pages 158–159)

Qu'est-ce que tu penses de cet appartement?	*What do you think of this apartment?*
Il y a combien de **pièces**?	*How many rooms are there?*
Est-qu'il y a un/une …?	*Is there a …?*
Il y a …	*There is …*
un **accès** pour les personnes handicapées.	*access for disabled people.*
un **ascenseur** / un *balcon.	*a lift / a balcony.*
une chambre / une cuisine *équipée / une *douche.	*a bedroom / an equipped kitchen / a shower.*
une entrée / une **pièce** / une *salle de bains.	*an entrance hall / a room / a bathroom.*
Il n'y a pas de jardin / **d'ascenseur**.	*There is no garden / lift.*
À mon avis, c'est …	*In my opinion, it is …*
assez / trop / un peu … petit / cher.	*quite / too / a bit … small / expensive.*
Qu'est-ce que tu vas acheter?	*What are you going to buy?*
Qu'est-ce que tu vas porter à la fête / au *bal de fin d'année?	*What are you going to wear to the party / to the end-of-year ball?*
Je pense que je vais acheter / porter …	*I think I'm going to buy / wear …*
J'**aimerais** (bien) acheter …	*I would (really) like to buy …*
ces baskets	*these trainers*
marron / bleu(e)(s)	*brown / blue*
gris(e)(s) / noir(e)(s)	*grey / black*
mais …	*but …*
c'est trop cher pour moi.	*it is too expensive for me.*
je n'ai pas assez d'argent.	*I don't have enough money.*
Pour aller à la fête d'anniversaire ce week-end …	*To go to the birthday party this weekend …*
Qu'est-ce que tu **en** penses?	*What do you think about it?*

Là où j'habite (pages 160–161)

Est-ce que tu habites dans une ville ou un village?	*Do you live in a town or a village?*
Où se trouve ta ville / ton village?	*Where is your town / village?*
Tu **y** habites **depuis** quand / combien de temps?	*How long have you lived there?*
Ta ville / Ton village est comment?	*What is your town / village like?*
Tu aimes **y** habiter? Pourquoi (pas)?	*Do you like living there? Why (not)?*
J'habite dans …	*I live in …*
un petit village / une grande ville / à *Londres.	*a small village / a large town / in London.*
près de la capitale	*near the capital city*
J'habite à / en … **depuis** … ans / mois.	*I have lived in … for … years / months.*
Vivre à la campagne / en ville est (parfait pour moi).	*Living in the countryside / town is (perfect for me).*
Je n'aime pas **y** habiter.	*I don't like living there.*
J'adore **y** habiter.	*I love living there.*
J'**aimerais** mieux habiter en ville.	*I would prefer to live in town.*
On peut **y** voir / trouver …	*You can see / find … there.*
une vieille ville historique.	*an old historic town*
une ville moderne et *industrielle.	*a modern and industrial town*
de **nombreux** bâtiments modernes / vieux.	*lots of modern / old buildings*
une des plus grandes villes.	*one of the largest towns*
avec de belles maisons traditionnelles	*with beautiful, traditional houses*
peu de magasins	*few/not many shops*
un bel endroit	*a nice / beautiful place*
sans pollution / trop de bruit	*without pollution / too much noise*
Il/Elle se trouve dans …	*It is in …*
le nord / le nord-est / l'est	*the north / northeast / east*
le sud-est / le sud	*the southeast / south*
le sud-ouest / l'ouest	*the southwest / west*
le nord-ouest	*the northwest …*
… de l'Angleterre / de la France.	*… of England / France.*
en Angleterre / en France	*in England / in France*
L'année dernière, j'ai visité (York).	*Last year, I visited (York).*
J'**y** suis allé(e) avec ma famille / mes parents.	*I went there with my family / my parents.*
J'**aimerais** habiter (à Paris).	*I would like to live (in Paris).*

Sur la bonne route (pages 162–163)

Pour aller à la **bibliothèque** / la boulangerie, s'il vous plaît?	*How do you get to the library / bakery, please?*
Allez / Continuez tout droit.	*Go / Continue straight ahead.*
Tournez à gauche / à droite.	*Turn left / right.*
Traversez la place / le pont / aux feux.	*Cross the square / the bridge / at the traffic lights.*
Prenez la première / la deuxième rue à gauche / à droite.	*Take the first / the second road on the left / right.*
C'est loin de / près d'ici?	*Is it far from / near here?*
C'est à côté de / en face de …	*It's next to / opposite …*
C'est devant / derrière / entre …	*It's in front of / behind / between …*
Dans mon village, …	*In my village …*
À Paris, …	*In Paris …*
Là où j'habite, …	*Where I live …*
Au centre de ma ville, …	*In the centre of my town …*
On peut acheter …	*You can buy …*
à la boulangerie / à la pharmacie / aux magasins.	*at the bakery / at the pharmacy / at the shops.*
Il faut visiter le parc / le théâtre / le musée.	*You must visit the park / the theatre / the museum.*
il **n'**y a **aucun** espace vert	*there are no green spaces*
il **n'**y a **ni** gare **ni** station de métro	*there is no train station or underground station*
il n'y a pas de …, mais il y a …	*there is/are no … but there is/are …*
il n'y a personne de mon âge	*there is nobody my age*
il n'y a plus de cinéma	*there is no longer a cinema / there isn't a cinema anymore*
il **n'**y a **que** quelques petits magasins	*there are only a few small shops*
il n'y a rien	*there is nothing / there isn't anything*
ce n'est jamais calme	*it is never quiet*
il manque …	*it is missing …*

J'aime / Je n'aime pas **y** habiter parce que / car ...	*I like / I don't like living there because / as ...*
J'**y** habite **depuis** ... ans / toujours.	*I have lived there for ... years / forever.*

Tendances et shopping (pages 164–165)

Vous cherchez quelque chose en *particulier?	*Are you looking for something in particular?*
Je peux vous aider?	*Can I help you?*
Vous aimez cette chemise?	*Do you like this shirt?*
Vous l'aimez?	*Do you like it?*
Il/Elle coûte combien, s'il vous plaît?	*How much does it cost, please?*
Je peux payer **par** carte?	*Can I pay by card?*
La caisse est là-bas.	*The till is over there.*
Je voudrais échanger ce *tee-shirt.	*I would like to exchange this tee-shirt.*
Quel est le problème?	*What is the problem?*
Malheureusement, il est trop petit.	*Unfortunately, it is too small.*
Désolé(e). Je n'**en** ai plus dans cette couleur.	*Sorry. I don't have any more of them in this colour.*
Avez-vous la même chose en (noir)?	*Do you have the same thing in (black)?*
Je peux l'essayer, s'il vous plaît?	*Can I try it on, please?*
Pas de problème.	*No problem.*
J'ai acheté ...	*I bought ...*
ce **chapeau** / ce pantalon / ce *tee-shirt / cette jupe	*this hat / these trousers / this tee-shirt / this skirt*
cette chemise / cette cravate	*this shirt / this tie*
ces chaussettes	*these shoes*
ces chaussures	*these socks*
blanc(he)(s) / jaune(s) / rose(s)	*white / yellow / pink*
orange / rouge(s) / vert(e)(s)	*orange / red / green*
joli(e)(s) / beau(x)/belle(s)	*pretty / beautiful*
pour la fête / l'anniversaire de (mon **copain** / ma mère)	*for (my friend's / mum's) party / birthday*
J'ai trouvé / vu ça	*I found / saw that ...*
Il/Elle a coûté ...	*It cost ...*
Ils/Elles ont coûté ...	*They cost ...*
Malheureusement, ...	*Unfortunately, ...*
il/elle est ... / ils/elles sont trop grand(e)(s) / trop petit(e)(s).	*it is / they are too big / too small.*
je n'aime pas la couleur.	*I don't like the colour.*
La prochaine fois,	*Next time, ...*
j'**achèterai** / je **choisirai** ...	*I will buy / choose ...*
j'**essayerai** / j'**irai** ...	*I will try / go ...*

La maison de mes rêves (pages 166–167)

Comment **serait** ta maison idéale?	*What would your ideal house be like?*
Moi, si j'avais le choix, j'**aimerais** habiter dans ...	*If I had the choice, I would like to live in ...*
Si j'étais riche, j'**habiterais** dans ...	*If I were rich, I would live in ...*
un château ancien à la campagne.	*an ancient castle in the countryside.*
un bel appartement tout neuf.	*a beautiful, brand-new apartment.*
J'**aurais** ...	*I would have ...*
Il y **aurait** ...	*There would be ...*
une cuisine propre, moderne et bien *équipée.	*a clean, modern and well-equipped kitchen.*
un bon **accès** pour les personnes handicapées en fauteuil roulant.	*good access for disabled people in a wheelchair.*
ma propre chambre, calme et confortable.	*my own calm and comfortable bedroom.*
de grandes fenêtres, pour **profiter de** la **lumière** naturelle.	*big windows, to make the most of the natural light.*
de **nombreuses pièces**, avec beaucoup d'espace.	*lots of rooms, with a lot of space.*
un **ascenseur** *au lieu d'un **escalier**.	*a lift instead of a staircase.*
un *joli jardin **plein** de **fleurs** et d'**arbres**.	*a pretty garden full of flowers and trees.*
de bons voisins avec qui je peux parler et rire.	*good neighbours with whom I can talk and laugh.*
une télévision à grand **écran** à chaque **étage**.	*a large-screen TV on every floor.*
un cinéma privé pour voir les derniers films.	*a private cinema to watch the latest films.*
un *sauna ou un *jacuzzi **dehors**.	*a sauna or a jacuzzi outside.*
une maison à quatre / plusieurs **étages**	*a house with four / several floors*
au *sous-sol	*in the basement*
au *rez-de-chaussée	*on the ground floor*
au troisième **étage**	*on the third floor*

As-tu déjà visité Paris? (pages 168–169)

Quand est-ce que tu **iras** à Londres?	*When will you go to London?*
As-tu déjà visité le Royaume-Uni / la France?	*Have you ever visited the United Kingdom / France?*
Pourquoi veux-tu visiter Paris?	*Why do you want to visit Paris?*
Comment est-ce que tu **voyageras**?	*How will you travel?*
Quel pays / Quelle ville voudrais-tu visiter un jour?	*Which country / town would you like to visit one day?*
Qu'est-ce que tu **feras** pendant ta visite?	*What will you do during your visit?*
Je crois que tu as reçu de bonnes *nouvelles.	*I think you have received some good news.*
J'ai gagné un **concours.**	*I won a competition.*
Je n'y suis jamais allé(e).	*I have never been there.*
J'ai toujours **voulu** visiter Paris.	*I have always wanted to visit Paris.*
Paris est une belle ville historique et culturelle.	*Paris is a beautiful historic and cultural city.*
J'ai **envie** de (visiter la tour Eiffel).	*I want to (visit the Eiffel Tower).*
J'**irai** ...	*I will go ...*
le week-end prochain.	*next weekend.*
bientôt à Londres.	*to London soon.*
à un spectacle **son** et **lumière**.	*to a sound and light show.*
Je **voyagerai** ...	*I will travel ...*
en avion première classe.	*first class by plane.*
en train.	*by train.*
Je **ferai** ...	*I will do ...*
le tour de la ville en *bateau-mouche sur la *Seine.	*a boat tour of the city on the Seine.*
une visite *guidée de la tour Eiffel et du musée du *Louvre.	*a guided visit of the Eiffel Tower and the Louvre museum.*
Je voudrais aller à / visiter ...	*I would like to go to / to visit ...*

Module **8**

Mes projets d'avenir

Mon été de rêve

- Talking about summer plans
- Using three different tenses to express the future

A

Chercher un job d'été à partir de 16 ans: ce qu'il faut savoir!

1 Pourquoi chercher un job d'été?

Si vous avez entre 16 ans et 18 ans, il est tout à fait possible de trouver un job d'été! En plus de gagner de l'argent, vous pouvez <u>développer de nouvelles compétences</u> et <u>gagner en confiance</u>. Vous pouvez également vous faire de nouveaux amis.

2 Quels sont les emplois ouverts aux adolescents de moins de 16 ans?

Voici quelques idées:

- Vous pouvez travailler dans une ferme: vous pouvez, par exemple, <u>cueillir des fruits</u>.
- Vous pouvez <u>apprendre à servir les clients</u>. Vous pouvez travailler dans une boulangerie, un restaurant, un café ou dans un supermarché.
- Vous pouvez faire du babysitting ou <u>promener des chiens</u>.
- Vous pouvez devenir animateur de vacances ou aider dans un centre sportif ou à la piscine.

3 Comment trouver un job d'été?

Il faut être indépendant et responsable! Et bien sûr, il faut être disponible. Vous pouvez vous présenter directement dans des restaurants ou des magasins. <u>Vous pouvez demander conseil à vos amis ou à votre famille</u>.

Préparer un CV et une lettre de motivation est également important. Comment faire son CV? Vous devez décrire vos passions et vos compétences, puis parler de ce que vous voulez faire à l'avenir …
Bonne chance!

disponible *available*

Summer camps (*des colonies de vacances*) are popular in France. Children go to them to learn new skills, do sports, play games and work in teams. Older teenagers often work as an *animateur* (m) or *animatrice* (f) to look after the children and organise the activities. You can even do a qualification called the BAFA to become an *animateur*.

B

Explorez l'Europe avec le Pass Interrail. Voyagez en train et découvrez plus de 30 000 destinations et 33 pays.

Vous avez 27 ans ou moins? C'est une excellente nouvelle, car vous pouvez commander votre Interrail Pass Jeune. Vous aurez une réduction de 25% sur vos voyages en train mais également des réductions sur vos activités et vos visites. C'est la meilleure option pour les jeunes voyageurs!

Idées de voyage

Nous allons découvrir la Méditerranée. **Je vais visiter** l'Italie.

Je visiterai l'est de l'Europe, des pays comme la Pologne, par exemple.

Je verrai le château de Versailles. **On voyagera** partout en France!

Ce week-end, je vais à Bruxelles avec ma sœur.
Samedi matin, on visite la Grand-Place.

la Pologne	*Poland*
Bruxelles	*Brussels*

Le château de Versailles

Parler 1 **Listen and repeat these words. Pay attention to the pronunciation of *ill/ille* and *ail/aill*.**

la fam**ille** une f**ille** un b**ill**et

un trav**ail** trav**aill**er **aill**eurs Vers**aill**es

The double '*ll*' in ***-ail/-aill-*** and in ***-ill-/-ille*** sounds like the 'y' sound in English, rather than the English 'l'.

Lire 2 **Read text A about looking for a summer job. What do you think the underlined words and phrases mean in English? Then, with a partner, talk about which strategies you used to work them out.**

Use the four Cs (clues, cognates, context, common sense) to work out the meaning of unfamiliar words.

Lire 3 **Re-read the text and answer the questions in English.**

1. In addition to earning money, what other reasons for getting a summer job are given?
2. Where can you learn how to serve customers? Name at least two places.
3. What do you need to be in order to find a summer job? Name two traits.
4. What practical strategies are suggested for finding a summer job?
5. What should you include on your CV? Name at least two things.

Écouter 4 **Listen to the teenagers talking about potential summer jobs. Then copy and complete the grid in English. (1–5)**

	Job	Positive or negative opinion?	Reason
1	Babysitting		

Parler 5 **In pairs, take turns to ask and answer questions about the summer jobs suggested in text A.**

- *Est-ce que tu aimerais travailler dans un supermarché?*
- *Non, je n'aimerais pas travailler dans un supermarché car ce serait trop dur. Et toi, est-ce que tu voudrais faire du babysitting?*

Je voudrais J'aimerais bien Je ne voudrais pas Je n'aimerais pas	travailler dans	une boulangerie un café une ferme un restaurant un supermarché	parce que car	ce serait ce ne serait pas	intéressant. génial. dur. ennuyeux.
	promener des chiens			j'aime je n'aime pas	les animaux. les enfants. les bébés. le sport.
	être animateur ou animatrice				
	aider dans un centre sportif				
	faire du babysitting				

Lire 6 **Read text B. Copy and complete the sentences below in English.**

1. With an Interrail Pass, you can explore … by train.
2. You can order an Interrail Youth Pass if you are aged …
3. With the Pass, you'll have a discount of … on train journeys, and you'll also get discounts on …
4. It's the best option for …

Écouter 7 **Listen to the statements expressing future plans. (1–6) Which tense is each one in? Write:**

a for the near future tense
b for the simple future tense
c for the present tense with a future time adverb.

G

There are two different future tenses in French:

- the **near future tense** (*aller* + an infinitive), e.g.
  Je vais visiter l'Italie. I am going to visit/will visit Italy.
- the **simple future**, e.g.
  Je voyagerai en train. I will travel by train.

Additionally, sometimes the **present tense** is used **with a time adverb** to express the future, e.g.
Ce soir, j'écris mon CV. I'm writing my CV this evening.
Look at the examples of these three ways of expressing the future in text B.

Page 192

1 Mes passions et mon avenir

- Talking about future plans and hopes
- Using après *avoir* + a past participle
- Expressing future plans using a range of structures

Écouter 1 **Read the tip box. Then listen and for each speaker (1–6), note down:**

- the French phrase they use from the tip box
- the letters of the two correct pictures.

You can use any of these phrases, followed by **an infinitive**, to talk about your future plans and wishes:

Je veux	I want to	*J'ai envie de*	I want to
J'aimerais	I would like to	*J'ai l'intention de*	I intend to
Je voudrais	I would like to	*Mon ambition est de*	My ambition is to
J'espère	I hope to	*Mon but est de*	My aim is to

a

avoir des enfants

b

réussir mes examens

c

voyager et travailler à l'étranger

d

aller à l'université

e

suivre une formation professionnelle

f

trouver un emploi dans le domaine du droit

g

gagner beaucoup d'argent

h

avoir ma propre entreprise

Écouter 2 **Listen and read. Then answer the questions in English.**

D'abord, j'ai l'intention de continuer mes études. Après avoir réussi mes examens, j'espère travailler dans les médias. Cependant, avant de trouver un bon métier, j'ai envie de visiter d'autres pays et puis d'être bénévole pour un projet vert à l'étranger. Après avoir fait ça, je voudrais enfin entrer dans le monde du travail. Plus tard, mon ambition personnelle, c'est de vivre avec ma copine et peut-être d'avoir des enfants, mais je ne veux pas me marier. **Sophie**

1. What does Sophie hope to do?
2. What sector would she like to work in?
3. What two things does she want to do before finding a job?
4. What is her personal ambition?
5. What does she not want to do?

G

Remember, *avant de* + the infinitive means 'before doing something'.
Avant d'avoir *des enfants, ...* Before having children, ...

To say 'after doing'/'having done' something, we use *après avoir* or *après être* + a past participle.
Après avoir travaillé *...,* After having worked ...,

If the verb takes *être*, the past participle must agree with the subject:
*Après être allé**e** à l'université, elle ...* After having gone to university, she ...

Here is a reminder of how past participles of regular verbs are formed:
regular *-er* verbs, e.g. *étudier* → *après avoir étudi**é***
regular *-ir* verbs, e.g. *choisir* → *après avoir chois**i***
regular *-re* verbs, e.g. *vendre* → *après avoir vend**u***

Page 192

Parler 3 **In groups of four, talk about your future plans.**

- *Qu'est-ce que tu veux faire à l'avenir?*
- *Avant d'avoir des enfants, j'ai envie de gagner beaucoup d'argent. Et toi?*
- *Après avoir réussi mes examens, mon ambition est d'entrer dans le monde du travail.*

Avant de/d'	me marier, trouver un bon travail, avoir des enfants,	j'aimerais j'espère j'ai envie de/d' j'ai l'intention de/d' mon ambition est de/d' mon but est de/d'	*+ infinitive*
Après avoir	réussi mes examens, fini mes études, voyagé à l'étranger,		

Lire 4 **Read the article. Then answer the questions by writing 'Habib', 'Anna' or 'both'.**

Université ou formation professionnelle?

Je vais travailler dans le tourisme car j'ai envie d'habiter et de travailler à l'étranger. Après avoir quitté le lycée, j'ai l'intention de suivre une formation professionnelle parce que je voudrais développer des compétences pratiques. J'ai déjà fait un stage dans un hôtel à Milan en Italie. Je veux gagner de l'argent le plus tôt possible sans faire de longues études. Je connais une apprentie qui est très contente de sa décision. D'ici cinq ans, j'espère vivre avec ma copine et me marier.

Habib

À mon avis, si on va à l'université, on peut trouver un bon emploi plus facilement. Moi, je voudrais poursuivre une carrière dans l'enseignement et je sais qu'il faut aller à l'université pour être professeur. À l'université, on peut aussi se faire de nouveaux amis. Ce sera super! Avant d'y aller, je visiterai d'autres pays. En ce moment, beaucoup de matières m'intéressent et je trouve difficile de faire un choix. Enfin, après avoir terminé mes études, je chercherai un poste. Plus tard, dans la vie, j'aimerais habiter à la campagne avec mon chien!

Anna

l'apprenti(e) *apprentice*

1. Who can't decide exactly what to study?
2. Who knows which sector they want to work in?
3. Who has already done a work placement?
4. Who plans on moving in with a partner?
5. Who is looking forward to making new friends?
6. Who wants to spend time abroad?

G *sans* + infinitive means 'without doing', e.g.
sans aller *à l'université* without going to university

Lire 5 **Translate the phrases in blue in exercise 4 into English.**

There are different ways of saying 'to know' in French, depending on the context.

connaître + noun	to know (be familiar with) someone / a place
Je connais ton frère.	I know your brother.
savoir	to know (a fact)
Je sais qu'il faut ...	I know that you have to ...

Écouter 6 **Listen and write down in English what each speaker wants to do after leaving school and why. (1–3)**

Écrire 7 **Write a blog post about what you want to do in the future, including whether you want to go to university and why/why not. Include:**

- different phrases to introduce future plans
- one sentence containing *avant de ...*
- one sentence using *après avoir* + a past participle
- at least one verb in the simple future tense
- what you are **not** planning to do.

2 Express Mondial

- Talking about travelling and earning money
- Using verbs that take *être* in the perfect tense
- Buying tickets at a station

Lire 1 **Read about the *Express Mondial* competition. Translate the opening paragraph into English and then answer the questions.**

Bienvenue à l'Express Mondial!

Le but pour les quatre couples cette année, c'est de traverser le Canada le plus vite possible. Chaque couple n'a que l'équivalent de 600 euros et un sac plein de vêtements. Ils ne peuvent ni prendre l'avion ni utiliser Internet. Qui va gagner? Voici les couples!

Zahida et son frère Ahmed sont de Paris. Ils sont très sportifs. Zahida commencera bientôt ses études de droit à l'université. Ahmed ne sait pas ce qu'il va faire à l'avenir. S'ils gagnent, ils partiront pour l'Australie.

Nicolas et Chloé sont amis. Ils habitent à Bruxelles. Ils veulent tous les deux être mécaniciens. Pour le moment, Nicolas continue ses études et Chloé n'a pas encore commencé sa formation professionnelle. S'ils gagnent, ils achèteront leur propre garage.

Valérie et sa sœur Nancy aiment bien voyager. Valérie vient de commencer son travail comme médecin et Nancy a sa propre entreprise. Valérie dit qu'elle ne travaillera plus si elles gagnent.

Marc et Alain vivent en couple. Ils habitent à Calais. Marc vient de finir ses études à l'université et Alain est apprenti chef depuis un an. S'ils gagnent, ils voyageront partout en Europe.

le mécanicien/la mécanicienne *mechanic*

1 Which participant doesn't know what they are going to do in the future?
2 Who has been an apprentice for a year?
3 Who won't work anymore if they win?
4 Who hasn't yet started their training?
5 Who has just finished university?
6 Which couple will buy their own business if they win?

Écouter 2 **Look at the maps and the key. Then listen to the accounts of three couples' journeys. Write the letter of the map that correctly represents each journey. (1–3)**

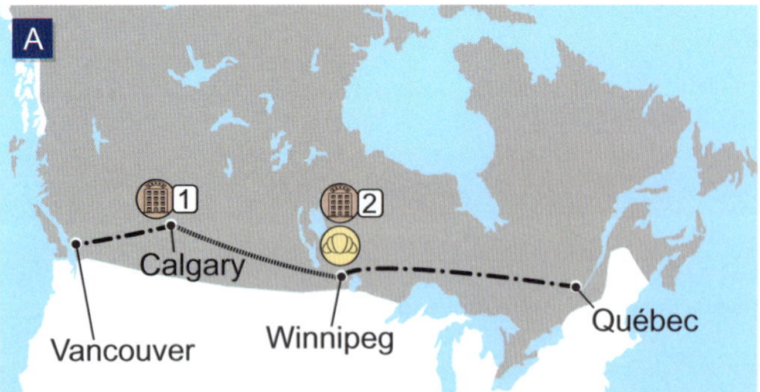

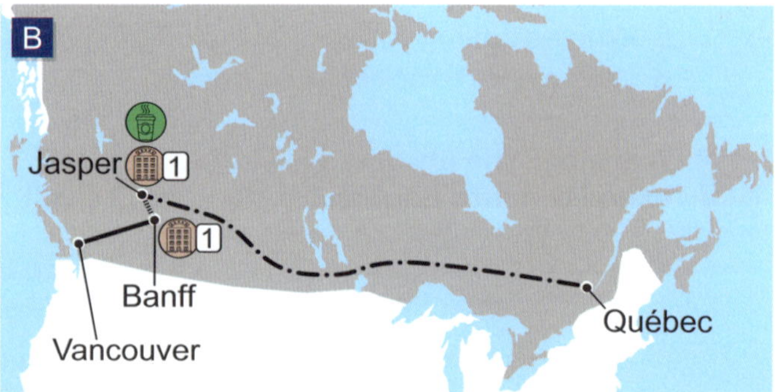

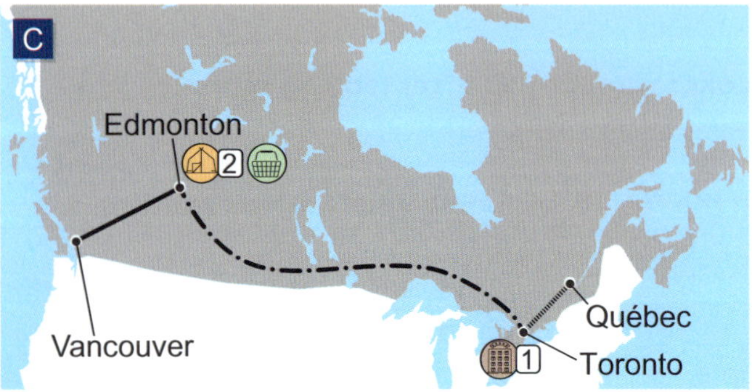

- en train
- en bus
- en voiture
- un hôtel
- un terrain de camping
- une boulangerie
- un café
- un magasin
- un supermarché

Écouter 3 **Listen again. Then copy and complete the grid in English. (1–3)**

	1 Ahmed et Zahida	2 Valérie et Nancy	3 Nicolas et Chloé
Left at ...	2 p.m. Monday		
Worked in ...			
Earned ...		14 euros per hour	
Arrived at ...			10 a.m. Saturday

A range of structures feature in the texts in exercise 1. Remember, in French, you use:

- the **present tense** + *depuis* (+ an amount of time) to say how long someone has been doing something
- the **present tense of *venir*** + *de* + an infinitive to say someone has just done something
- *ne ... pas encore* to say 'not yet'
- *si* + the present tense + the simple future tense to say what someone will do if something else happens

Lire 4 **Read about Marc and Alain's journey. Fill in the gaps with the correct word from the box. Then work out which couple was fastest and therefore won the race!**

pris duré hôtel partis restés voiture supermarché

Marc et Alain sont **1** le lundi à 10 heures du matin. D'abord, ils ont voyagé en **2**. Ils sont **3** une nuit à Winnipeg dans un terrain de camping. Puis ils ont pris le bus. Ils ont dormi pendant le voyage. À Ottawa, ils sont restés une nuit dans un **4**. Ils ont travaillé dans un **5**, où ils ont gagné 11 euros de l'heure. Finalement, ils ont **6** le train et ils sont arrivés à Québec le vendredi à 14h00. Le voyage a **7** quatre jours et quatre heures.

Écrire 5 **Write an account of one of the other journeys, using exercise 4 as a model. Use the information from your answers to exercises 2 and 3.**

G Remember that some verbs, e.g. *aller*, *partir*, *arriver* and *rester*, form the perfect tense with *être*, not *avoir*. For verbs that take *être*, the past participle must agree with the subject.

Page 193

Écouter 6 **Listen and fill in the gaps. (1–2)**

Acheter des billets dans une gare en France

- *Excusez-moi, à quelle heure part le prochain train pour* **a** *?*
- *Le prochain train part à* **b**.
- *Et le train arrive à quelle heure?*
- *Il arrive à* **c**.
- *Un aller, ça coûte combien?*
- *C'est* **d**.
- *Et un aller-retour, c'est combien?*
- *Un aller-retour, c'est* **e**.
- *Le train part de quel quai?*
- *Le train part du quai numéro* **f**.
- *Est-ce que je peux avoir* **g** *, s'il vous plaît?*
- *Ça fait* **h**. *Merci.*

l'aller *(m)*	*single*
l'aller-retour *(m)*	*return*
le quai	*platform*

Parler 7 **In pairs, adapt the dialogue in exercise 6 to create two new dialogues by choosing from the details below.**

Départ	10:51	11:08	12:10
Destination	Le Mans	Rouen	Nantes
Quai	6	9	11
Arrivée	12:32	13:00	14:20
	2x allers	1x aller 1x aller-retour	3x allers-retours

Aller	30€	15€	22€
Aller-retour	45€	28€	40€

3 Quelles sont tes compétences?

- Talking about possible future career paths
- Using infinitives as nouns
- Looking up words for possible future jobs

Écouter 1 **Listen to the careers interviews and write down the five correct letters for each speaker. (1–4)**

Quelles sont tes passions?

a Ma passion, c'est la mode.
b Je suis passionné(e) par les sciences.
c Ce qui m'intéresse le plus, c'est voyager.
d Aider les autres, c'est ma passion.

Quelle sorte de personne es-tu?

e Je suis travailleur/travailleuse et très organisé(e).
f Je suis fidèle et patient(e).
g Je suis responsable et je peux être indépendant(e).
h Je suis créatif/créative.

Avec qui aimerais-tu travailler?

i Je voudrais travailler seul(e).
j J'aimerais travailler avec des enfants.
k Je voudrais travailler avec des gens.
l J'aimerais travailler avec des animaux.

Qu'est-ce que tu trouves important dans un emploi?

m Avoir des responsabilités, c'est important pour moi.
n Faire quelque chose d'intéressant, c'est l'essentiel.
o Un bon salaire est le plus important pour moi.
p Je voudrais faire un métier où je peux être actif/active.

Quelles sont tes compétences?

q Mon point fort, c'est la communication.
r Je sais bien me concentrer.
s J'ai une attitude positive et beaucoup de patience.
t Je m'entends bien avec toutes sortes de personnes.

dehors *outside*

Écouter 2 **Listen again and write down in English any extra information that each speaker gives. (1–4)**

Parler 3 **In pairs, take turns to ask and answer the questions in exercise 1. Change the answers to make them true for you if you need to.**

- *Quelles sont tes passions?*
- *Je suis passionnée par l'environnement.*
- *Quelle sorte de personne es-tu?*
- *Je suis travailleuse et gentille.*

G

Sometimes we can use infinitives as nouns in French. When used this way, they are translated as '-ing' in English. For example:

Aider les autres, c'est ma passion.
Helping other people is my passion.

Avoir des responsabilités, c'est important pour moi.
Having responsabilities is important for me.

Page 194

Écrire 4 **Translate the sentences into French.**

1 Earning lots of money is the essential thing.
2 Going to university is important to me.
3 Finding a good job is my goal.
4 Doing sport is my passion.

Lire **5** **Read the texts. Select the correct word to complete each one. Listen and check. Then, in pairs, take turns to choose and read out a text.**

1 Je voudrais faire un métier où je pourrais être créative. J'aime travailler en équipe et j'aime beaucoup travailler avec mes mains aussi. La cuisine, c'est ma passion. Je voudrais travailler comme ... ***Camille***

2 Je suis passionné par la musique et être créatif, c'est très important pour moi. En général, je m'entends bien avec les autres et j'ai une attitude positive. J'ai l'intention d'être célèbre. Je voudrais être ... ***Jack***

3 Je suis patiente et travailleuse. Mon point fort, c'est la communication. Un bon salaire est assez important pour moi, mais ce qui m'intéresse le plus, c'est la santé. Je veux aider les autres. Je vais être ... ***Anna***

G

Job nouns often change according to gender:

-eur	→ *-euse*	*influenceur/influenceuse*	(influencer)
-teur	→ *-trice*	*acteur/actrice*	(actor)
-en	→ *-enne*	*mécanicien/mécanicienne*	(mechanic)
-	→ *-e*	*ingénieur/ingénieure*	(engineer)

Note that *chanteur* → *chanteuse* is an exception.

Some nouns do not change, e.g. *médecin* (doctor).

People who identify as non-binary may prefer to use the following structures:
Je suis mécanicien•ne. Je suis ingénieur•e.

When referring to jobs, you do not need the word for 'a' in French:
Je voudrais être joueuse de basket.
I would like to be a basketball player.

Page 194

médecin

directeur/directrice

joueur/joueuse de foot

chef/cheffe

chanteur/chanteuse

Écrire **6** **Write a paragraph to explain why you would like to do a particular job, and what makes you suitable for it.**

Je voudrais être ... parce que ..., c'est ma passion. Je suis ...

Look up in a dictionary any new job words you need.

noun, masculine and feminine

vet *vétérinaire* nmf
nurse *infirmier* nm, *infirmière* nf

noun, masculine — noun, feminine

Lire **7** **Read the article below. Then copy and complete the sentences in English.**

1. The aim of the APTE project is to improve ... and to develop ...
2. Adama asked his uncle for permission to ...
3. He would like to be a ... and his ambition is to have ...
4. Kadija was already a member of the team which manages ...
5. One of the things she learned from the APTE project was how to ...
6. After becoming an accountant and gaining a lot of experience, she would like to be ...

You need to use the context to work out the meaning of *agriculteur*. What English word does it look like?

le morceau de terre	*piece of land*
l'oranger *(m)*	*orange tree*
la gestion	*management*
le/la comptable	*accountant*

Deux jeunes entrepreneurs – grâce au projet APTE-Sénégal!

Le but du projet APTE est d'améliorer l'employabilité des jeunes et de développer leurs compétences au travail.

«Le projet APTE a changé ma vie!» dit Adama, habitant d'un petit village. Après avoir participé au projet, Adama a demandé la permission à son oncle d'utiliser un morceau de terre pour planter des orangers et des légumes. Maintenant, il vend ses produits et c'est un grand succès. À l'avenir, Adama veut être agriculteur et son ambition est d'avoir sa propre ferme.

Élève forte en maths, Kadija était déjà membre de l'équipe de gestion du magasin scolaire de son collège. Cependant, grâce au projet APTE, Kadija a découvert de nouvelles compétences et des talents inconnus. Par exemple, elle a appris à discuter avec des gens et à collaborer en équipe. «À l'avenir, je voudrais devenir comptable», dit-elle. Plus tard, quand elle aura beaucoup d'expérience, elle aimerait être ministre des Finances au gouvernement!

4 Bien payé, mais fatigant!

- Talking about different jobs
- Using verbs followed by *à* or *de*
- Translating more complex structures

Lire 1 **Read the texts. Are the underlined phrases advantages or disadvantages? Make a list of each, and translate the phrases into English.**

1 Je travaille dans une banque depuis l'âge de 20 ans. Ce qui me plaît, c'est que mon métier est bien payé. Cependant, c'est fatigant. Il faut travailler dur et les heures sont longues.

2 Je suis architecte et j'ai ma propre entreprise. Ce que j'aime le plus, c'est que je peux prendre mes propres décisions. Cependant, si tout va mal, je peux tout perdre et mes employés et moi, nous risquons le chômage. Un autre inconvénient, c'est qu'on a besoin d'une longue formation.

3 Je suis journaliste. L'inconvénient, c'est que mon métier peut être dangereux, et j'en suis conscient. La meilleure chose, c'est que le travail est varié et intéressant. J'apprends quelque chose de nouveau tous les jours!

4 Je travaille dans un hôtel depuis six mois. Je trouve le travail difficile. J'ai beaucoup de responsabilités, mais je n'ai pas beaucoup d'expérience. Malgré cela, je m'entends bien avec mon patron, il est très sympa. En plus, mes collègues m'aident souvent.

5 Je suis artiste. Un avantage, c'est qu'on peut devenir célèbre et peut-être même riche. C'est bien parce que je suis ma propre patronne – j'ai beaucoup de liberté. Mais pour l'instant, je ne gagne pas beaucoup d'argent.

le chômage	*unemployment*
le/la collègue	*colleague*

Note the two different uses of *depuis* in the texts:

Je travaille ici ***depuis deux ans****.*	I have been working here **for two years**.
Je travaille ici ***depuis l'âge de 20 ans****.*	I have been working here **since I was twenty** years old.

Écouter 2 **Listen to the people talking about their jobs. Are they positive (P) or negative (N) about each of these categories? (1–3)**

1	**a** salary	**b** colleagues	**c** hours
2	**a** level of responsibility	**b** boss	**c** training
3	**a** salary	**b** training	**c** boss

Parler 3 **In pairs, talk about the advantages and disadvantages of the jobs pictured below.**

- *Alors, quels sont les avantages du métier de policier ou policière?*
- *À mon avis, un avantage, c'est qu'on a beaucoup de responsabilités. En plus, le travail est varié.*
- *Quels sont les inconvénients de ce métier?*
- *Un inconvénient, c'est que ça peut être dangereux. En plus, les heures sont longues.*

policier/policière

acteur/actrice

scientifique

joueur/joueuse de tennis

Lire
4 Read the texts. Find the French for the phrases below.

Après avoir quitté le collège, je suis devenu influenceur. J'étais passionné par la mode, mais je n'aimais pas le harcèlement en ligne. J'ai donc décidé de faire quelque chose de différent. J'ai réussi à créer ma propre entreprise en informatique et maintenant, je suis plus heureux. J'apprécie beaucoup la liberté et les responsabilités que j'ai. L'inconvénient, c'est que je travaille de longues heures. À l'avenir, je continuerai de travailler dur et j'espère employer quelqu'un pour m'aider. ***Alexis***

Au début de ma carrière, j'étais actrice. Je jouais uniquement dans des pièces de théâtre. Être créative était important pour moi, mais je n'étais pas très heureuse. Après quelques années, j'ai arrêté de chercher des rôles. Aider les autres a toujours été ma passion donc j'ai commencé à étudier la politique à l'université. Depuis un an, je suis politicienne! J'essaye de lutter pour les droits humains. Le mois prochain, j'irai à une conférence sur les jeunes et le débat politique. Un jour, je rêve d'être présidente! ***Manon***

1 I decided to do something different.
2 I succeeded in creating my own business.
3 I will continue to work hard.
4 I stopped looking for roles.
5 I started to study politics at university.
6 I try to fight for human rights.
7 I dream of being president one day.

G

Some verbs are followed by *à* or *de* + the infinitive:

commencer à	to start to
réussir à	to succeed in
arrêter de	to stop
continuer de	to continue to
décider de	to decide to
essayer de	to try to
rêver de	to dream of

Page 195

Lire
5 Read the texts again. Select the three correct statements.

a Online bullying was an issue for Alexis when he was an influencer.
b Alexis's business is in the fashion sector.
c He would like to hire someone to work with him.
d Manon used to be a TV actress.
e She became a politician a year ago.
f Manon is soon going to attend an event about human rights.

Écouter
6 Listen to the people talking about their careers. Then copy and complete the grid in English. (1–2)

	Used to ...	Didn't like ...	Decided to become ...	Likes the new role because ...	In future, ...
1					

Écrire
7 Translate the paragraph into French.

After having passed my exams, I worked in a shop. I was not happy and I didn't like my boss. Another disadvantage was that the hours were long. I decided to continue my studies. Before starting at university, I travelled a little. Now I have my own company and I like the freedom that I have. I dream of being rich one day. I hope to get married too.

- Use *après avoir* + a past participle.
- Use the perfect tense.
- Use the imperfect tense. Take care with the verb endings.
- These two verbs are followed by a preposition. Which one?
- Look back at page 184.
- Use the perfect tense.
- Don't forget the reflexive pronoun.

Grammaire 1

Using three different tenses to express the future (Culture, page 183)

Lire 1

Read the grammar box on page 183. Then read the sentences below. Which tense is used? Write 'near future', 'simple future' or 'present + future time adverb'. Then translate the sentences into English.

Example: 1 *near future – We are going to work in a bakery.*

1 Nous allons travailler dans une boulangerie.
2 Elles vont voyager à Montréal en bus.
3 Ce week-end, je vais à Paris avec mes amis.
4 Je travaillerai avec des animaux.
5 Est-ce que tu seras animateur?
6 Demain, elle prend le train.

Écouter 2

Listen and fill in the missing verbs. Some are in the near future, some are in the simple future, and some are in the present tense (but express the future).

Example: 1 *visiterai*

1 Je ___ l'Allemagne avec mes parents.
2 Demain, Aurélie ___ en Espagne.
3 Cet été, je ___ dans une ferme.
4 Est-ce que tu ___ disponible lundi?
5 Ce soir, je ___ au foot avec mon équipe.
6 Tu ___ un job d'été?

Using *avant de* + the infinitive (Unit 1, page 184)

Écrire 3

Read the grammar box on page 184. Put the words in the correct order to make sentences. Then, in pairs, take turns to read your sentences out for your partner to translate.

Example: 1 *Avant de continuer mes études, j'espère faire la fête.*

1 **Avant de** faire / mes études / continuer / j'espère / la fête
2 **Avant de** beaucoup d'argent / j'aimerais / me marier / gagner
3 **Avant d'** j'espère / avoir des enfants / à l'université / aller
4 **Avant de** apprenti / plus de recherches / devenir / faire / je voudrais
5 **Avant de** je veux / devenir / voyager / à l'étranger / professeur
6 **Avant d'** travailler / avoir / ma propre entreprise / dans un autre pays / j'ai l'intention de

faire la fête *to party, have fun*

Sometimes more than one option is possible grammatically, so write the option that you like best. One option often makes more sense than the other!

Using *après avoir* + a past participle (Unit 1, page 184)

Lire 4

Read the grammar box on page 184. Then copy and complete the sentences below, filling the gaps with the correct past participle from the box. There are more past participles than you need.

Example: 1 *Après avoir **voyagé** à l'étranger, je chercherai un emploi dans les médias.*

1 Après avoir ___ à l'étranger, je chercherai un emploi dans les médias.
2 Après avoir ___ dans un hôtel en France, je vais voyager partout en Europe.
3 Après avoir ___ le lycée, j'ai l'intention de suivre une formation professionnelle.
4 Après avoir ___ mes examens, mon but est d'entrer dans le monde du travail.
5 Après avoir ___ mes études, je chercherai un poste comme professeur.
6 Après avoir ___ beaucoup d'argent, j'aimerais être bénévole pour une association.

joué réussi travaillé quitté choisi voyagé gagné terminé trouvé

Écrire 5 **Use the prompts below to write five sentences in French like those in exercise 4. Take care to use the correct past participle after *'Après avoir'* and an infinitive after phrases such as *'j'ai l'intention de'*, *'j'espère'* and *'mon ambition est de'*.**

Example: 1 *Après avoir suivi une formation professionnelle, j'espère avoir ma propre entreprise.*

The perfect tense (Unit 2, page 187)

Lire 6 **Copy and complete the sentences below with the correct form of *avoir* or *être*. Then translate them into English.**

1 Ils ____ pris le bus.
2 Je ____ restée dans un hôtel.
3 Il ____ voyagé pendant trois jours.
4 Elles ____ parties à 20h00.
5 Tu ____ venue en train?
6 Nous ____ voyagé en voiture.

Lire 7 **Read the sentences that Julian has written in the perfect tense. He has made a verb error in each one. Rewrite the sentences, correcting the errors. Explain in English what his mistake is.**

Example: 1 *Elle est restée dans un terrain de camping. He used the wrong auxiliary verb (part of avoir instead of part of être).*

1 Elle a restée dans un terrain de camping.
2 Nous sommes arrivé en voiture.
3 J'ai partie à 9h30.
4 Il est arrivée hier soir.
5 Nous avons retournés à la maison plus tôt que nos amis.

Remember, the perfect tense is made up of two parts:
1 the auxiliary verb (part of ***avoir*** or ***être***)
2 the past participle.

Here is a list of some key verbs that form the perfect tense with *être*, and their past participles.

aller (to go) → *allé*
arriver (to arrive) → *arrivé*
partir (to leave) → *parti*
venir (to come) → *venu*
rester (to stay) → *resté*

Remember that for verbs which take *être*, the past participle must agree with the subject:
*Sophie est parti**e** en vacances.*
*Nous sommes retourné**s** au magasin ce matin.*
*Elles sont arrivé**es** à 10 heures.*

Parler 8 **Imagine that you took part in the *Express Mondial* race around Canada (see Unit 2, page 186). In pairs, take turns to ask and answer the questions below. Make up the answers!**

- *Quand est-ce que tu es parti(e)?*
- *Tu as voyagé comment?*
- *Où est-ce que tu es resté(e)?*
- *Tu as travaillé où?*
- *Quand est-ce que tu es arrivé(e)?*

Make sure you use the correct auxiliary verb (part of *avoir* or *être*) when answering.

Grammaire 2

Using infinitives as nouns (Unit 3, page 188)

Aider les autres,	c'est ma passion.
Avoir des responsabilités,	c'est important pour moi.
Protéger l'environnement,	c'est l'essentiel.
Gagner un bon salaire,	c'est mon but.
Être actif,	ça ne m'intéresse pas.

Parler **1** **Read the grammar box on page 188. In pairs, take turns to make sentences containing a phrase from each box on the right. Take care with your pronunciation. Your partner then translates your sentence into English.**

You can choose any infinitive that works, e.g. *être avec mes amis, parler avec mes copains.*

Écrire **2** **Write <u>five</u> new sentences using infinitives as nouns and the opinion phrases from the second box in exercise 1. Use the ideas in the pictures below, or come up with your own.**

Example: Jouer au tennis, ça ne m'intéresse pas. Réussir mes examens, c'est mon but. …

Masculine, feminine and plural nouns (Unit 3, page 189)

Écrire **3** **Fill in the gaps with the correct form of the noun in bold.**

Example: 1 *joueur*

1. Sarah est **joueuse** de foot professionnelle. Son petit frère voudrait aussi être ___ de foot.
2. Mon père était **mécanicien** et ma cousine aimerait aussi travailler comme ___.
3. Joseph est **médecin**. Sa femme aussi est ___.
4. Mon copain Ahmed est très connu comme **influenceur**. Ma sœur veut devenir ___ mais pour le moment, elle n'est pas très connue.
5. Un jour, ma meilleure amie voudrait être **présidente**. À l'avenir, son beau-père aimerait aussi être ___.
6. Ma tante est **professeur** depuis cinq ans. Mon cousin, lui, il ne veut absolument pas devenir ___!

Some nouns have different masculine and feminine forms. The key patterns you need to know are:

-eur → -euse	*joueur/joueuse* (player)
-teur → -trice	*directeur/directrice* (director/boss)
-en → -enne	*citoyen/citoyenne* (citizen)
- → -e	*président/présidente* (president)

There are some other patterns too, e.g.
*chef/chef**fe*** (chef)
*patr**on**/patr**onne*** (boss)
*polic**ier**/polic**ière*** (police officer)

Some nouns do not change, e.g. *médecin* (doctor), *artiste* (artist).

People who identify as non-binary may prefer to use the following structures:
Je suis infirmier•ière. *Je suis influenceur•ceuse.*

Most nouns add *-s* to form the plural. However, there are some exceptions:

- Masculine nouns ending in *au, eau* or *eu* add *-x*:
  un bateau, des bateaux one boat, (some) boats
  un jeu, des jeux one game, (some) games
- Nouns that already end in *-x* or *-s* do not change:
  un choix, des choix one choice, (some) choices
  un fils, des fils one son, (some) sons

Écouter **4** **Listen to the sentences with the subjects missing. (1–6) Work out from the form of the job noun that you hear which of the options below would fit. Then listen and check.**

Example: 1 *ma tante*

1. mon oncle / ma tante
2. ma sœur / mon frère
3. Arthur / Amélie
4. mon père / ma belle-mère
5. Thomas / Caroline
6. Monsieur Dubois / Madame Marin

Lire 5 **Read the sentences. What do you think the bold nouns mean in English? Think about the verb each one comes from.**

Nouns can sometimes be formed by adding *-eur/-euse* or *-ateur/-atrice* to the stem of a verb:

danser (to dance) → *dans**eur*** (m) / *dans**euse*** (f) (dancer)
organiser (to organise) → *organis**ateur*** (m) / *organis**atrice*** (f) (organiser)

1 J'ai toujours été forte en informatique et maintenant, je travaille comme **développeuse**.
2 Un jour, mon frère aimerait être président. Quel **rêveur**!
3 Je suis **serveur** dans un restaurant.
4 Pendant les grandes vacances, je travaille comme **vendeuse** dans un magasin de glaces.
5 Mon ambition est d'être **créateur** de mode.
6 On a un problème: les **utilisateurs** de notre produit ne sont pas très contents.

Verbs followed by *à* or *de* + an infinitive (Unit 4, page 191)

Écrire 6 **Copy and complete the sentences with *à* or *de/d'*.**

1 Elle a commencé ___ jouer au foot le samedi.
2 Mon oncle a fini ___ faire du babysitting pour ma sœur.
3 J'ai décidé ___ aller à l'université pour étudier les maths.
4 Je rêve ___ devenir mécanicien·ne.
5 J'arrive ___ me lever tôt le samedi pour aller au travail.
6 À l'avenir, nous refuserons ___ voyager en voiture à cause de la pollution.

Some verbs are followed by **à** or **de** + the infinitive, e.g.

arriver à	to manage to	*essayer de*	to try to
commencer à	to start to	*finir de*	to finish
réussir à	to succeed in	*refuser de*	to refuse to
arrêter de	to stop	*rêver de*	to dream of
continuer de	to continue to	*tenter de*	to attempt to
décider de	to decide to		

*Je n'arrive pas **à** faire mes devoirs.* I can't manage to do my homework.
*Je refuse **de** travailler le samedi!* I refuse to work on Saturdays!

Some other verbs are followed by an object (e.g. a person) and then *à* or *de* + the infinitive, e.g.

aider (quelqu'un) à	to help (someone) to
empêcher (quelqu'un) de	to prevent (someone) from
J'aide mon frère à trouver un travail.	I am helping my brother to find a job.

Écrire 7 **Translate these sentences into French.**

1 I am attempting to write my CV.
2 I dream of leaving school!
3 She continues to work on Sundays.
4 I will stop looking for a job.
5 I have tried to be patient!
6 He succeeded in becoming an apprentice.

C'est parti!

Écouter 8 **Listen and write down the missing words.**

Take care with **-er** verbs as the infinitive (e.g. *travailler*) sounds the same as the past participle (e.g. *travaillé*).

Je **1** faire un métier où je pourrais être active. **2**, c'est ma passion. J'ai **3** un job d'été; je travaille dans un centre sportif **4** trois semaines. Je m'entends bien avec ma **5**, elle est très sympa.

J'ai l'intention de **6** mes études. Après avoir **7** mes examens l'année prochaine, **8** à l'université. Mon but est de devenir **9**. Mais je **10** d'autres pays **11** chercher un emploi. Je **12** passer du temps au Canada!

Module 8

Contrôle de lecture et d'écoute

Reading

Lire 1

A gap year. **Read this post that Rachid has written on his blog.**

Hier, au lycée, d'anciens élèves sont venus nous parler de leur vie après avoir fini le lycée. Clara a pris une **année sabbatique*** et son histoire m'a vraiment inspiré.

Comme elle, avant de continuer mes études, je voudrais voyager et aller aider des gens dans des pays qui ont besoin de nous. Clara a parfois gagné de l'argent en travaillant, mais pour moi, ce n'est pas important si je n'ai pas de salaire. C'est vrai que l'argent serait utile, mais j'ai surtout envie de développer de nouvelles compétences et d'avoir de l'expérience pour mon avenir.

Plus tard, j'ai l'intention de chercher un travail dans le monde de la communication, comme journaliste, par exemple. Personne ne s'intéresse au journalisme dans ma famille. Cependant, le père de mon ami est chef d'équipe dans un journal et j'ai parlé avec lui. Son métier semble vraiment intéressant et donne la possibilité de faire beaucoup de choses.

l'année** (f) **sabbatique *gap year*

Answer the following questions in English. You do not need to write in full sentences.

a Who is Clara?
b Name one thing that Rachid would like to do whilst on his gap year.
c What does he say about earning money?
d Name one thing he wants to get from his gap year for his future.
e What helped him to decide to be a journalist?

Read the first sentence to find out who Clara is.

Make sure that you focus on Rachid.

Lire 2

My career. **Translate the following paragraph into English.**

These words are all different ways to express quantities.

Think carefully about how to translate these structures.

C'est difficile de choisir ma carrière. Je m'intéresse à beaucoup de choses et il y a trop de choix.

Mes parents et moi venons d'aller à un événement qui s'appelle 'Mon avenir'. Nous avons parlé avec plusieurs personnes qui ont des métiers différents. Avant de chercher un emploi, j'aimerais voyager et aider des organisations sans être payé.

What tense is this?

Listening

Écouter 3

A train journey. **Fathia is leaving a message on her friend's voicemail. What does she say? Write down the word or time for the gap(s) in each sentence, using the words/times from the box. There are more words/times than gaps.**

a Fathia and her friend's train will depart at ____ and they will buy something to eat ____ the train leaves.
b Fathia will buy ____ tickets for their journey.

5:00 p.m. | after | 5:30 p.m. | return | before | 5:30 a.m. | single

Écouter 4

My career plans.

a Marie is talking about her career plans. What does she say? Listen to the podcast and write the letter (A–F) for each of the three correct statements.

A	She knows what she would like to do in the future.
B	Her dad's job interests her.
C	She wants to work with her dad.
D	Marie's dad is a chef.
E	Working with computers is her ambition.
F	She intends to become a teacher like her sister.

Marie starts by mentioning last year. Is it relevant?

She says '*avec mon père*' but what does it refer to?

b You also hear this advert for a career event called *Journée Avenir*. Listen to the recording and answer the following questions in English. You do not need to write in full sentences.

(i) When should the pupils go to the event?
(ii) Name <u>one</u> career option that is represented at the event.
(iii) Why is the event suitable for everyone?
(iv) At the event, what is going to help pupils choose their career options?

Écouter 5

A career in fashion. **Alex is talking about his career plans in fashion. What does he say? Listen to the recording and for each sentence write down the correct option (A–C).**

1 He wants a job where ...
A he works in France. **B** he can work abroad. **C** he can travel.

2 After leaving school, he wants to ...
A become an influencer. **B** go to university. **C** work.

3 What is important for him is ...
A being rich. **B** being famous. **C** being happy.

Écouter 6

Dictation. **You are going to hear someone talking about their dream work.**

a Sentences 1–2: write down the missing words. For each gap, you will write one word in French.

1 Je voudrais ____ pour un ____ ou un ____.
2 J'aime bien la ____, la ____ et ____.

These words are very similar to English words, but focus on the French sounds.

b Sentences 3–6: write down the full sentences that you hear, in French.

Module 8

Contrôle oral

Read aloud

Parler 1 **Look at this task card. With a partner, take turns to read out the four sentences, paying attention to the underlined letters and the highlighted liaisons and cognates.**

Enzo, your French friend, has emailed you to tell you about his future plans.

Read out the text below to your teacher.

Plus tard, je ne veux pas me marier.

J'espère trouver un travail très utile avec un assez bon salaire.

Après avoir fini mes études, je chercherai un emploi dans le monde des affaires.

À mon avis, il est important d'avoir une carrière intéressante et de bien gagner sa vie pour être heureux.

Take extra care with how you pronounce the underlined sounds:

- *ail, gn*
- sounds made of two vowels: *eu, ai, ou, oi*
- final silent consonants.

Take extra care with how you pronounce cognates.

Remember your liaisons!

Écouter 2 **Listen and check your pronunciation.**

Parler 3 **Listen to the teacher asking the two follow-up questions. Translate each question into English and prepare your own answers in French. Then listen again and respond to the teacher.**

Before you listen, can you predict the sort of opinions you might be asked for on the topic of work and future plans?

Role play

Parler 4 **Look at the role-play card and prepare what you are going to say.**

Setting: At the shopping centre

Scenario:

- You are at a shopping centre in Belgium.
- The teacher will play the part of the employee and will speak first.
- The teacher will ask questions **in French** and you must answer **in French**.
- Say a few words or a short phrase/sentence for each prompt. One-word answers are not sufficient to gain full marks.

Task:

1 Say you are looking for a job.
2 Say the type of job you would like.
3 Ask a question about the salary.
4 Ask a question about the working hours.
5 Say when you are going to finish school.

You can start with *je veux / je voudrais / je cherche* ...

You can say you would like to work in a shop / with people / at the till / in an office.

You could ask when the day starts or ends, or how many hours you work per day.

Use the near future tense here.

Parler 5 **Practise what you have prepared. Then, using your notes, listen and respond to the teacher.**

Écouter 6 **Now listen to Inès doing the role-play task. In English, note down (a) how she answers the questions for task prompts 1, 2 and 5, and (b) what questions she asks for task prompts 3 and 4.**

Picture task

Écouter 7 **Look at the exam card below and read the first part of the task. Then listen to Tom describing the picture. Answer the questions in English.**

a What does Tom say about the people in the picture? Do you agree?
b What does he say about what each person is doing?
c What does he say about the location? Do you agree?

Describe this picture.

Your description must cover:

- people
- location
- activity.

When you have finished your description, you will be asked **two questions** relating to the picture. Say a short phrase/ sentence in response to each question. One-word answers will not be sufficient to gain full marks.

You will then move on to a **conversation** on the broader thematic context of **Studying and my future**.

During the conversation, you will be asked questions in the present, past and future tenses. Your responses should be as **full and detailed** as possible.

To talk about the people, you can say that they are standing (*debout*) or sitting (*assis*).

If you don't know a particular word, use another one! If you don't know the word for nurse, you can say 'doctor'. For 'to push', use 'to help'.

Parler 8 **Prepare your own description of the picture, mentioning people, location and activity. Then, with a partner, take turns to describe the picture.**

Sur la photo, il y a ...

Parler 9 **Read the second part of the task. Then listen to the two follow-up questions and respond to the teacher. Remember: you only need to give a short answer to each one.**

Écouter 10 **Read the third part of the task. The teacher asks Tom: *Qu'est-ce que tu espères faire plus tard dans la vie?***

Listen and write down the letters (a–c) in the order you hear the information.

a earn money **b** travel **c** learn a trade

Écouter 11 **Listen to Tom answering the question: *Qu'est-ce que tu as déjà fait pour t'aider à choisir ta carrière?* Write down at least two things that he has done that have helped him choose the type of career he would like.**

Parler 12 **Prepare your own answers to the Module 8 questions on page 227. Your responses should be as full and detailed as possible. Then practise with a partner.**

Remember to use *après avoir* and *avant de* to improve your answers.

Contrôle écrit

130–150 word writing task

Écrire 1

Look at this writing exam task and then, for each bullet point:

1 think about what vocabulary you have learned which you could use in your answer. For example:
- **nouns** and **verbs** to talk about your future plans
- **verbs of opinion** and **adjectives** to explain your points of view
- language for **narrating a story** about what you did recently to help you choose the type of job you'd like to do
- how to explain what, ideally, you will do in the future.

2 write down three or four ideas for what you could write about

3 write down which tenses you will need to use in your answer.

Look at the vocabulary you have noted to help you think of ideas for what to write.

Write about your future plans for an online magazine.

You **must** include the following points:
- the type of person that you are
- the pros and cons of different types of work
- something you have done recently that has helped you decide your ideal job
- your plans for the future.

Write your answer **in French**. You should aim to write between 130 and 150 words.

Lire 2

Read Myriam's answer to the exam task. Answer questions 1–5 in the coloured shapes.

1 This word shows a **variety of vocabulary**. What does it mean? Find two more examples from the text.

3 How can you form an **extended sentence**? What other extended sentences does she use?

Salut,

À mon avis, je suis travailleuse, assez patiente, très organisée et mes parents disent que je suis aussi très indépendante. Avant, les études ne m'intéressaient pas. Maintenant, j'espère vraiment réussir dans la vie.

Aider les gens et travailler dans une équipe est ce que j'aime le plus. Ma passion, c'est communiquer avec les autres. Cependant, je n'ai pas l'intention d'avoir un travail dans un bureau, toute seule devant un ordinateur toute la journée. Ce n'est pas ce que je considère comme un bon emploi.

L'année dernière, j'ai eu la chance de pouvoir observer ma tante qui travaille dans une entreprise de médias. J'ai bien aimé ce qu'elle faisait. Les différentes choses qu'elle devait faire étaient très intéressantes.

Après avoir fini mes études et avant de trouver un emploi stable, j'aimerais essayer de travailler dans plusieurs entreprises pour développer des compétences et pour me donner le temps de décider.

2 Which **tense** is this? What other examples of this tense can you find? Does she use any other tenses?

4 This is an example of **complex language**. What does it mean? Find three more examples.

5 How could she **avoid repetition** by using another word?

Lire 3

Read Myriam's answer again. Make notes in English about the following points:

a How does she describe herself and how has she changed?
b Two things she likes the most and the type of job she would not want.
c What did she do last year?
d Why does she not want to find a stable job straight after her studies?

Écrire 4

Prepare your own answer to the 130–150 word writing task in exercise 1.

- Think about how you can develop your answer for each bullet point.
- Look back at your notes from exercises 1 and 2.
- Look at the 'Challenge checklist' and consider how you can show off your French!
- Write a **brief** plan and organise your answer into paragraphs.
- Write your answer and then carefully check the accuracy of what you have written.

Challenge checklist

	✓ Past, present and future timeframes ✓ Connectives, time phrases and sequencers ✓ Some extended sentences ✓ Different opinion phrases (e.g. *à mon avis, …*)
	✓ A wide range of tenses ✓ Different persons of the verb (e.g. *nous, ils/elles*) ✓ A variety of adjectives ✓ A wide range of interesting vocabulary
	✓ Phrases with more than one tense ✓ Range of expressions (e.g. *avoir envie de, avoir l'intention de, j'espère*) ✓ Complex language (e.g. *après avoir, avant de*, subordination, *si* phrases) ✓ A variety of connectives

Translation

Lire 5

Write the correct letter (a–h) to match the English to the French.

1 j'aimerais	**a** we want to
2 j'ai l'intention de	**b** I will find
3 j'espère	**c** after choosing
4 nous avons envie de	**d** I would like
5 après être allé	**e** I intend to
6 après avoir choisi	**f** having a job is
7 je trouverai	**g** I hope
8 avoir un travail est	**h** after going

Remember to spot complex grammatical structures such as different tenses, impersonal structures or negatives.

Écrire 6

Translate the paragraph into French.

You can use some of the structures from exercise 5.

Remember to use the future tense.

You will need the infinitive form of the verbs.

In the future I intend to live in Asia or in Africa. I hope to pass my exams next year. I would like a job with a good salary. After finishing my studies, I will look for a career in the world of fashion. Being able to help others and working in a team is very important for me.

Remember to use *en* before the name of a continent.

Module 8
Vocabulaire

Key:
bold = this word will appear in higher exams only
* = this word is not on the vocabulary list but you may use it in your own sentences

Mon été de rêve (pages 182–183)

Est-ce que tu **aimerais** travailler dans ...	*Would you like to work in/at ...*
un café / un restaurant?	*a cafe / a restaurant?*
un supermarché?	*a supermarket?*
une boulangerie / une ferme?	*a bakery / a farm?*
Est-ce que tu **aimerais** ...	*Would you like ...*
aider dans un centre sportif?	*to help in a sports centre?*
être *animateur ou *animatrice de vacances?	*to be a holiday camp leader?*
faire du *babysitting?	*to do babysitting?*
*promener des chiens?	*to walk dogs?*
Non, je n'**aimerais** pas / ne voudrais pas ...	*No, I wouldn't like ...*
Oui, je voudrais / j'**aimerais** (bien) ...	*Yes, I would (really) like ...*
parce que / car	*because / as*
ce **serait** / ce ne **serait** pas ...	*it would be / it wouldn't be ...*
dur / ennuyeux / génial.	*hard / boring / great.*
intéressant.	*interesting.*
J'aime / Je n'aime pas ...	*I like / I don't like ...*
le sport.	*sport.*
les animaux / les *bébés / les enfants.	*animals / babies / children.*
Je vais visiter *l'Italie.	*I am going to visit / will visit Italy.*
Je **voyagerai** en train.	*I will travel by train.*

Mes passions et mon avenir (pages 184–185)

Qu'est-ce que tu veux faire à l'avenir?	*What do you want to do in the future?*
Avant de/d' ...	*Before ...*
avoir des enfants,	*having children,*
me marier,	*getting married,*
trouver un bon travail,	*finding a good job,*
Après avoir ...	*After having ...*
réussi mes examens,	*passed my exams,*
fini mes études,	*finished my studies,*
voyagé à l'étranger,	*travelled abroad,*
j'**aimerais** ...	*I would like ...*
j'espère ...	*I hope ...*
j'ai **envie** de/d' ...	*I want ...*
j'ai l'**intention** de/d' ...	*I intend ...*
mon but est de/d' ...	*my goal is ...*
mon ambition est de/d' ...	*my ambition is ...*
je (ne) veux (pas) ...	*I (don't) want ...*
aller à l'université.	*to go to university.*
suivre une formation **professionnelle**.	*to do professional training.*
trouver un **emploi** dans le *domaine du *droit.	*to find a job in the field of law.*
gagner beaucoup d'argent.	*to earn lots of money.*
avoir ma propre entreprise.	*to have my own business.*
J'**aurai** des enfants.	*I will have children.*
Je **chercherai** un **emploi**.	*I will find a job.*
J'**irai** à l'université.	*I will go to university.*
Je **visiterai** d'autres pays.	*I will visit other countries.*
Et toi?	*And you?*

Express Mondial (pages 186–187)

Ils/Elles sont partis le lundi à dix heures (du matin).	*They left on Monday at ten o'clock (in the morning).*
D'abord, ils/elles ont voyagé en bus / en train / en voiture.	*Firstly, they travelled by bus / train / car.*
Ils/Elles sont resté(e)s une nuit dans un ...	*They stayed one night in a ...*
hôtel / terrain de camping.	*hotel / campsite.*
Puis ils/elles ont pris le bus / le train / la voiture.	*Then, they took the bus / the train / the car.*
Ils/Elles ont dormi pendant le voyage.	*They slept during the journey.*
Ils/Elles ont travaillé dans ...	*They worked in ...*
un café / un supermarché.	*a café / a supermarket.*
un magasin.	*a shop.*
une boulangerie.	*a bakery.*
Ils/Elles ont gagné (dix) euros de l'heure.	*They earned (ten) euros per hour.*
Finalement, ils/elles ont pris le bus / le train.	*Finally, they took the bus / train.*
Ils/Elles sont arrivé(e)s à *Québec le vendredi à (14h00).	*They arrived in Quebec on Friday at 2 p.m.*
Le voyage a duré quatre jours et cinq heures.	*The journey lasted four days and five hours.*
Excusez-moi, à quelle heure part le prochain train pour ...?	*Excuse me. What time does the train for ... leave?*
Le prochain train part à ...	*The next train leaves at ...*
Et le train arrive à quelle heure?	*And what time does the train arrive?*
Il arrive à ...	*It arrives at ...*
Un aller, ça coûte combien?	*How much does a single cost?*
C'est quinze / trente euros.	*It's fifteen / thirty euros.*
Et un aller-retour, c'est combien?	*And how much is a return?*
Un aller-retour, c'est quarante-cinq euros.	*A return is forty-five euros.*
Le train part de quel **quai**?	*Which platform does the train leave from?*
Le train part du **quai** numéro six / neuf / onze.	*The train leaves from platform six / nine / eleven.*
Est-ce que je peux avoir ...	*Can I have ...*
un aller, / deux allers,	*a single, / two singles,*
un aller-retour, / trois allers-retours, s'il vous plaît?	*a return, / three returns, please?*
Ça fait soixante euros. Merci.	*That's sixty euros. Thank you.*

Quelles sont tes compétences? (pages 188–189)

Quelles sont tes passions?	*What are your passions?*
Ma passion, c'est la mode.	*My passion is fashion.*
Je suis *passionné(e) **par** les sciences.	*I am passionate about science.*
Ce qui m'intéresse le plus, c'est voyager.	*What interests me most is travelling.*
Aider les autres / Faire du sport, c'est ma passion.	*Helping others / Doing sport is my passion.*
Quelle sorte de personne es-tu?	*What sort of person are you?*
Je suis (très) …	*I am (very) …*
*créatif/créative.	*creative.*
fidèle.	*loyal.*
organisé(e).	*organised.*
patient(e).	*patient.*
responsable.	*responsible.*
travailleur/travailleuse.	*hardworking.*
Je peux être indépendant(e).	*I can be independent.*
Avec qui **aimerais**-tu travailler?	*Who would you like to work with?*
Je voudrais travailler seul(e) / avec des gens.	*I would like to work alone / with people.*
J'**aimerais** travailler avec des enfants / animaux.	*I would like to work with children / animals.*
Qu'est-ce que tu trouves important dans un **emploi**?	*What do you find important in a job?*
Avoir des **responsabilités**, c'est important pour moi.	*Having responsibilities is important for me.*
Faire quelque chose d'intéressant, c'est *l'essentiel.	*Doing something interesting is the essential thing.*
Un bon salaire est le plus important pour moi.	*A good salary is the most important thing for me.*
Je voudrais faire un **métier** où je **pourrais** être actif/active.	*I would like to do a job where I can be active.*
Quelles sont tes **compétences**?	*What are your skills?*
Mon point fort, c'est la communication.	*My strong point is communication.*
Je sais bien **me concentrer**.	*I know how to concentrate well.*
J'ai une attitude positive et beaucoup de *patience.	*I have a positive attitude and lots of patience.*
Je m'entends bien avec toutes sortes de personnes.	*I get on well with all kinds of people.*
Aimer mon travail, / Aller à l'université, c'est important pour moi.	*Liking my job / Going to university is important for me.*
Je voudrais être …	*I would like to be …*
chanteur/chanteuse.	*a singer.*
chef/cheffe.	*a chef.*
directeur/directrice.	*a boss.*
joueur/joueuse de foot.	*a football player.*
médecin.	*a doctor.*

Bien payé, mais fatigant! (pages 190–191)

Quels sont les **avantages** du **métier** de/d' …	*What are the advantages of the job of …*
acteur ou actrice?	*actor or actress?*
joueur ou joueuse de tennis?	*tennis player?*
policier ou policière?	*police officer?*
*scientifique?	*scientist?*
À mon avis, un **avantage**, c'est que/qu' …	*In my opinion, one advantage is that …*
le **métier** est bien payé.	*the job is well paid.*
le travail est *varié et intéressant.	*the work is varied and interesting.*
on a beaucoup de **responsabilités**.	*you have a lot of responsibility.*
on peut devenir riche et célèbre.	*you can become rich and famous.*
on peut prendre ses propres décisions.	*you can make your own decisions.*
Quels sont les **inconvénients** de ce **métier**?	*What are the disadvantages of this job?*
Un **inconvénient**, c'est que/qu' …	*One disadvantage is that …*
ça peut être dangereux.	*it can be dangerous.*
c'est fatigant.	*it's tiring.*
le travail est difficile.	*the work is difficult.*
les heures sont longues.	*the hours are long.*
on a **besoin** d'une longue formation.	*you need a long period of training.*
on ne gagne pas beaucoup d'argent.	*you don't earn much money.*
on **risque** le **chômage**.	*you risk unemployment.*
Après avoir réussi mes examens, …	*After having passed my exams, …*
j'ai travaillé dans un magasin.	*I worked in a shop.*
Je n'étais pas heureux/heureuse.	*I was not happy.*
Je n'aimais pas mon **patron**.	*I didn't like my boss.*
Un autre **inconvénient** était que …	*Another disadvantage was that …*
J'ai décidé de continuer mes études.	*I decided to continue my studies.*
Avant de commencer à l'université, …	*Before starting at university, …*
J'ai voyagé un peu.	*I travelled a bit.*
Maintenant, j'ai ma propre entreprise.	*Now, I have my own company.*
J'aime la **liberté que** j'ai.	*I like the freedom that I have.*
Un jour, je rêve d'être riche.	*I dream of being rich one day.*
J'espère aussi me marier.	*I hope to get married too.*

Modules 1–8 Révisions de grammaire 1

Prepositions (Pages 162, 171, 191 and 195)

Remember that the prepositions *à* and *de* change in front of the noun.

	masculine noun	**feminine noun**	**plural noun**	**noun starting with a vowel**
à	*au*	*à la*	*aux*	*à l'*
de	*du*	*de la*	*des*	*de l'*

There are some cases where *à* and *de* do not change in front of a noun, e.g. with towns (*à Paris*), after a negative (*moins / pas de frites*) or after quantities (*beaucoup de personnes*).

Lire 1 **Copy and complete the sentences with *à*, *au*, *à la*, *à l'* or *aux*.**

Example: 1 *Elle aime aller au musée.*

1 Elle aime aller ___ musée.
2 On voyageait ___ New York.
3 Il a fait un gâteau ___ fruits.
4 Mes frères joueront ___ basket.
5 Il faut aller ___ bibliothèque.
6 Tu veux aller ___ fête de ma sœur?
7 Elle pose une question ___ enfants.
8 Nous voulons aller ___ université.

Lire 2 **Copy and complete the sentences with *de*, *du*, *de la*, *de l'* or *des*.**

Example: 1 *Nous sommes en face du cinéma.*

1 Nous sommes en face ___ cinéma.
2 Tu faisais ___ gymnastique?
3 La poste est à côté ___ banque.
4 Il vient ___ États-Unis.
5 La protection ___ environnement est ma passion.
6 Ils vont faire moins ___ sport.

Écrire 3 **Copy and complete the sentences with the correct preposition.**

1 Demain, nous allons jouer ___ rugby.
2 Je suis venu ___ Leeds ce matin.
3 La pharmacie est à côté ___ hôpital.
4 Notre maison est assez près ___ marché.
5 Il faut aller ___ hôtel ce soir.
6 Elles vont faire ___ vélo avec un guide.

Lire 4 **Translate the sentences into English.**

Example: 1 *She stopped doing athletics at the age of nine.*

1 Elle a arrêté de faire de l'athlétisme à l'âge de neuf ans.
2 Hier soir, j'ai oublié de faire mes devoirs d'anglais.
3 Tu vas apprendre à conduire l'année prochaine?
4 Mon oncle continue d'aller au cinéma tous les week-ends.
5 J'ai réussi à aller au lit plus tôt.
6 Nous allons commencer à utiliser les transports en commun.

When some verbs are followed by an infinitive, the preposition *à* or *de* is required. These include:

aider à	to help to
apprendre à	to learn to
arrêter de	to stop
choisir de	to choose
oublier de	to forget to

For more verbs followed by the infinitive, see page 195.

Écrire 5 **Translate the sentences into French.**

1 I chose to go to the party.
2 We are going to spend less time online.
3 I try to be nice to everyone.
4 You decided to stay in a hotel?
5 I used to help my mother to cook.
6 He will not forget to buy some milk.

Demonstrative adjectives (Pages 159 and 170)

Écrire 6

Copy out the parallel translations, completing the missing words.

Example: 1 *This jumper is too big for me. Ce pull est trop grand pour moi.*

1	This jumper is too ___ ___ ___.	___ pull est trop grand pour moi.
2	I saw this house ___ ___.	J'ai vu ___ ___ hier soir.
3	___ ___ ___ this idea at all.	Je n'aime pas du tout ___ idée.
4	___ ___ ___ those socks?	Tu as vu ___ chaussettes?
5	She doesn't ___ these ___.	Elle n'aime pas ___ voitures.
6	___ ___ ___ this hat or these socks?	Tu préfères ___ chapeau ou ___ chaussettes?

Pronouns (Pages 46, 73, 94, 160 and 170)

Lire 7

Read the sentences. Note down if the underlined pronoun is subject, reflexive, direct object or indirect object. Then translate the sentences into English.

Example: 1 *Subject - I will start using recycled paper.*

1. Je commencerai à utiliser du papier recyclé.
2. Je l'adore depuis trois ans.
3. Elle nous donne des conseils.
4. Ils se disputent de temps en temps.
5. Je vais te parler après les vacances.
6. Nous les voyons tous les week-ends.
7. Ils n'ont jamais acheté de vêtements sur Vinted.
8. Je m'habille avant le petit-déjeuner.

Écrire 8

Re-write the sentences, replacing the underlined words with the pronoun *y*.

1. Tu vas au lycée?
2. Je suis allée à Lyon hier.
3. Ils voyagent en Espagne.
4. Nous logeons à l'hôtel.

Écrire 9

Re-write the sentences, replacing the underlined words with the pronoun *en*.

1. Elle veut du poisson.
2. Je joue de la guitare.
3. Mon frère mange de la viande.
4. Nous achèterons des légumes.
5. Mes parents ont bu du thé algérien.

> Remember that *je* becomes *j'* in front of *y* and *en*.

Écrire 10

Re-write the sentences, replacing the underlined word with the correct direct or indirect object pronoun.

1. J'ai vu mon copain Yanis au supermarché.
2. Nous donnons des cadeaux aux enfants.
3. Est-ce qu'il a déjà parlé à son père?
4. Ils vont inviter les profs à la fête.
5. Tu montres les fleurs à tes amis?
6. Tu montres les fleurs à tes amis?

Révisions de grammaire 2

Negatives (Pages 147 and 172)

Écrire **1** **Re-write the sentences in the negative form, using the expression given in brackets.**

Example: 1 *Je n'aime pas regarder les émissions de télé-réalité.*

1 J'aime regarder les émissions de télé-réalité. (*ne ... pas*)
2 Elle est allée au centre commercial. (*ne ... jamais*)
3 Ils aiment les maths et le français. (*ne ... ni ... ni*)
4 Nous visitons le musée d'art moderne. (*ne ... plus*)
5 J'aime les légumes verts. (*ne ... aucun*)
6 Tu vas acheter quelque chose au marché? (*ne ... rien*)
7 Ces espèces sont menacées par la pollution. (*ne ... pas encore*)
8 À l'hôtel, j'ai parlé à beaucoup de gens. (*ne ... personne*)

Écrire **2** **Translate the sentences into French.**

1 Nobody wants to go to the concert.
2 Nobody was in the car.
3 Nobody has arrived at school.
4 Nothing is open today.
5 Nothing interests me.

Remember that both *personne* and *rien* are (masculine) third person singular.

Asking questions (Pages 169 and 173)

There are several ways of forming questions:

• Intonation (making your voice go up at the end)	Tu es heureux?
• Using *est-ce que* for a yes/no question	**Est-ce que** tu regardes des vidéos sur YouTube?
• Using *est-ce que* after a question word	Comment **est-ce que** tu vas au collège ?
• Inverting the subject and verb, after a question word	Où **partiras-tu** en vacances avec ta famille?
• Using *quel, quelle, quels, quelles* (which/what)	**Quelle** est ta matière préférée?
• Using *qu'est-ce que*	**Qu'est-ce que** tu as fait la semaine dernière?

The most common question words are:

combien →	how much / how many	*pourquoi* →	why	*qui* →	who
comment →	how	*quand* →	when	*que* →	what
où →	where	*quel(le)(s)* →	which/what		

Lire **3** **Translate the sentences into English.**

1 Où passerais-tu tes vacances idéales?
2 Qu'est-ce que tu as fait le week-end dernier?
3 Pourquoi n'as-tu pas trouvé de job d'été?
4 Tu préférerais quel appartement?
5 C'est quoi, un bon modèle pour toi?
6 Comment peut-on protéger l'environnement?
7 Quelle est ta pièce préférée à la maison?
8 Est-ce que tu penses que c'est sain ou malsain?

Écrire **4** **Write a question to go with each answer.**

1 Le week-end prochain, j'irai au cinéma avec mes amis.
2 Le voyage en train était très long.
3 J'habitais à Reims quand j'étais plus jeune.
4 Parce que c'est mon équipe préférée.
5 Non, je ne veux pas y aller.
6 Je préfère passer mes vacances au bord de la mer.

Infinitive expressions (Pages 144 and 149)

Écrire 5 **Put the words into the correct order to translate the English sentences.**

Example: 1 *Je viens de …*

1 I have just finished my homework.

finir je mes devoirs viens de

2 She was in the middle of organising a protest.

en une était manifestation train d' elle organiser

3 We are in the middle of playing the piano.

du en piano train nous jouer sommes de

4 They intend to open a shop.

un magasin l'intention ils ouvrir ont d'

5 You must avoid screens before sleeping.

avant de faut éviter les il écrans dormir

6 It is better to choose without seeing the cakes.

voir les vaut gâteaux il choisir sans mieux

Past participles (Pages 184, 192 and 193)

Lire 6 **Read the sentences. Copy and complete them with the past participle of the verb given in brackets.**

1 Je suis ___ au lycée hier. (*aller*)
2 Elle a ___ la porte deux fois. (*ouvrir*)
3 Vous avez ___ de recycler le papier? (*finir*)
4 Nous n'avons pas ___ de gâteau. (*faire*)
5 Ils ont ___ les chaises sur les tables. (*mettre*)
6 Elles n'ont pas ___ de billets à la gare. (*acheter*)
7 Tu as ___ regarder le film avec eux? (*vouloir*)
8 J'ai ___ à jouer au basket il y a trois ans. (*commencer*)

Écrire 7 **Copy out the parallel translations, completing the missing words.**

1	___ ___ played ___, he went shopping.	Après avoir joué au tennis, il est allé faire ___ ___.
2	After having finished my homework, I ___ a series on Netflix.	___ ___ fini mes devoirs, j'ai regardé une série sur Netflix.
3	___ ___ ___ in the hotel, he was very happy.	Après être resté à l'hôtel, ___ ___ ___ content.
4	After having gone to university, ___ ___ in a hospital.	___ ___ ___ à l'université, elle a travaillé dans un hôpital.
5	___ ___ ___ ___ ___, we went to the beach.	Après avoir recyclé les bouteilles, ___ ___ ___ ___ ___ ___.
6	After having arrived at the museum, ___ ___ ___ !	Après ___ ___ au musée, je suis vite partie!
7	___ ___ ___ the crocodiles, they returned home.	Après avoir découvert les crocodiles, ___ ___ ___ à la maison.
8	After having convinced his husband, he bought a new car.	___ ___ ___ son mari, ___ ___ ___ ___ nouvelle ___.

Révisions de grammaire 3

Present tense verbs (Page 143)

Écrire 1

Copy and complete the sentences, putting the verb in brackets into the present tense.

1 Elle ___ du lait. (*boire*)
2 Ils n'___ pas faim. (*avoir*)
3 On ___ à la plage. (*aller*)
4 Je ne ___ jamais le train. (*prendre*)
5 Nous ___ nos devoirs. (*faire*)
6 Elles ___ de Paris. (*venir*)
7 Je ___ en vacances. (*partir*)
8 Vous ___ près de l'hôtel. (*être*)

Écrire 2

Translate the sentences into French.

Example: 1 *Ils habitent en Espagne.*

1 They live in Spain. (*ils*)
2 She is going to the cinema tomorrow.
3 We aren't selling our old clothes. (*on*)
4 You no longer like him? (*tu*)
5 He doesn't write much.
6 I've played basketball for four years.

Past tense verbs (Pages 143, 148 and 193)

Lire 3

Read the sentences and match up the correct halves. Then translate them into English.

1 Ce matin, il y avait du soleil et …
2 Je mangeais à la cantine quand …
3 Le week-end dernier, il faisait froid et …
4 Ma mère lisait un magazine quand …

a … mon copain a pris mes frites!
b … elle a fait du ski à la montagne.
c … je suis rentré à la maison.
d … j'ai joué au volley sur la plage.

Écrire 4

Copy and complete the sentences, putting the verbs in brackets into the perfect or imperfect tense.

1 J'___ en vacances quand j'___ mon copain. (*être, rencontrer*)
2 Ils ___ un film romantique quand Enzo ___. (*regarder, arriver*)
3 Nous ___ au collège quand nous ___ la nouvelle prof. (*aller, voir*)
4 Il ___ quand j'___ mon portable. (*pleuvoir, perdre*)

You will often see the imperfect tense giving some background information before something then happens in the perfect tense:
Elle jouait au tennis quand elle est tombée.
She was playing tennis (imperfect) when she fell over (perfect).

Écrire 5

Copy out these sentences, choosing the correct form of the perfect or imperfect tense verb each time.

1 <u>J'étais / J'était</u> assez fatiguée et <u>j'ai tombée / je suis tombée</u> de vélo.
2 <u>Nous jouaient / Nous jouions</u> au foot au centre sportif. <u>Nous avons gagné / Nous avez gagné</u>.
3 L'année dernière, <u>j'aimais / j'aimions</u> le collège car <u>je le trouvais / je le trouvait</u> assez intéressant.
4 <u>Nous avons arrivés / Nous sommes arrivés</u> après minuit, <u>c'était / c'étaient</u> trop tard pour moi!
5 <u>Elles se sont bien amusées / Elles se sont bien amusés</u> au concert hier soir.
6 <u>Il faisais / Il faisait</u> les magasins quand <u>sa copine a téléphoné / sa copine ont téléphoné</u>.

Talking about the future (Pages 183 and 192)

There are three ways to talk about the future:

1 **Present tense** verbs with a future time expression	*Je **fais** mes devoirs ce soir.*
2 **Near future tense** verbs ('going to' do something)	*Je **vais faire** mes devoirs ce soir.*
3 **Simple future tense** verbs ('will' do something)	*Je **ferai** mes devoirs ce soir.*

Lire **6** **Read the sentences. Find all the future tense verbs in the sentences and note down which form of the future tense is used (1, 2 or 3). Write the verbs out as a list in both French and English.**

1 L'année prochaine, nous irons en France, et nous verrons la tour Eiffel.
2 Après les examens, je vais aller au lycée et je vais étudier les sciences.
3 Malheureusement, je ne fais pas de babysitting ce soir.
4 Mes parents vont partir en vacances samedi prochain.
5 Vous porterez des baskets au festival samedi soir? Ou vous n'irez pas?
6 Il va passer le week-end chez un ami et ils vont dormir sous une tente.

Écrire **7** **Look at the notes and write some sentences talking about the future in the three different forms (present, near future or simple future tense).**

Example: 1 *Je mange au restaurant samedi prochain.*
Je vais manger au restaurant avec ma sœur.
Je mangerai un couscous aux légumes au restaurant.

1 je manger au restaurant
2 nous travailler demain
3 vous aller à Paris
4 tu choisir au supermarché
5 elle finir ses devoirs
6 mes parents boire du vin

Combining tenses with *si* phrases (Pages 167 and 172)

Écrire **8** **Copy and complete the sentences, putting the verb in brackets into the simple future or the conditional.**

1 Si tu y vas, j' ___ aussi. (*aller*)
2 S'ils étaient moins bavards, ils ___ leurs devoirs. (*faire*)
3 Si tu mangeais plus de légumes, tu ___ plus en forme. (*être*)
4 Si nous allons au cinéma, nous ___ un film de science-fiction. (*voir*)
5 Si je gagne à la loterie, je ___ en Amérique du Sud. (*voyager*)
6 S'il travaillait dans un café, il ___ beaucoup d'argent. (*avoir*)

Remember that you need the simple future if the first verb is in the present tense, and the conditional if the first verb is in the imperfect tense.

Using tenses together

Écrire **9** **Write an article about your local area for your French friend's school magazine.**

You must include the following points:

- what you usually do at the weekend
- the advantages and disadvantages of your town/village
- what you did during the last school holidays
- what you are going to do with your friends next weekend.

Write your answer in French. You should aim to write between 130 and 150 words.

- The bullet points prompt you to use a variety of tenses. In this task, you will need to use the present tense (first two bullet points), perfect tense (third bullet point), and the future tense (last bullet point).
- Try to use negative expressions, reflexive verbs and object pronouns to show your range of language.

Révisions

Parler 1

Refresh your memory! **In pairs, tell each other what you like to do each day of the week. There are suggested activities in the box below.**

- *Moi, le lundi, j'aime … Et toi?*
- *Moi, le lundi, j'adore …*
- *Le mardi, …*

Make sure you vary the way you express your opinion. Don't repeat *j'aime* too often.

aller à des concerts	acheter des vêtements en ligne	télécharger des chansons
aller au cinéma	regarder des émissions de télé-réalité	suivre des influenceurs

Écouter 2

Refresh your memory! **Listen to Zoé telling us about a past event. Write down in English what you understand. Try to give as many details as possible. Here are some key question words to help you make your notes.**

- When (was it)?
- Where (was it)?
- Who (did she go) with?
- What (did she do)?

Écrire 3

Refresh your memory! **Look at the vocabulary list on pages 30–31 and write down ten words that you have not used a lot or at all in your work in this module. Then, with the ten words, make sentences relating to your free time.**

Lire 4

My town. **What does Ahmed say about what he does with his friends in his free time in town? Write down your answers in English. You do not need to write in full sentences.**

Ahmed's blog

Mes amis et moi

On a plusieurs endroits où on peut aller, comme le stade et le centre commercial. Malheureusement, la **patinoire*** va bientôt fermer et le restaurant fastfood a fermé il y a deux ans. Avant, j'aimais passer du temps dans les magasins avec mes amis, mais maintenant, je préfère aller à la bibliothèque car je peux lire au calme. Mes amis aimeraient avoir une nouvelle patinoire ou un centre commercial plus grand. Cependant, moi, je voudrais surtout avoir plus d'endroits faciles d'accès pour mon fauteuil roulant.

***la patinoire** *ice-skating rink*

Don't jump too quickly to conclusions. Locate where the answer may be and read the sentence to the end.

a Give one place Ahmed goes to with his friends.
b Name one place that has closed down.
c What is Ahmed's favourite place now?
d What would Ahmed like to have in his town?

Lire 5

A cultural event. **Translate the following paragraph into English.**

Chaque année, à Paris, il y a un grand festival d'art moderne. Tous les musées sont ouverts à tous pendant une nuit et l'entrée est gratuite. La ville offre aussi de nombreuses activités culturelles dans les rues. Cet événement a commencé en 2002 et se passe normalement le premier samedi d'octobre. Cependant, après 2023, il était au mois de juin pour que tout le monde profite du temps plus chaud.

What does the pronoun *il* refer to here? Will you translate it as 'he' in English?

Think carefully about the tenses here.

Écouter **6** ***A new app.*** **Listen to this advert promoting a new application called *Vas-y!* What is mentioned? Write the letter (A–F) for each of the three correct options.**

A	who it is for
B	date it was started
C	reductions for tickets
D	how you can share info on the app
E	number of users
F	the price of the subscription

Parler **7** ***Read aloud.*** **With a partner, take turns to read out the four sentences, paying attention to the underlined and the highlighted liaison. Then, listen and check.**

Take extra care with how you pronounce the underlined sounds:
- *ai* and *è* sound the same
- *é, er, ez* sound the same
- the final consonants *p, s, t* are silent (unless the next word starts with a vowel).

Remember the liaison here and remember that the letter *h* is silent.

Hugo, your Swiss friend, has emailed you to tell you about his free time.

Read out the text below to your partner.

Dans mon temps libre, je fais beaucoup de choses.

Avant, je ne m'intéressais pas au sport et je préférais rester chez moi.

Je passais des heures sur mon portable et sur ma tablette à regarder des vidéos.

Depuis que j'ai commencé le collège, j'adore être actif et faire partie d'une équipe.

When you have read out the sentences, take turns to ask and answer the two follow-up questions:
- Qu'est-ce que tu aimes faire sur Internet?
- Quel est ton avis sur les portables?

Parler **8** ***Role play.*** **Prepare your responses to this role-play task. Practise saying them aloud. Then, using your notes, listen and respond to the teacher.**

Setting: At the theatre

Scenario:
- You are at a theatre in France.
- The teacher will play the part of the theatre employee and will speak first.
- The teacher will ask questions **in French** and you must answer **in French**.
- Say a few words or a short phrase/sentence for each prompt. One-word answers are not sufficient to gain full marks.

Task:
- Say what type of show you want to watch.
- Ask about the price for teenagers.
- Say why your friend is paying.
- Say what you will do after the show.
- Ask a question about the show times.

Use *On va* + infinitive.

You could start with *À quelle heure ...?*

Module 2

Révisions

Parler 1

Refresh your memory! **In pairs, close the book and play 'adjective tennis'. Take turns to say an adjective that could describe someone and give the English translation.**

- *Beau*
- *Handsome. Heureux*

For an extra challenge, give both the masculine and feminine forms if they are different, e.g. *beau*/***belle***, *heur****eux****/heur****euse***.

Écrire 2

Refresh your memory! **Write a description of at least three people, real or imaginary. Use the sentence starters on the right.**

Il/Elle s'appelle ...
Il/Elle a les yeux / cheveux ...
Je pense qu'il/elle est ...
Il/Elle porte ...
Il/Elle s'intéresse à ...
Avant, il/elle était plus / moins ... mais maintenant il/elle est plus / moins ...

Écrire 3

Refresh your memory! **Write sentences about two famous people, using the information provided.**

Name	Sadio Mané
Occupation	footballer
Country of origin	**Sénégal***
Family	Satou Toure (mother), no children
Interests	helping others; charity

le Sénégal *Senegal*

Name	Marion Cotillard
Occupation	actress
Country of origin	France
Family	married, 2 children
Interests	cinema; environment

You could use the following sentence starters:
Il/Elle s'appelle ... *Il/Elle a ...*
Il/Elle est ... *Il/Elle s'intéresse à ...*
Il/Elle vient de/du ...

Lire 4

My family. **Read the email that Lucie wrote to her French friend. Write down the word for the gap in each sentence, using a word from the box. There are more words than gaps.**

Coucou Lola!

Ça va?

Alors, qu'est-ce que tu as fait le week-end dernier? Moi, je n'ai pas vu mes copines car c'était l'anniversaire de ma belle-mère. Mon père, ma belle-mère, mes sœurs et moi, nous sommes allés au restaurant. Ma sœur aînée, Jade, est venue plus tard avec ses enfants, mais mon frère n'a pas pu venir car il travaillait. Il donne des cours d'anglais aux étudiants à l'université mais avant, il était chef, donc il a envoyé un énorme gâteau pour fêter l'occasion.

a Lucie went to the restaurant with her ___.
b Lucie's older sister went with her ___.
c Lucie's brother is a ___.

teacher brother student friends family chef children

Look at the words in the box and select the ones that could make sense in this sentence.

Then look at the text and read the sentences carefully, paying attention to negatives. What does she say about her friends? And about her brother? The words *copines* and *frère* appear in the text but it doesn't mean they are the answers.

Lire 5

Best friends. **What does Enzo say about his best friends in his email? Write down your answers in English. You do not need to write in full sentences.**

a Alex's age compared to Enzo's.
b When Alex and Enzo become best friends.
c How Enzo and Louise met.

Salut Morgane,

Je vais te parler de mes meilleurs amis, Alex et Louise. Alex a mon âge et il est dans la même classe que moi au collège. Louise a un an de plus que moi.

Alex et moi, on s'est rencontrés à l'école primaire quand on avait six ans, mais nous sommes devenus meilleurs amis quand on avait dix ans, je crois.

Louise, elle, je la connais car ses grands-parents sont les voisins de ma tante. Petit à petit, on a commencé à passer de plus en plus de temps ensemble.

Écouter 6

Everybody against racism. **Hugo is talking about *SOS Racisme*, a French organisation that fights racism. What does he say? Listen to the recording and for each sentence, write down the correct option (A–C).**

1 The association *SOS Racisme* was created about …
A 20 years ago. B 30 years ago. C 40 years ago.

2 The association was started …
A before an important demonstration. B during an important demonstration. C after an important demonstration.

3 According to the association, the key place to start making a difference is …
A online. B at school. C at home.

Écouter 7

Dictation. **You are going to hear someone talking about a family member.**

a Sentences 1–2: write down the missing words. For each gap, you will write one word in French.

1 Ma ___ a les cheveux ___ et ___.
2 Elle ___ avec son ___ et leur ___.

These words are unfamiliar; listen carefully to the sounds.

b Sentences 3–6: write down the full sentences that you hear, in French.

Parler 8

Picture task. **Look at the picture and prepare what you are going to say. In pairs, practise your descriptions.**

Describe this picture.

Your description must cover:
- people
- location
- activity.

When you have finished your description, you will be asked **two questions** relating to the picture. In pairs, practise saying a short phrase/sentence in response to each question. One-word answers will not be sufficient to gain full marks.

Remember that you won't **see** the two questions in the exam.

Question 1: *Qu'est-ce que tu aimes faire quand tu as du temps libre?*
Question 2: *Qu'est-ce que tu as fait la dernière fois que tu es sorti(e)?*

Écrire 9

Everybody is equal. **Translate the following paragraph into French.**

It is important to respect everyone. I think that each person has the right to live freely. In my opinion, there are too many problems in our society. We must all fight discrimination like racism and sexism and protect our rights. Yesterday at school we had a presentation about a charity that helps people who need support.

Think carefully about the form of the verb you are going to use here.

Remember to use *le/la* in front of the noun.

You need to use the French for the adjective 'free' and add the ending *-ment* to create an adverb.

You can't translate these verbs word for word.

Module 3 Révisions

Parler 1

Refresh your memory! **In pairs, look at the school vocabulary on pages 80–81. Then close the book and play 'opinion tennis'. Take turns to say a subject and give an opinion on it.**

- *Le français*
- *C'est utile!*

When you give your opinion, start with *c'est ...*, *je pense que c'est ...* or any other opinion phrases that you know.

Lire 2

Refresh your memory! **Write out the jumbled sentences and then translate them into English.**

Look out for common verb structures such as 'it is important to ...'.

a porter | faut | Il | uniforme | un

b important | tout | respecter | le | Il est | de | monde

c interdit | cours | de | pendant | manger | Il est | les

d pas | utiliser | portable | ne | Il | son | faut | en classe

e le | important | quand | professeur | parle | Il est | d'écouter

Écouter 3

Refresh your memory! **Listen and make notes in English on each question below.**

a Qu'est-ce que tu penses de ton uniforme?
b Qu'est-ce que tu penses des bâtiments de ton collège?
c Quel est ton avis sur tes cours?
d Quel est ton avis sur tes devoirs?

Lire 4

Learning languages. **What does Raphaël say about languages? Write down the letter (A–D) for each of the two correct statements.**

#RAFA

Alors mon avis sur les langues … D'un côté, je pense qu'il est utile de pouvoir parler plusieurs langues si on veut aller à l'étranger. Ensuite, parler une autre langue a de la valeur quand on cherche du travail. Et ça, pour moi, c'est l'aspect le plus important!

D'un autre côté, la place de l'anglais dans notre monde n'encourage pas vraiment les élèves à apprendre plusieurs langues. Ils pensent que l'anglais est suffisant. C'est vrai, mais il n'y a pas que l'anglais qui est important. Si on considère une seule autre langue, pourquoi pas l'**espagnol*** ou le **chinois***?

***l'espagnol** *(m)*	*Spanish*
***le chinois**	*Chinese*

A	According to Raphaël, the only reason to learn a language is for travel.
B	Raphaël thinks that languages are most useful when applying for a job.
C	Raphaël agrees that knowing English is important.
D	Raphaël thinks that Chinese is more important than Spanish.

Why do you think the word 'only' is in this statement?

Why do you think the phrase 'most useful' is in this statement?

Lire 5 ***Uniform in French schools*. Translate the following paragraph into English.**

Be careful how you translate *on veut*.

This is a 'false friend'. Be careful how you translate it!

Use your knowledge of prefixes to work out the meaning of this word.

En France, on veut introduire l'uniforme dans les écoles, collèges et lycées. Certaines grandes villes françaises ont déjà participé à ce projet. Selon les élèves, les résultats sont assez positifs. Les professeurs voudraient lutter contre le harcèlement, les inégalités et les comportements négatifs. Même si beaucoup d'élèves et de parents ne sont pas d'accord, il est important de considérer les raisons de cette décision.

Will you translate *le*/*la* and *les* in English here?

You can't translate word for word here. What does *être d'accord* mean?

Écouter 6 ***Against bullying*. Jade, Mohammed, Gabrielle and Dorian are talking about what their school is doing to stop bullying. What do they say? Write down the word or phrase for the gap in each sentence, using the words or phrases from the box. There are more words or phrases than gaps.**

a Jade is in ____.
b Jade has been helping with the anti-bullying project for ____ years.
c Mohammed thinks that bullying starts ____ secondary school.
d Gabrielle thinks her school is doing ____ in trying to stop bullying.
e Dorian hopes for more ____ to help with the anti-bullying project.

two	well	in
secondary school		pupils
badly	three	rules
five	before	sixth form

Écrire 7 ***School life*. Do this 130–150 word writing task.**

Write about school life for an online magazine.

You **must** include the following points:

- what makes lessons interesting
- the pros and cons of school rules
- an activity you took part in at school recently
- what you would like to study in the future.

Write your answer **in French**. You should aim to write between 130 and 150 words.

You could write about the subjects and teachers you like most and why.

You could write about school uniform, for example.

Talk about a few things that you did and give your opinion.

Parler 8 ***Read aloud*. With a partner, take turns to read out the four sentences, paying attention to the underlined letters and the highlighted liaisons. Then, listen and check.**

Enzo, your Swiss friend, has emailed you to tell you about his school's website.

Read out the text below to your partner.

Je pense que le site Internet de mon collège est très utile.

On peut s'informer sur toutes les matières qu'on apprend.

On y trouve des liens qui nous donnent accès à des exercices supplémentaires.

Hier, j'ai utilisé la page sur l'anglais et à mon avis, elle est vraiment excellente pour mon projet.

Take extra care with how you pronounce the underlined sounds:

- *i*, *y*
- nasal sounds
- *u*
- *ou*.

Remember the liaisons here.

Remember that if a verb ends in *-ent*, it is silent. The letter *h* is also silent here.

When you have read out the sentences, take turns to ask and answer the two follow-up questions:

- Qu'est-ce que tu aimes utiliser pour faire des recherches?
- Quel est ton avis sur les devoirs?

Module 4

Révisions

Parler 1

Refresh your memory! **In pairs, take turns to say as many French words as possible related to:**

- eating and drinking
- parts of the body
- health and wellbeing.

Lire 2

Refresh your memory! **Copy and complete the following sentences with the correct translation of the English word or phrase in brackets. Then translate the sentences into English.**

a J'ai mal au ___ (*arm*) depuis hier.

b Hier, ___ (*I hurt myself*) en faisant du vélo.

c Je me coupe souvent au ___ (*the finger*) quand je prépare le repas.

d Je prends des ___ (*tablets*) quand j'ai mal à la ___ (*head*).

e Quand je suis trop longtemps devant ___ (*my screen*), j'ai mal aux ___ (*eyes*).

Écrire 3

Refresh your memory! **Write a sentence in French for each of these expressions: *avoir chaud/froid/faim/soif/peur*. Then translate them into English.**

Remember that for these expressions, the verb 'avoir' translates as 'to be' in English e.g. *j'ai faim* – I'm hungry.

Lire 4

***Technology and mental health*. Read Gabrielle's text about her research on the impact of technology on mental health.**

L'impact de la technologie sur la santé mentale

Pour étudier les effets de la technologie, je n'ai pas seulement posé des questions à des adolescents, mais aussi à des adultes. Au début, je voulais me concentrer sur les effets des réseaux sociaux sur notre santé mais j'ai changé d'avis car ma copine a choisi ce sujet.

Alors, j'ai fait des recherches sur les effets des portables. J'ai trouvé que les téléphones causent des problèmes pour les adolescents et pour les adultes, mais il est évident que les jeunes **rencontrent*** plus de difficultés. Malheureusement, les adultes sont victimes de vols d'identité et les ados sont victimes de cyber-harcèlement.

Une autre conclusion est que ce n'est pas vraiment le temps qu'on passe sur les portables qui a le plus d'effets négatifs, mais c'est ce qu'on regarde.

***rencontrer** *to meet, encounter*

a Complete the sentences below. For each question, write the correct letter (A–C).

(i) For her research on the effects of technology, Gabrielle put questions to ...
A only teenagers. **B** only adults. **C** both adults and teenagers.

(ii) Gabrielle's friend wanted to research the impact on mental health of ...
A mobile phones. **B** social networks. **C** people's opinions.

(iii) Mobile phones cause ...
A more problems for teenagers. **B** more problems for adults.
C similar problems for teenagers and adults.

b Answer the following questions in English. You do not need to write in full sentences.

(i) What issue do teenagers encounter a lot online?
(ii) What has the most negative impact according to Gabrielle's research?

The word *most* is very important here.

Écouter 5

Healthy school. **Charlie is talking about what their school does to promote healthy living. What do they say? Listen to the recording and make notes in English under the following headings. You do not need to write in full sentences.**

a What Charlie's school's special week is
b Charlie's opinion of this special week
c What Charlie usually does during that week

Écouter 6

Dictation. **You are going to hear someone talking about what they do to feel good.**

a Sentences 1–2: write down the missing words. For each gap, you will write one word in French.

1 Pour me ___, je ___ du ___.
2 Avec mes ___, on ___ tous les ___.

b Sentences 3–6: write down the full sentences that you hear, in French.

Parler 7

Picture task. **Look at the picture and prepare what you are going to say. In pairs, practise your descriptions.**

Describe this picture.

Your description must cover:
- people
- location
- activity.

When you have finished your description, you will be asked **two questions** relating to the picture. In pairs, practise saying a short phrase/sentence in response to each question. One-word answers will not be sufficient to gain full marks.

Question 1: *Qu'est-ce que tu aimes faire pour te sentir bien?*
Question 2: *Qu'est-ce que tu as mangé récemment?*

Think carefully about which tense is needed to reply to each question.

Écrire 8

Healthy choices. **Translate the following paragraph into French.**

Think carefully if you need a preposition between the two verbs. Do you need *de* or not?

Remember the word order here!

'My friends and I …': which form of the verb are you going to use?

The expression is *avoir soif.*

I avoid eating unhealthy food. For breakfast I like to eat two eggs. If my friends and I are thirsty, we try to drink water. Last time I went to a fast food restaurant, I decided to buy vegetables. In future I would like to eat healthily because my health is very important to me.

Module 5

Révisions

Parler 1

Refresh your memory! **In pairs, take turns to name a means of transport followed by one advantage and one disadvantage for travelling that way.**

- *La voiture*
- *Pratique*
- *Cher*

Écouter 2

Refresh your memory! **Listen. Then copy and complete the grid in English. (1–6)**

	what they complain about	what's wrong	other details
1			

Listen out for adjectives.

Écrire 3

Refresh your memory! **For each word listed below, note down an adjective. Then use these adjectives to write sentences in French.**

l'hôtel le paysage la nourriture
la ville les activités le logement

You can say something was … or that you think/thought something was …

Lire 4

Technology and booking holidays. **Read this text from Toni's coursework about the impact of technology on holiday bookings. Complete the gap in each sentence using a word from the box below. There are more words than gaps.**

Selon beaucoup de personnes, Internet a de mauvais effets sur le tourisme. Cependant, j'ai fait des recherches et il est clair que la technologie a amélioré notre façon de réserver nos vacances. C'est beaucoup mieux maintenant!

On peut réserver sur des sites, avec nos portables, avec des applis. C'est vraiment pratique et rapide. Cependant, je préfère les sites où les gens laissent leur opinion sur leurs vacances. C'est vraiment très utile.

On peut comparer la qualité des hôtels et décider rapidement. L'avantage d'Internet, c'est qu'on peut voir les meilleurs prix et réserver un hôtel moins cher.

a Toni thinks that technology has a ___ impact on holiday bookings. — What does the verb *améliorer* mean in the text?

b Toni finds ___ the most useful. — 'The most useful' is very important here.

c The best thing about booking online is that you get the best ___. — 'Quality' and 'price' are the only possible options that could fit this sentence.

positive using an app booking on her phone people's opinions negative price quality

Lire 5

Relaxing holidays. **Translate the following paragraph into English.**

Do you remember these impersonal phrases?

How are you going to translate *on*?

En vacances, il faut essayer de se reposer. Certaines personnes disent qu'il vaut mieux faire beaucoup d'activités. Mes parents ne sont pas d'accord donc généralement nous ne faisons rien. L'été dernier, on a passé deux semaines au bord de la piscine ! À mon avis, des visites culturelles seraient beaucoup plus intéressantes.

Écouter 6 ***Camping Beau Séjour*. Listen to this advert promoting a new campsite called *Beau Séjour*. What is mentioned? Write the letter (A–F) for each one of the three correct options.**

A transport	**D** shopping for clothes
B prices	**E** evening entertainment
C activities	**F** entertainment for children

Écouter 7 ***A hotel reservation.* Maria is leaving a message on the hotel's answering machine. Listen to the recording and answer the following questions in English. You do not need to write in full sentences.**

a The dates they want to book.
b Who will be staying.
c Special requirements for the rooms.
d What Maria asks about food.

Écrire 8 ***My holiday activities.* Do this 80–90 word writing task.**

Here you can talk about active or cultural holidays, beach holidays or holidays abroad (for instance).

Give details about particular activities you did.

Write about your favourite holiday activities.

You **must** include the following points:

- the type of holiday you enjoy
- your opinion of different holiday activities, with reasons
- what you did during your last school holiday
- what activity you would like to try in the future.

Write your answer **in French**. You should aim to write between 80 and 90 words.

Don't forget to give reasons.

Parler 9 ***Read aloud.* With a partner, take turns to read out the four sentences. Then, listen and check.**

Tom, your Canadian friend, has emailed you to tell you about his summer holidays.

Read out the text below to your partner.

> Je vais bientôt aller à la plage.
>
> Pendant l'année scolaire, on a beaucoup de travail et on est stressés.
>
> Je pense qu'il est important de faire des activités agréables pendant les vacances d'été.
>
> Plus tard dans la vie, j'aimerais voyager à l'étranger pour voir ma famille et pour utiliser mes langues.

Before you read aloud:

- look for silent letters
- look for liaisons between words
- identify the easiest words to say
- check any tricky words with your partner.

When you have read out the sentences, take turns to ask and answer the two follow-up questions:

- Qu'est-ce que tu aimes faire en été?
- Quel est ton avis sur les vacances avec ta famille?

Révisions

Parler 1

Refresh your memory! **In pairs, take it in turns to ask about the weather for next week. Use as many different weather words as you can.**

- *Il fera quel temps lundi matin?*
- *Lundi matin, il fera beau.*

Make sure you use the future tense: *il fera* or *il y aura*.

Lire 2

Refresh your memory! **Complete the gap in each sentence using a word from the box. There are more words than gaps.**

a Ici, il y a des ___ alors l'hiver on peut faire du ski.
b Dans la ___ près de chez moi, je vois souvent des poissons.
c J'aime bien me promener dans la ___. J'adore regarder les grands arbres.
d L'été, au ___, on peut louer un bateau.
e Dans ma ville, on a beaucoup d'___ verts.

espaces	forêt	montagnes	rivière	lac	bois
neige	mer	paysage	espèces	vue	

Look at the article before each gap and other words in the sentence to help you choose the correct word.

Écrire 3

Refresh your memory! **For each word listed below, note down an adjective. Then use these adjectives to write sentences in French.**

Example: Là où j'habite, **la rivière** est *belle*.

- la rivière
- le paysage
- le marché
- le cinéma
- les rues
- la piscine
- la ville
- les transports en commun

Make sure your adjectives agree with the nouns they describe.

Écouter 4

A new holiday resort. **Listen to this advert promoting a new holiday resort. What is mentioned? Write the letter (A–F) for each of the three correct options.**

A accommodation	**C** seasons	**E** food
B scenery	**D** reductions	**F** recycling

Before you listen, try to predict what French words you might hear.

Lire 5

A protest in my town. **Read this online article about a recent protest.**

Dans ma ville, il y a quelques jours, il y a eu une grande manifestation qui a rassemblé pendant au moins trois heures un grand nombre de personnes. La manifestation a commencé à une heure de l'après-midi.

On attendait environ mille personnes mais selon la police il n'y avait que quatre cents **manifestants***. Cependant, les organisateurs ont compté au moins cinq cents personnes et ils avaient raison! Pour avoir le plus grand impact, la manifestation s'est passée dans le calme, sans presque aucun bruit, et les gens ne parlaient pas. Personne n'a été violent.

Tout le monde manifestait pour lutter contre la pollution qui est en train de détruire notre planète et portait des **banderoles*** qui disaient «Arrêtons de polluer!» ou «Pensez à l'avenir!». Une bonne action!

***le manifestant**	*protester*
***la banderole**	*banner*

Which of these three expressions of times refers to the duration of the protest?

What does each number refer to?

Beware of negatives when completing this sentence. What does each highlighted section mean?

a Complete the sentences below. For each sentence, write the correct letter (A–C).

(i) The protest lasted ...
A one hour.
B several hours.
C three days.

(ii) There were ... people at the protest.
A 400
B 1000
C about 500

(iii) During the protest people were ...
A quiet.
B noisy.
C angry.

b Read the text from exercise 5 on page 220 again and answer the following questions in English. You do not need to write in full sentences.

(i) What were people protesting about?
(ii) What was written on **one** of their banners?

Parler **6** ***Picture task.*** **Look at the picture and prepare what you are going to say. In pairs, practise your descriptions.**

You can say that you think they are a family. Say who is in the foreground and who is in the background. Describe what they are wearing, what they look like and if they look happy or not. You can use prepositions to describe where people are: *devant, à côté, derrière, à gauche, à droite.*

Describe this picture.

Your description must cover:

- people
- location
- activity

When you have finished your description, you will be asked **two questions** relating to the picture. Remember that you won't see the two questions. In pairs, practise saying a short phrase/sentence in response to each question.

You can say that they are in the countryside, that there are trees and buildings in the background. Don't forget to mention the weather.

Try to mention a few activities. Who is running? Who is walking? Who is talking? Remember to use *être en train de* + infinitive to say what people are in the middle of doing.

Question 1: *Qu'est-ce que tu aimes faire dans ta région?*

Here you can mention what you like and why. You can say what there is and what you can do, using *on peut* + infinitive. Try to use a complex sentence with *si* (if) or *quand* (when). For instance, you can say 'If the weather is nice, I like …' or 'When it rains, one can …'.

Question 2: *Qu'est-ce que tu as fait récemment avec tes amis ou avec ta famille dans ta ville?*

This question is in the past, so make sure you use the perfect tense. Mention a few activities that you did. To add complexity, you can use the *nous* form. Give your opinion as well.

Écrire **7** ***Local environment.*** **Translate the following paragraph into English.**

You can use 'you' or 'we'.

Là où j'habite, on peut faire beaucoup de choses. En été, le lac est idéal pour les familles. En hiver, les montagnes sont parfaites pour être actif. Récemment, j'ai vu qu'il y avait de plus en plus de déchets dans les rues et c'est triste. En respectant notre région, on aidera la planète.

What is this structure?

What tense is this?

Écouter **8** ***Dictation.*** **You are going to hear someone talking about problems in their town.**

a Sentences 1–2: write down the missing words. For each gap, you will write one word in French.

1 Dans ma ville, nous avons beaucoup de ___, de ___ et de ___.
2 Le matin, on voit trop de ___, de ___ et de ___.

You might have never come across these three missing words so use your knowledge of French sounds.

b Sentences 3–6: write down the full sentences that you hear, in French.

Module 7

Révisions

Parler 1

***Refresh your memory!* In pairs, take turns to practise pronouncing the following words and phrases. Then listen and check your pronunciation.**

une maison | un appartement | un jardin | un bâtiment | un pont | un endroit | un coin | une station de métro | un magasin | l'argent

Remember your silent final consonants and your nasal sounds.

Écrire 2

***Refresh your memory!* Make these sentences negative by rewriting them with the negative expression in brackets in the correct place. Then translate each sentence into English.**

a J'ai ma propre chambre. (*ne … plus*)
b Mon village est calme. (*ne … jamais*)
c Dans mon quartier, je connais tout le monde. (*ne … personne*)
d Il y a beaucoup de choses pour les touristes. (*ne … rien*)
e Il y a un centre commercial et une piscine. (*ne … ni … ni*)
f Je voudrais tout changer. (*ne … rien*)

Remember that *ne* shortens to *n'* before a vowel, a mute 'h' or *y*.

Écouter 3

***Refresh your memory!* Listen. Copy and complete the grid in English. (1–4)**

	Where they want to go	Directions	Distance/Time
1			

Écouter 4

***Shopping trip.* Rachid is talking about a recent trip to the shops. What does he say? Write down the word for the gap(s) in each sentence, using the words from the box. There are more words than gaps.**

a Rachid went shopping with his ____ and he bought ____.
b He needed help with the ____.

colour | friends | price | sister | jewellery | clothes | size

Lire 5

***My dream bedroom.* Clément has written a blog about his ideal bedroom.**

Dans la chambre de mes rêves, je n'aurais pas de lit avec un **matelas*** traditionnel mais un matelas avec de l'eau! Il n'y aurait ni bureau ni table car je n'aime pas travailler dans ma chambre. Si possible, j'aimerais avoir un grand espace de jeux où je pourrais mettre mon nouvel ordinateur. Finalement, je ne voudrais plus avoir ma propre chambre! Je la partagerais avec mon frère. On est mieux à deux.

***le matelas** *mattress*

What does Clément say? Write the letter (A–F) for each of the three correct statements.

A	He dreams of a different type of bed.
B	He would like a bigger bed.
C	He would want a desk to work on.
D	He would like a new game console.
E	He would like an area dedicated to gaming.
F	He would like to share his room.

Écrire 6 ***Shopping for clothes.*** **Do this 130–150 word writing task.**

Write about clothes shopping for an online magazine.

You **must** include the following points:

- what type of clothes you like to buy
- the pros and cons of shopping for clothes online
- a recent shopping trip
- what you would like to buy soon.

Write your answer **in French**. You should aim to write between 130 and 150 words.

Give details of when the trip took place, what clothes you bought and your reasons for buying them.

Use comparisons if you think it's easier, less expensive or quicker to shop online.

Parler 7 ***Role play.*** **Prepare your responses to this role-play task. Practise saying them aloud. Then, using your notes, listen and respond to the teacher.**

Setting: In the shop

Scenario:

- You are in a shop in France.
- The teacher will play the part of the shop assistant and will speak first.
- The teacher will ask questions **in French**, and you must answer **in French**.
- Say a few words or a short phrase/sentence for each prompt. One-word answers are not sufficient to gain full marks.

Task:

1. Say what you would like to buy.
2. Say two things about what you want to buy.
3. Ask a question about the price.
4. Ask a question about another item you would like to buy.
5. Say how you are going to pay.

You could mention an item of clothing, a game or a book.

You can talk about the colour, the materials and the size.

Écrire 8 ***My town.*** **Translate the paragraph into French.**

Remember to change the ending of the verb.

I like the place where we live. It is situated not far from Paris. Our house is near the old part of the town. Recently, my friend Sophie came to see me and she said it was very pretty. I know that my parents will never leave this area and I will always live here with them.

You can translate this as 'near' or 'not far from'.

Remember that *venir* takes *être* and here the friend is feminine.

Think about the word order here.

Use the simple future tense.

Parler 9 ***Read aloud.*** **With a partner, take turns to read out the four sentences, paying attention to the underlined letters and the highlighted cognates. Then, listen and check.**

J'habite dans ce village depuis que je suis né.

On y trouve un petit théâtre et un hôtel très sympa.

Ici, il n'y a ni centre commercial ni grandes chaînes de restaurants, ce qui est bien.

À mon avis, il est important de protéger l'aspect traditionnel de l'endroit où nous vivons.

Take extra care with how you pronounce the underlined sounds:

- *r* sounds like a raspy sound in the back of your throat
- *i* and *y* sound the same, similar to 'ee' in 'bee'
- *h* is silent.

Module 8

Révisions

Parler **1**

***Refresh your memory!* In pairs, look at the career options below. Take it in turns to express whether you would like that type of career or not.**

- *Travailler dans le monde des affaires, ça t'intéresse?*
- *Oui, je voudrais travailler dans le monde des affaires. Et toi, aider les gens, ça t'intéresse?*

Make sure you use structures such as *je voudrais, je n'aimerais pas, j'espère, je n'ai pas l'intention de, j'ai envie de.*

travailler avec des enfants | devenir professeur | être médecin | travailler dans le monde des affaires | travailler dans un hôpital | aider les gens | avoir un métier bien payé | avoir ma propre entreprise | être actif/active

Écouter **2**

***Refresh your memory!* Copy and complete the grid in English. (1–4)**

	Type of tickets	Quantity	Departure time	Cost	Final question they ask
1					

Écrire **3**

***Refresh your memory!* Use the structures *avant de* and *après avoir/être* to write at least six sentences about your future plans. You can use the ideas below to help you or use your own.**

Example: *Avant de trouver un emploi, je veux voyager.*

You can use different verbs here such as 'I hope', 'I want', 'I intend to', or the future tense 'I will'.

voyager | travailler sans être payé | trouver un emploi | acheter une maison | avoir des enfants | aller à l'étranger | étudier à l'université | apprendre un métier | me marier

Écouter **4**

***My future.* Yasmina and Hugo are talking about their futures. What do they say? Listen to the recordings and complete each sentence by writing down the correct letter (A–C).**

1 Yasmina

(i) Yasmina wants to work …
A with her mum. **B** in a bank. **C** in business.

(ii) Yasmina thinks it is … to get some experience.
A essential **B** important **C** not useful

(iii) Money … Yasmina.
A doesn't interest **B** interests **C** comes first for

2 Hugo

(i) Hugo … work in his parents' company.
A has to **B** doesn't want to **C** wants to

(ii) Hugo's passion is …
A media. **B** sport. **C** teaching.

(iii) Hugo's parents …
A work with teachers. **B** are looking for a new job. **C** were teachers before.

Lire **5** ***A recent experience.*** **Read Théo's school blog.**

Dans la vie, mon ambition est de découvrir le plus d'endroits possibles. J'ai toujours aimé voyager et j'ai eu de la chance de pouvoir faire ça avec ma famille, récemment. Je pense que ma carrière sera dans le tourisme. Pendant les vacances, nous avons **fait le tour*** d'une île à vélo. Après être arrivés à l'aéroport, nous sommes allés à notre hôtel où nous avons loué des vélos. Nous avons passé la première nuit à l'hôtel avant de commencer nos vacances à vélo et au camping. Cette expérience m'a vraiment ***poussé*** à poursuivre mon but de travailler dans le tourisme.

faire le tour *to go round*

a Answer the following questions in English. You do not need to write in full sentences.

(i) What was Théo able to do with his family recently?

(ii) Where did they hire their bikes from?

There are three places mentioned but which one is it?

b Which of these is the best translation of the word *poussé*? Write A, B or C.

A discouraged **B** motivated **C** forced

Read the whole sentence carefully to work the meaning out.

Parler **6** ***Picture task.*** **Look at the picture and prepare what you are going to say. In pairs, practise your descriptions.**

Describe this picture.

Your description must cover:

- people
- location
- activity

When you have finished your description, you will be asked **two questions** relating to the picture. Remember that you won't see the two questions. Say a short phrase/sentence in response to each question. One-word answers will not be sufficient to gain full marks.

You can say that you think there are two people. You can mention the wheelchair if you want (*un fauteuil roulant*). Describe what the people are wearing, what they look like and if they look happy or not. You can use *ils ont l'air …*

You can say that they are in a restaurant and that there are trees outside. Don't forget to mention the weather.

Say what each person is doing. Remember to use ***être en train de* + infinitive** to say what people are in the middle of doing.

Question 1: *Qu'est-ce que tu* aimerais faire *comme carrière?*

Question 2: *Qu'est-ce que tu* as fait récemment *au collège pour t'aider avec tes projets d'avenir?*

Écouter **7** ***Dictation.*** **You are going to hear someone talking about their future plans.**

a Sentences 1–2: write down the missing words. For each gap, you will write one word in French.

1 Je voudrais être ___, ___ ou ___.

2 Ces métiers sont ___, ___ et bien ___.

This word contains the same accented sound three times.

b Sentences 3–6: write down the full sentences that you hear, in French.

Conversation questions

You can use these questions to help you prepare for two different sections of the speaking exam:

- the questions which follow on from the **read aloud task**
- the questions that you will be asked during the **picture task**.

In the **read aloud task**, there are two follow-up questions. For each of these, a few words or a short phrase/sentence is required in answer to questions about likes, dislikes, preferences and opinion.

In the **picture task**, there are follow-up questions relating to the theme of the picture, followed by a more general conversation in which you have the opportunity to show the examiner that you know a range of structures and tenses in French.

Module 1 (pages 6–31)

Thematic context: Media and technology

1. Qu'est-ce que tu fais en ligne?
2. Est-ce que tu fais ça souvent?
3. Quels sont les dangers d'Internet? Et les avantages?
4. Quel est ton avis sur la musique?
5. Qu'est-ce que tu as regardé récemment?
6. Tu vas bientôt aller au cinéma? Pourquoi / Pourquoi pas?

Thematic context: My personal world

7. Est-ce que tu as une vie active?
8. Pourquoi aimes-tu ces activités?
9. Qu'est-ce que tu vas faire le week-end prochain?
10. Qu'est-ce que tu as fait récemment avec tes amis? C'était comment?

Module 2 (pages 32–55)

Thematic context: My personal world

1. Qu'est-ce qui fait ton identité?
2. Décris ta famille.
3. Que fais-tu le week-end, en famille?
4. Tu t'entends toujours bien avec tes amis? Pourquoi / Pourquoi pas?
5. C'est quoi l'amitié, pour toi?
6. Qui est-ce que tu admires? Pourquoi?
7. Tu as un chanteur préféré ou une chanteuse préférée?
8. Qu'est-ce que tu as fait pour ton dernier anniversaire?
9. Comment voudrais-tu fêter ton anniversaire l'année prochaine?
10. Parle-moi d'une occasion spéciale avec ta famille ou tes amis.

Module 3 (pages 58–81)

Thematic context: Studying and my future

1. Quelle est ta matière préférée? Pourquoi?
2. Quelles sont les matières que tu n'aimes pas?
3. Quel est ton avis sur les langues?
4. Comment sont tes profs?
5. Quelles matières voudrais-tu étudier à l'avenir?
6. Parle-moi de ton collège et de ta routine scolaire.
7. Qu'est-ce que tu penses des règles du collège?
8. Quel est ton avis sur l'uniforme scolaire?
9. Qu'est-ce que tu as fait au collège récemment?
10. L'école primaire, c'était comment pour toi?

Module 4 (pages 82–105)

Thematic context: Lifestyle and wellbeing

1. Qu'est-ce qu'il faut faire pour être en bonne santé?
2. Qu'est-ce que tu prends pour le petit-déjeuner? le midi? après les cours? le soir?
3. Qu'est-ce que tu as mangé pour le dîner hier soir?
4. Qu'est-ce que tu voudrais manger demain et pourquoi?
5. Quelle nourriture est-ce que tu aimes bien acheter?
6. Quel est ton avis sur les restaurants fastfood?
7. Qu'est-ce que tu fais pour être en forme?
8. À l'avenir, qu'est-ce que tu feras pour avoir une vie plus saine?
9. Quand tu étais plus jeune, ta vie était comment?
10. Décris ta vie maintenant.

How to prepare:

- Read through the questions to check you understand them. Focus on the question words, like *Quel …?*, *Comment …?*, *Quand …?* etc.
- Check the verbs and time phrases to understand which timeframe the question is about.
- Then practise answering the questions using full sentences.
- Think about how you could extend your answers using more complex structures, particularly for answering questions during the **picture task** conversation.

Ways to extend your answers:

- Join together ideas with connectives: *et, mais, aussi …*
- Add in opinions and justify them: *J'aime / Je déteste … parce que …*
- Use opposing arguments: *D'un côté … d'un autre côté … . Cependant …*
- Add in examples of recent activities in the past tenses.
- Add in examples of future plans using a future tense.

Module 5 (pages 106–129)

Thematic context: Travel and tourism

1. Est-ce que tu penses que les vacances sont importantes? Pourquoi / Pourquoi pas?
2. Tu voudrais voyager? Pourquoi?
3. Parle-moi de tes vacances idéales.
4. Qu'est-ce qu'on peut visiter dans ta région?
5. Tu es déjà allé(e) à un festival?
6. Décris-moi tes dernières vacances.
7. Parle-moi d'un problème que tu as eu en vacances.
8. Tu préfères rester chez toi ou partir en vacances? Pourquoi?
9. Quels sont les avantages et les inconvénients des vacances entre amis?
10. Qu'est-ce que tu feras cet été, pendant les vacances?

Module 6 (pages 134–157)

Thematic context: My neighbourhood

1. Que penses-tu du recyclage?
2. Décris-moi le plus grand problème dans ta région, à ton avis.
3. Quelle est la chose la plus importante à faire pour protéger l'environnement?
4. Qu'est-ce que tu fais pour protéger l'environnement?
5. Quand tu étais plus jeune, qu'est-ce que tu faisais pour protéger l'environnement?
6. À l'avenir, qu'est-ce que tu feras pour protéger l'environnement?
7. Quel transport en commun préfères-tu et pourquoi?
8. Quels moyens de transport as-tu utilisés récemment?
9. Qu'est-ce que tu penses des voitures?
10. Qu'est-ce que le gouvernement devrait faire pour encourager les gens à faire plus pour protéger l'environnement?

Module 7 (pages 158–181)

Thematic context: My neighbourhood

1. Parle-moi de ta ville.
2. Qu'est-ce qu'il faut visiter dans ta ville?
3. Quels sont les avantages et les inconvénients de ta région?
4. Quelle est l'importance du tourisme pour une région, à ton avis?
5. Qu'est-ce que tu voudrais changer dans ta ville pour l'améliorer et pourquoi?
6. Comment serait ta maison idéale?
7. Est-ce que tu es déjà allé(e) en France?
8. Dans quel pays est-ce que tu voudrais habiter plus tard et pourquoi?

Thematic context: My personal world

9. Qu'est-ce que tu as acheté la dernière fois que tu es sorti(e) dans ta ville?
10. Qu'est-ce que tu vas acheter comme vêtements bientôt?
11. Où préfères-tu acheter tes vêtements et pourquoi?

Module 8 (pages 182–203)

Thematic context: Studying and my future

1. Est-ce que tu voudrais un job d'été?
2. Quels sont tes projets pour le futur?
3. Quel métier voudrais-tu faire à l'avenir?
4. Quelles sont tes passions?
5. Quelle sorte de personnes es-tu?
6. Avec qui aimerais-tu travailler?
7. Qu'est-ce que tu trouves important dans un emploi?
8. Quelles sont tes compétences?
9. Qu'est-ce que tu as fait récemment pour t'aider à choisir ton métier idéal?
10. Est-ce qu'il est important de faire de longues études pour avoir une bonne carrière?

French phonics

Here is a list of all the sounds that you need to understand and produce.
The **SSCs** (Sound Symbol Correspondences) will be assessed in the **Read aloud** and **Dictation** tasks.

The **Read aloud** task will be the first task in your oral exam. You will have **14** minutes' preparation time for the whole oral including this task and one further minute in the exam room. The task will contain **four sentences** (50-55 words) from a specific thematic context.

The **Dictation** task will form part of your listening paper. You will have to transcribe **30 words** (in six sentences). Three of the words will not be on the vocabulary lists. Practising the sounds on these pages will help with both the **Read aloud** and **Dictation** tasks.

Sounds	Key word and other examples	Pages with a focus on this sound	Further examples to practise
1 silent final consonant	**tout** dans, est, deux, trop, tard	pages 7, 9, 47	Il n'est pas trop tard. Le magasin est fermé. J'ai trois frères.
2 a	**aller** table, magasin, social	page 158	Il y a un centre social. Le voyage était confortable. Le festival est génial.
3 i/y	**il/stylo** idéal, utile, système	*'i'* page 20 both page 161	C'est mon style idéal. Il y a le wifi ici? Ce site est très utile.
4 eu	**peu** bleu, feu, mieux	pages 87, 95	Il a les yeux bleus. Il vaut mieux être sérieux. Je veux deux jeux.
5 e	**je** le, me, te, se	page 23	Je le veux en rouge.
6 au/eau/ closed o/ô	**autre/eau/nos/tôt** au, beau, vidéos, bientôt	page 107	Je vais voir le beau château. La vidéo est mauvaise. Nos autres amis sont au restaurant.
7 ou	**vous** ou, rouge, trouver	pages 20, 95	Où se trouve la cour? Pouvez-vous nous aider, s'il vous plaît? Je voudrais jouer dans un groupe.
8 u	**tu** bus, plus, sur	page 20	Le bus est plus utile. Le début est dans une minute. La vue est unique.
9 silent final e	**elle** petite, belle, groupe	page 9	Elle achète une nouvelle voiture.
10 é/-er/-ez	**été/parler/avez** mangé, danser, chez	*é* only – page 7 Revisited: *é/-er/-ez* page 16	Le week-end dernier, j'ai mangé chez mes amis. Pouvez-vous répéter? Vous avez regardé la télé.
11 en/an/em/ am	**entendre/dans/temps/jambe** comment, ans, exemple, chambre	pages 84, 115	Il porte un pantalon blanc. Elle a trente ans. L'environnement est vraiment en danger.
12 on/om	**mon/combien** ton, opinion, nombre	page 110	C'est mon opinion. Il y a combien de ponts? Le nombre est complexe.
13 ain/in/aim/im	**pain/fin/faim/important** certain, matin, impossible	page 84	Le matin, je mange du pain. Mon copain a faim. La fin est impossible.
14 è/ê/ai	**collège/être/faire** très, fête, rêve, maison	page 34	C'est la maison de mes rêves. J'aime faire la fête. Mon collège est très moderne.
15 oi/oy	**moi/moyen** trois, boire, employer, envoyer	page 64 Revisited: *oi* page 95	J'ai envoyé trois messages. Boire de l'eau est un bon moyen d'être en forme. Moi, je bois beaucoup.

Sounds	Key word and other examples	Pages with a focus on this sound	Further examples to practise
16 ch	**cher** gau**ch**e, **ch**anter, blan**ch**e	page 38	Je **ch**ante **ch**aque diman**ch**e. J'aime mar**ch**er avec mon **ch**ien. Mes **ch**aussures sont blan**ch**es.
17 ç/soft 'c'	**reçu/cette** fran**ç**ais, **ç**a, **c**inq, pla**c**e	page 170	Le fran**ç**ais est fa**c**ile. J'ai re**ç**u **c**inq lettres. **Ç**a va bien.
18 qu	**qui** **qu**atre, **qu**and, pour**qu**oi	page 12	**Qu**'est-ce **qu**'on peut faire? J'ai **qu**atre chats. Mon **qu**artier est tran**qu**ille.
19 j	**jouer** **j**aune, **j**eudi, **j**anvier	pages 20, 23	**J**e **j**oue au tennis chaque **j**eudi. **J**'aime le mois de **j**anvier. **J**e n'aime pas le **j**aune.
20 -tion	**pollution** ac**tion**, inten**tion**, rela**tion**	page 135	Il y a des solu**tion**s pour lutter contre la pollu**tion**. J'ai l'inten**tion** de commencer la nata**tion**. J'aime les films d'ac**tion**.
21 -ien	**bien** ch**ien**, r**ien**, b**ien**tôt	page 69	Mon ch**ien** aime bien manger végétar**ien**. Je n'ai r**ien** acheté. Je vais b**ien**tôt partir.
22 s-liaison	**vous avez** troi**s** ans, me**s** amis, de**s** heures	page 7	Me**s** amis sont trè**s** actifs. J'aime les petit**s** animaux. J'ai passé de**s** heures au centre commercial.
23 t-liaison	**il faut aller** ce**t** été, tou**t** est bien	page 7	Ce**t** été, je vais en France. À l'hôtel, tou**t** était bien. Le film es**t** amusant.
24 n-liaison	**on a** mo**n** amie, so**n** école	page 7	À mo**n** avis, so**n** animal est cool. Mo**n** école est grande.
25 x-liaison	**deux heures** di**x** amis, deu**x** ans	page 7	J'ai deu**x** amis. Il est di**x** heures.
26 h	**hôtel** **h**eure, **h**eureux, **h**istoire	page 107	Je suis **h**eureux où j'**h**abite. Il est **h**uit **h**eures. L'**h**istoire de l'**h**ôtel est intéressante.
27 un	**un** l**un**di, empr**un**ter	page 115	Je cours **un** l**un**di par semaine. J'empr**un**te des livres. Les transports en comm**un** sont rapides.
28 -gn-	**gagner** monta**gn**e, campa**gn**e, li**gn**e	page 108	J'habite à la campa**gn**e près de la monta**gn**e. J'ai ga**gn**é à un jeu en li**gn**e. Il ne faut pas i**gn**orer les si**gn**es.
29 r	**rien** **r**ester, févr**i**er, pa**r**c	page 162	Je **r**este ici pendant deux heu**r**es. J'ado**r**e ma**r**cher dans le pa**r**c avec mes pa**r**ents. Il n'est pas t**r**op ta**r**d pour a**rr**êter les p**r**oblèmes.
30 open eu/œu	**leur/sœur** s**eu**l, j**eu**ne, c**œu**r	page 34	**Leu**r s**œu**r est j**eu**ne. Je n'ai fait qu'une s**eu**le err**eu**r. Il y a n**eu**f jou**eu**rs.
31 open o	**notre** dr**o**gue, sp**o**rt	page 138	Le sp**o**rt est n**o**tre passion. La dr**o**gue est un danger.
32 -s-	**faisons** amu**s**ant, cho**s**e, rai**s**on	page 67	C'est une cho**s**e amu**s**ante. Nous fai**s**ons de la mu**s**ique. Ils ont rai**s**on.
33 th	**théâtre** **th**ème, ma**th**s	page 162	J'adore les ma**th**s et le **th**éâtre. Je bois du **th**é. Le ry**th**me est passionnant.
34 -ill-/-ille	**billet/famille** f**ille**, ore**ille**, gent**ille**, brou**ill**ard	page 183	La f**ille** est gent**ille**. Ju**ill**et est le me**ill**eur mois. Je voudrais une boute**ille**.
35 -aill-/-ail	**travailler** trav**aill**eur, trav**ail**, t**aill**e	page 183	C'est ma t**aill**e. Il trav**aill**e **aill**eurs. Je suis très trav**aill**euse.

Écouter **1** **Listen to each key sound or key word and repeat the sounds or words. Make a list of the sounds or words you find most challenging and keep practising them. Then, find other words for each key sound to test your pronunciation skills.**

Role-play skills

What do I need to know about the role play?

- It is the second part of the speaking exam (after **Read aloud**).
- There are **10** possible settings.
- The teacher speaks first.
- You will say something for each of the **five** numbered items.
- Speak in the present tense, or use a conditional like *je voudrais*.
- You will need to ask **two** questions.
- You can choose between using the informal *tu* form or the formal *vous* form (though you don't have to!) to ask your questions.
- You will answer **one question** about something in the **future**.

Settings

There are ten possible role-play settings. Look back at these modules for some role-play or conversation examples. There are also role-play cards on the exam pages at the end of each module, and in the revision module.

Setting	Module
Cinema / Theatre / Concert hall	M1 U3, M2 Exam, M1 Révisions
Café or restaurant	M7 Exam
Hotel	M5 U4
Campsite	M5 Exam
Doctor's surgery / Hospital	M4 Exam, M4 U3
In town	M7 U2
Tourist office	M5 U2, M6 Exam
Sport / Leisure centre	M1 Exam
Shop / Market / Shopping centre	M8 Exam, M7 Révisions
Train station	M3 Exam, M8 U2

Although there are **10** possible settings, many of them require similar vocabulary. Use some of the preparation time to look at each numbered item and work out what you know you can say. Look at the example numbered item below and a suggested answer.

Setting: At the tourist information office
1 Say how long you will be in France →

In English, you might think of a reply such as: I will be in France until next week. However, you might not remember how to say 'until', or how to say 'next'. Therefore, keep it simple.

Use the **near future** with **an amount of time**:
Je vais passer deux semaines en France.

Useful vocabulary

Je voudrais .../J'aimerais ...	*I'd like ...*
Je veux ...	*I want (to) ...*
Je peux ... Je peux ... ? On peut ...	*I can ... Can I/May I ...? One/We can ...*
Il y a ... / Est-ce qu'il y a ...?	*There is/are ... / Is/Are there ...?*
Je vais (+ *infinitive verb*)	*I am going (to) ... (+ infinitive verb)*
près d'ici/ici	*near here/here*
Vous pouvez/Tu peux répéter la question?	*Can you repeat the question?*
Vous avez ...?	*Do you have ...?*
Il y a ...?	*Is/Are there ...?*
Je peux ...?	*Can I/May I ...?*
C'est combien ...?	*How much is ...?*
À quelle heure ouvre ...?	*At what time does ... open?*
À quelle heure ferme ...?	*At what what does ... close?*

Remember that you can ask the teacher to repeat if you have not understood.

Questions

These are a key part of role plays. You will need to ask **two questions**. When it comes to your numbered item telling you to ask a question, your teacher will say: *Vous avez une question?* or *Vous avez une autre question?* Here are some examples of role-play questions.

Learn these key question words and phrases:

À quelle heure?	At what time?	*Qui?*	Who?
Comment?	How?	*Quel(le)(s)?*	Which?
Quand?	When?	*Combien?*	How many/ much?
Où?	Where?		
Que?	What?		

Settings	Role-play example numbered items	Example questions
Tourist office	Ask a question about transport	Il y a des bus ici? Où est la gare? À quelle heure part le train?
	Ask a question about other activities	Qu'est-ce qu'on peut faire ici? Il y a un château près d'ici?
Cinema	Ask a question about cost	C'est combien? Ça coûte combien?
	Ask the employee about food/drinks	Est-ce que vous vendez de l'eau? Où est-ce que je peux acheter des fruits?
Shopping centre	Ask a question about something else you want to buy	Vous avez une autre couleur? Vous avez une autre taille?
	Ask a question about places to eat and drink	Il y a un restaurant près d'ici? Où est-ce que je peux manger ici?
Sports centre	Ask the employee about buying a drink	Est-ce que je peux acheter de l'eau ici? C'est combien une bouteille d'eau?
	Ask the employee about opening times	Le centre ouvre quand? À quelle heure est-ce que la piscine ferme?
Doctor's surgery	Ask a question about seeing the doctor	Je peux parler à un docteur? Quand est-ce que je peux voir un médecin?
	Ask a question about opening times	À quelle heure est-ce que vous ouvrez? Quand est-ce que vous fermez?
Hotel	Ask about sport facilities in the hotel	Il y a une piscine ici? On peut jouer au tennis à l'hôtel?
	Ask about other facilities	Il y a un restaurant dans l'hôtel? Est-ce que vous avez un magasin?

Remember that you can add ***est-ce que*** to ask a question in French:

Est-ce qu*'il y a …?* Are/Is there …?

Est-ce que *vous avez …?* Do you have …?

Example role play

Look at the example role-play card and the model conversation next to it.

Setting: At the theatre

Scenario:

- You are at a theatre and want to see a play.
- Your teacher will play the part of the employee and will speak first.
- Your teacher will ask questions **in French** and you must answer **in French.**
- You are expected to say a few words or a short phrase/ sentence in response to each prompt. One-word answers will not be sufficient to gain full marks.

Task:

1 Say how many tickets you want.
2 Say when you want to see it.
3 Say where you want to sit.
4 Ask the employee a question about cost.
5 Ask the employee a question about food/drinks.

Teacher: Bonjour. Je peux vous aider?
Student: Je voudrais quatre billets, s'il vous plaît.
Teacher: D'accord. Et c'est pour quand?
Student: Je vais venir dimanche.
Teacher: Où voulez-vous vous asseoir?
Student: Je voudrais être à droite.
Teacher: D'accord. Vous avez une question?
Student: C'est combien?
Teacher: Soixante euros. Vous avez une autre question?
Student: On peut manger dans le théâtre?
Teacher: Oui.

Picture task

The **picture task** is the final part of your speaking exam and is made up of **three** parts. Before your speaking assessment, you will select **one** thematic context from a choice of two of the six thematic contexts.

Thematic contexts:
- My personal world
- Lifestyle and wellbeing
- My neighbourhood
- Media and technology
- Studying and my future
- Travel and tourism

1 Picture description → **2 Two unprepared follow-up questions** relating to the photo. → **3 A broader conversation** (5 to 5 and a half minutes) covering the wider thematic context.

Picture description

During your preparation time, **PLAN** how you are going to describe the picture you have selected.

People
Who can you see?

Location
Where are they?

Activity
What are they doing?

Now check your accuracy carefully.

Sur la photo, Au premier plan, À l'arrière plan, Au centre, À droite, / À gauche, Ici,	il y a je vois	un garçon / une fille. un homme / une femme. des personnes / jeunes / touristes. beaucoup de monde.
Je pense que	c'est une famille / un groupe de ...	
L'homme / La femme Il/Elle	**est** grand/grande et il/elle **a les yeux** ... et **les cheveux** ...	
Ils/Elles	sont ... / ont ...	
L'homme / La femme Il/Elle	**porte** (un pantalon ...) et ...	
Ils/Elles	portent ...	

À mon avis, Je pense que/qu' Je dirais que/qu'	ils sont	**dans**	un restaurant / un hôtel / un collège. une école / un magasin. un centre commercial. un centre sportif / un parc.
		en vacances. **sur** la plage. **à la** montagne/campagne/maison. **chez** eux / des amis.	
	c'est l'été/hiver car (il fait beau / il y a du soleil / il fait froid / ils portent des tee-shirts ...).		

La fille (ici) L'homme (au centre)	mange / achète / joue / parle / écoute / marche ...
Les personnes à droite Les touristes	mang**ent** / achèt**ent** / jou**ent** / parl**ent** / écout**ent** / march**ent** ...

Check:
- verbs
  - regular / irregular?
  - 'he/she' / 'they'?
- indefinite articles (**un**/**une**/**des**)
- definite articles (**le**/**la**/**les**)
- adjective agreements.

To say what people **are** doing, use the present tense. Remember that *ils mangent* means both 'they eat' and 'they are eating'.
You can also use ***être en train de*** + infinitive to say what people are 'in the middle of' doing, e.g.
*Ils sont **en train de** parler.* They are (in the middle of) talking.

Remember that the ***-ent*** verb ending is silent.

Useful verb tables

Key:
* = this verb form won't appear in exams, but you may use it in your own work

Regular verbs

INFINITIVE	PRESENT TENSE (stem + present tense endings)	PERFECT TENSE (auxiliary + past participle)	FUTURE TENSE (infinitive + future endings)	IMPERFECT TENSE (stem + imperfect endings)
regarder *to watch*	je regard**e** tu regard**es** il regard**e** nous regard**ons** vous regard**ez** ils regard**ent**	j'ai regard**é** tu as regardé il a regardé nous avons regardé vous avez regardé ils ont regardé	je regarder**ai** tu regarder**as** il regarder**a** nous regarder**ons** vous regarder**ez** ils regarder**ont**	je regard**ais** tu regard**ais** il regard**ait** nous regard**ions** vous regard**iez** ils regard**aient**
finir *to finish*	je fin**is** tu fin**is** il fin**it** nous fin**issons** vous fin**issez** ils fin**issent**	j'ai fin**i** tu as fini il a fini nous avons fini vous avez fini ils ont fini	*je finirai *tu finiras *il finira *nous finirons *vous finirez *ils finiront	je finissais tu finissais il finissait nous finissions vous finissiez ils finissaient
entendre *to hear*	j'entend**s** tu entend**s** il entend nous entend**ons** vous entend**ez** ils entend**ent**	j'ai entend**u** tu as entendu il a entendu nous avons entendu vous avez entendu ils ont entendu	*j'entendrai *tu entendras *il entendra *nous entendrons *vous entendrez *ils entendront	j'entendais tu entendais il entendait nous entendions vous entendiez ils entendaient
s'amuser *to have fun*	je **m'**amuse tu **t'**amuses il **s'**amuse nous **nous** amusons vous **vous** amusez ils **s'**amusent	je me **suis** amusé(e) tu t'**es** amusé(e) il s'**est** amusé nous nous **sommes** amusé(e)s vous vous **êtes** amusé(e)(s) ils se **sont** amusés	je m'amuserai tu t'amuseras il s'amusera nous nous amuserons vous vous amuserez ils s'amuseront	je m'amusais tu t'amusais il s'amusait nous nous amusions vous vous amusiez ils s'amusaient

These verbs have a spelling change in the *je*, *tu*, *il* and *ils* forms that affects the pronunciation. They otherwise behave as regular -*er* verbs.

INFINITIVE	PRESENT TENSE (watch out for the change of stem)	PERFECT TENSE (auxiliary + past participle)	FUTURE TENSE (stem + future endings)	IMPERFECT TENSE (stem + imperfect endings)
se lever *to get up*	je me l**è**ve ils se l**è**vent	je me **suis** levé(e) ils se **sont** levés	je me l**è**verai ils se l**è**veront	je me levais ils se levaient
acheter *to buy*	j'ach**è**te ils ach**è**tent	j'ai acheté ils ont acheté	j'ach**è**terai ils ach**è**teront	j'achetais ils achetaient
préférer *to prefer*	je préf**è**re ils préf**è**rent	j'ai préféré ils ont préféré	je préférerai ils préféreront	je préférais ils préféraient

Useful verb tables

Key:
* = this verb form won't appear in exams, but you may use it in your own work

Key irregular verbs

INFINITIVE	PRESENT TENSE (watch out for the change of stem)	PERFECT TENSE (auxiliary + past participle)	FUTURE TENSE (stem + future endings)	IMPERFECT TENSE (stem + imperfect endings)
aller *to go*	je **vais** tu **vas** il **va** nous **allons** vous **allez** ils **vont**	je suis **allé**(e) tu es allé(e) il est allé nous sommes allé(e)s vous êtes allé(e)(s) ils sont allés	j'**ir**ai tu iras il ira *nous irons *vous irez *ils iront	j'allais tu allais il allait nous allions vous alliez ils allaient
avoir *to have*	j'**ai** tu **as** il **a** nous **avons** vous **avez** ils **ont**	j'ai **eu** tu as eu il a eu nous avons eu vous avez eu ils ont eu	j'**aur**ai tu auras il aura *nous aurons *vous aurez *ils auront	j'avais tu avais il avait nous avions vous aviez ils avaient
être *to be*	je **suis** tu **es** il **est** nous **sommes** vous **êtes** ils **sont**	j'ai **été** tu as été il a été nous avons été vous avez été ils ont été	je **ser**ai tu seras il sera *nous serons *vous serez *ils seront	j'**ét**ais tu étais il était nous étions vous étiez ils étaient
faire *to do/make*	je **fais** tu **fais** il **fait** nous **faisons** vous **faites** ils **font**	j'ai **fait** tu as fait il a fait nous avons fait vous avez fait ils ont fait	je **fer**ai tu feras il fera *nous ferons *vous ferez *ils feront	je faisais tu faisais il faisait nous faisions vous faisiez ils faisaient
prendre *to take* (**apprendre**, **comprendre** *follow the same pattern*)	je **prends** tu **prends** il **prend** nous **prenons** vous **prenez** ils **prennent**	j'ai **pris** tu as pris il a pris nous avons pris vous avez pris ils ont pris	*je **prendr**ai *tu prendras *il prendra *nous prendrons *vous prendrez *ils prendront	je prenais tu prenais il prenait nous prenions vous preniez ils prenaient

Modal verbs

INFINITIVE	PRESENT TENSE (watch out for the change of stem)	PERFECT TENSE (auxiliary + past participle)	FUTURE TENSE (stem + future endings)	IMPERFECT TENSE (stem + imperfect endings)
devoir *to have to (must)*	je **dois** tu **dois** il **doit** nous **devons** vous **devez** ils **doivent**	j'ai **dû** tu as dû il a dû nous avons dû vous avez dû ils ont dû	*je **devr**ai *tu devras *il devra *nous devrons *vous devrez *ils devront	*je devais *tu devais *il devait *nous devions *vous deviez *ils devaient
pouvoir *to be able to (can)*	je **peux** tu **peux** il **peut** nous **pouvons** vous **pouvez** ils **peuvent**	j'ai **pu** tu as pu il a pu nous avons pu vous avez pu ils ont pu	*je **pourr**ai *tu pourras *il pourra *nous pourrons *vous pourrez *ils pourront	*je pouvais *tu pouvais *il pouvait *nous pouvions *vous pouviez *ils pouvaient

INFINITIVE	PRESENT TENSE (watch out for the change of stem)	PERFECT TENSE (auxiliary + past participle)	FUTURE TENSE (stem + future endings)	IMPERFECT TENSE (stem + imperfect endings)
savoir *to know* *(how to)*	je **sais** tu **sais** il **sait** nous **savons** vous **savez** ils **savent**	j'ai **su** tu as su il a su nous avons su vous avez su ils ont su	*je **saur**ai *tu sauras *il saura *nous saurons *vous saurez *ils sauront	*je savais *tu savais *il savait *nous savions *vous saviez *ils savaient
vouloir *to want (to)*	je **veux** tu **veux** il **veut** nous **voulons** vous **voulez** ils **veulent**	j'ai **voulu** tu as voulu il a voulu nous avons voulu vous avez voulu ils ont voulu	*je **voudr**ai *tu voudras *il voudra *nous voudrons *vous voudrez *ils voudront	*je voulais *tu voulais *il voulait *nous voulions *vous vouliez *ils voulaient

Other useful irregular verbs

INFINITIVE	PRESENT TENSE (watch out for the change of stem)	PERFECT TENSE (auxiliary + past participle)	FUTURE TENSE (stem + future endings)	IMPERFECT TENSE (stem + imperfect endings)
boire *to drink*	je **boi**s tu bois il boit *nous **buv**ons *vous buvez *ils **boiv**ent	j'ai **bu** tu as bu il a bu nous avons bu vous avez bu ils ont bu	*je boirai *tu boiras *il boira *nous boirons *vous boirez *ils boiront	*je buvais *tu buvais *il buvait *nous buvions *vous buviez *ils buvaient
connaître *to know* (**reconnaître** *follows the* *same pattern)*	je **connai**s tu connais il connaît nous **connaiss**ons vous connaissez ils connaissent	j'ai **connu** tu as connu il a connu nous avons connu vous avez connu ils ont connu	*je connaîtrai *tu connaîtras *il connaîtra *nous connaîtrons *vous connaîtrez *ils connaîtront	je connaissais tu connaissais il connaissait nous connaissions vous connaissiez ils connaissaient
convaincre *to convince*	je **convainc**s tu convaincs il convainc *nous **convainqu**ons *vous convainquez *ils convainquent	j'ai **convaincu** tu as convaincu il a convaincu nous avons convaincu vous avez convaincu ils ont convaincu	je convaincrai tu convaincras il convaincra nous convaincrons vous convaincrez ils convaincront	*je convainquais *tu convainquais *il convainquait *nous convainquions *vous convainquiez *ils convainquaient
courir *to run*	je cours tu cours il court *nous courons *vous courez *ils courent	j'ai **couru** tu as couru il a couru nous avons couru vous avez couru ils ont couru	*je **courr**ai *tu courras *il courra *nous courrons *vous courrez *ils courront	*je courais *tu courais *il courait *nous courions *vous couriez *ils couraient
croire *to believe*	je **croi**s tu crois il croit *nous **croy**ons *vous croyez *ils **croi**ent	j'ai **cru** tu as cru il a cru nous avons cru vous avez cru ils ont cru	*je croirai *tu croiras *il croira *nous croirons *vous croirez *ils croiront	*je **croy**ais *tu croyais *il croyait *nous croyions *vous croyiez *ils croyaient

Useful verb tables

Key:
* = this verb form won't appear in exams, but you may use it in your own work

INFINITIVE	PRESENT TENSE (watch out for the change of stem)	PERFECT TENSE (auxiliary + past participle)	FUTURE TENSE (stem + future endings)	IMPERFECT TENSE (stem + imperfect endings)
découvrir *to discover*	*je découvre *tu découvres *il découvre *nous découvrons *vous découvrez *ils découvrent	j'ai **découvert** tu as découvert il a découvert nous avons découvert vous avez découvert ils ont découvert	*je découvrirai *tu découvriras *il découvrira *nous découvrirons *vous découvrirez *ils découvriront	*je découvrais *tu découvrais *il découvrait *nous découvrions *vous découvriez *ils découvraient
dire *to say*	je **dis** tu dis il dit *nous **dis**ons *vous **dites** *ils **dis**ent	j'ai **dit** tu as dit il a dit nous avons dit vous avez dit ils ont dit	*je dirai *tu diras *il dira *nous dirons *vous direz *ils diront	*je disais *tu disais *il disait *nous disions *vous disiez *ils disaient
écrire *to write*	j'**écri**s tu écris il écrit nous **écriv**ons vous écrivez ils écrivent	j'ai **écrit** tu as écrit il a écrit nous avons écrit vous avez écrit ils ont écrit	*j'écrirai *tu écriras *il écrira *nous écrirons *vous écrirez *ils écriront	j'écrivais tu écrivais il écrivait nous écrivions vous écriviez ils écrivaient
lire *to read*	je **li**s tu lis il lit *nous **lis**ons *vous lisez *ils lisent	j'ai **lu** tu as lu il a lu nous avons lu vous avez lu ils ont lu	*je lirai *tu liras *il lira *nous lirons *vous lirez *ils liront	*je lisais *tu lisais *il lisait *nous lisions *vous lisiez *ils lisaient
mettre *to put (in, on)*	je **met**s tu mets il met nous **mett**ons vous mettez ils mettent	j'ai **mis** tu as mis il a mis nous avons mis vous avez mis ils ont mis	*je mettrai *tu mettras *il mettra *nous mettrons *vous mettrez *ils mettront	*je mettais *tu mettais *il mettait *nous mettions *vous mettiez *ils mettaient
ouvrir *to open*	j'ouvre tu ouvres il ouvre nous ouvrons vous ouvrez ils ouvrent	j'ai **ouvert** tu as ouvert il a ouvert nous avons ouvert vous avez ouvert ils ont ouvert	*j'ouvrirai *tu ouvriras *il ouvrira *nous ouvrirons *vous ouvrirez *ils ouvriront	j'ouvrais tu ouvrais il ouvrait nous ouvrions vous ouvriez ils ouvraient
partir *to leave*	je **par**s tu pars il part nous **part**ons vous partez ils partent	je **suis parti**(e) tu **es** parti(e) il **est** parti nous **sommes** parti(e)s vous **êtes** parti(e)(s) ils **sont** partis	*je partirai *tu partiras *il partira *nous partirons *vous partirez *ils partiront	je partais tu partais il partait nous partions vous partiez ils partaient
recevoir *to receive*	je **reçoi**s tu reçois il reçoit *nous **recev**ons *vous recevez *ils **reçoi**vent	j'ai **reçu** tu as reçu il a reçu nous avons reçu vous avez reçu ils ont reçu	*je recevrai *tu recevras *il recevra *nous recevrons *vous recevrez *ils recevront	*je recevais *tu recevais *il recevait *nous recevions *vous receviez *ils recevaient

INFINITIVE	PRESENT TENSE (watch out for the change of stem)	PERFECT TENSE (auxiliary + past participle)	FUTURE TENSE (stem + future endings)	IMPERFECT TENSE (stem + imperfect endings)
rire *to laugh*	je ris tu ris il rit *nous rions *vous riez *ils rient	j'ai **ri** tu as ri il a ri nous avons ri vous avez ri ils ont ri	je rirai tu riras il rira nous rirons vous rirez ils riront	je riais tu riais il riait nous riions vous riiez ils riaient
se plaindre *to complain*	*je me **plain**s *tu te plains *il se plaint *nous nous **plaign**ons *vous vous plaignez *ils se plaignent	je me **suis plaint**(e) tu t'**es** plaint(e) il s'**est** plaint nous nous **sommes** plaint(e)s vous vous **êtes** plaint(e)(s) ils se **sont** plaints	*je me plaindrai *tu te plaindras *il se plaindra *nous nous plaindrons *vous vous plaindrez *ils se plaindront	*je me plaignais *tu te plaignais *il se plaignait *nous nous plaignions *vous vous plaigniez *ils se plaignaient
sortir *to go out, leave*	je **sor**s tu sors il sort nous s**ort**ons vous sortez ils sortent	je **suis sorti**(e) tu **es** sorti(e) il **est** sorti nous **sommes** sorti(e)s vous **êtes** sorti(e)(s) ils **sont** sortis	*je sortirai *tu sortiras *il sortira *nous sortirons *vous sortirez *ils sortiront	je sortais tu sortais il sortait nous sortions vous sortiez ils sortaient
suivre *to follow*	je **sui**s tu suis il suit *nous **suiv**ons *vous suivez *ils suivent	j'ai **suivi** tu as suivi il a suivi nous avons suivi vous avez suivi ils ont suivi	*je suivrai *tu suivras *il suivra *nous suivrons *vous suivrez *ils suivront	*je suivais *tu suivais *il suivait *nous suivions *vous suiviez *ils suivaient
(se) taire *to keep quiet*	*je **tai**s *tu tais *il tait *nous **tais**ons *vous taisez *ils taisent	j'ai **tu** (je me suis **tu**(e)) tu as tu il a tu nous avons tu vous avez tu ils ont tu	*je tairai *tu tairas *il taira *nous tairons *vous tairez *ils tairont	*je taisais *tu taisais *il taisait *nous taisions *vous taisiez *ils taisaient
traduire *to translate*	je **tradui**s tu traduis il traduit nous **traduis**ons vous traduisez ils traduisent	j'ai **traduit** tu as traduit il a traduit nous avons traduit vous avez traduit ils ont traduit	*je traduirai *tu traduiras *il traduira *nous traduirons *vous traduirez *ils traduiront	je traduisais tu traduisais il traduisait nous traduisions vous traduisiez ils traduisaient
venir *to come* (**devenir** *follows the same pattern)*	je **vien**s tu viens il vient nous **ven**ons vous venez ils **vienn**ent	je **suis venu**(e) tu **es** venu(e) il **est** venu nous **sommes** venu(e)s vous **êtes** venu(e)(s) ils **sont** venus	*je **viendr**ai *tu viendras *il viendra *nous viendrons *vous viendrez *ils viendront	je venais tu venais il venait nous venions vous veniez ils venaient
voir *to see*	je **voi**s tu vois il voit *nous **voy**ons *vous voyez *ils **voi**ent	j'ai **vu** tu as vu il a vu nous avons vu vous avez vu ils ont vu	*je **verr**ai *tu verras *il verra *nous verrons *vous verrez *ils verront	*je voyais *tu voyais *il voyait *nous voyions *vous voyiez *ils voyaient

The verb **pleuvoir** (to rain) is only used in the *il* form.

INFINITIVE	PRESENT TENSE	PERFECT TENSE	FUTURE TENSE	IMPERFECT TENSE
pleuvoir *to rain*	il **pleu**t	il a **plu**	*il pleuvra	*il pleuvait